문예신서
286

행복의 단상

행복하게 살기

크리스토프 앙드레

김교신 옮김

東 文 選

행복의 단상

행복의 단상

CHRISTOPHE ANDRÉ
VIVRE HEUREUX

제I부 행복은 가능한가?

제1장 행복이란 무엇인가?

제2장 방해받는 행복

제5장 우리는 행복에 관해 무엇을 알고 있나?

제8장 행복을 가꾸고 보호하기

제IV부 당신의 행복 지수는?

서 문

"행복: 완전히 만족한 의식 상태."

《르 로베르 사전》

나는 아주 어리다.

나는 이야기 듣기를 아주 좋아한다. 하지만 동화의 끝은 나를 항상 조금은 어리둥절하게 만든다. "그리고 그들은 행복하게 살았습니다……." 더 이상 아무 글도, 설명도 없는데 어떻게 알 수 있지? 그 왕자들과 공주들은 더 이상 절대로 화내지 않았을까? 더 이상 절대로 불행하지 않았을까? 그리고 왜 이야기는 거기서 중단될까? 행복은 재미가 없나? 우리가 행복할 때는 더 이상 이야기할 게 아무것도 없나?

행복 주변에는 왜 항상 그런 미스터리가 있을까?

나는 열 살이다.

어른들이 해주는 이야기를 듣는 시간은 점점 줄어드는 반면 어른들을 관찰하는 시간은 점점 더 늘어나고 있다. 그들이 행복에 관해 말할 때——드물기는 하지만——나는 귀를 기울인다. 세상의 모든 자라나는 아이들처럼 나는 불행이 존재한다는 것, 그리고 인생이 반드시 동화처럼 전개되지 않는다는 것을 발견해 가고 있는 중이다.

행복은 그렇게 어려운 것일까?

나는 스무 살이다.

나는 비교적 행복한 대학생이다. 대학 강의 시간과 럭비 시합 사이에 친구들과 토론하고 세상을 다시 만들기를 좋아한다. 나의 고정관념을 떨쳐 버리지는 못했지만 나는 하나의 역설을 발견하고 있다. 그것은 행복은 사람을 화나게 만드는 주제라는 것이다. 그것은 역정('행복은 어리석은 것이다'), 비난('행복은 사람을 무기력하게 만들고, 이기주의자로 만든다'), 적대감('행복은 독재다'), 나아가 무시('불행이 행복보다 더 흥미롭다')를 야기할 수 있다.

행복에 관한 이 모든 신경질은 어디에서 오는 것일까?

나는 서른 살이다.

결국 나는 정신과 의사가 됐다! 방해받는 행복, 불가능한 행복, 두렵게 만드는 행복, 우리가 피하는 행복, 우리가 슬퍼하는 행복 등 행복의 문제로 어려움을 겪는 남녀들 곁에 있게 됐다. 우리는 옳은 길을 찾으려고 함께 노력하고 있다……. 하지만 그게 쉽지는 않다. '우리는 모두 행복을 찾지만 그것이 어디 있는지 모른다. 마치 자기 집이 존재한다는 것을 막연히 아는 채로 그 집을 찾아가는 술꾼들처럼 ……' 이라는 볼테르의 글처럼.

행복은 어떻게 찾을 수 있을까?

오늘…….

나는 여전히 행복의 방정식을 풀지 못했다. 아니 완벽하게 풀지 못했다고 해야 할까? 하지만 그래도 발전하긴 했다……. 행복을 느끼고 건축하는 데 재주가 있는 사람들의 말을 듣고 행동을 관찰함으로써. 다른 사람들이 행복에 접근하는 것을 도와주고, 그 길을 같이 가줌으로써. 나는 아직도 볼테르의 책을 읽고 있다. 그는 이렇게 썼다. "나는 행복하기로 결심했다. 왜냐하면 그것이 건강에 좋기 때문이다." 내 직업이 의사인지라 나도 내 환자들의 건강에 좋은 것이 좋다. 나는 행복과 행복에 대한 생각을 좋아한다.

당신은 어떤지?

당신은 행복과 관련해 어떤 상태에 있는지?

행복은 가능한가?

행복보다 중요한 것은 없다. 그리고 행복만큼 붙잡기 힘든 것도 없다.

맨 처음 행복을 연구 주제로 삼았던 철학자들은 행복에 관해 많이 생각하고 썼다.

최근 들어서는 심리학이 우리들 각자가 행복에 관해 자신에게 제기하는 다음과 같은 질문들에 대답하려는 시도를 하고 있다.

- 행복이란 정확히 무엇인가? 하나의 생각인가, 감정인가, 환상인가?
- 일상 생활에서 우리는 그것에 어떻게 접근하고 있는가?
- 왜 그토록 많은 사람들이 행복과 관련해 어려움을 겪고 있는가?
- 행복과 불행은 어떤 관계가 있는가? 행복은 불행에 더 잘 대처하도록 도울 수 있는가? 불행을 겪고 살아남도록 도울 수 있는가?
- 행복에 대한 소질이 존재하는가? 만일 그렇다면 그것은 어디에서 오는 것인가? 그리고 우리의 인생 여정 안에 어떻게 새겨질까?

제1장

행복이란 무엇인가?

<blockquote>

"그 누가 우리에게 행복(우리말 가톨릭 성서에는 '좋은 일'이라 번역되어 있다)을 보여줄까?라고 말하는 자가 많사오니."

〈시편〉 4편

</blockquote>

"나는 지금 남의 집에 있어요. 이곳에서는 낯익은 물건들이 내가 모르는 다른 사람들의 것과 뒤섞여 있어요. 나는 기분이 매우 좋고 조용하고 평화롭다고 느껴요. 옆방의 문은 반쯤 열려 있어요. 나는 그쪽으로 가서 방문을 열려고 노력하지만 그건 불가능해요. 그건 내가 움직일 수 없기 때문이기도 하고, 문이 자리를 바꾸기 때문이기도 해요.

모든 것이 뿌연 빛 속에 잠겨 있고, 나는 무중력 상태에 있는 것처럼 느껴져 때론 걷고 때론 부유하면서 이동해요. 내 육신은 전적으로 내 의지에 복종하며, 전혀 무게가 나가지 않아요. 모든 소리가 멀어지고 작아져요.

나는 무척이나 방에 들어가고 싶어요. 나는 내 편안함의 원천이 거기 있다는 것, 거기 들어가면 기분이 더 좋아지리라는 것을 느낄 수 있어요. 물론 나는 절대로 그곳에 들어가지 못하죠.

그런데 가장 놀라운 것은 그럼에도 불구하고 그것이 기분 좋은 꿈

이라는 거예요. 나는 평온했어요. 꿈에서 깼을 때 나는 좋으면서도 약
간 이상한 기분이 들었어요. 아마 행복에 다가갔던 것 같아요……."

이 꿈은 내 환자들 중 하나가 내게 들려준 것으로서, 그는 나와 함께
오랫동안 행복에 관해 이야기해 온 사람이다. 이 꿈은 행복의 자명함
과 신비를 내 눈앞에 요약해서 보여준다. 또한 우리가 그것을 이해하
고 거기에 접근할 때 느낄 수 있는 모든 어려움도…….

행복으로부터 두 걸음 떨어져

행복에 접근하는 것…….

지혜나 지성처럼 행복은 자신이 쉽게 정의되도록 내버려두지 않는
다. 그렇다고 포기하기('행복은 존재하지 않는다. 따라서 우리가 할 일
은 행복 없이 행복하도록 노력하는 것뿐이다')보다는 차라리 행복의 이
웃 또는 사촌이라 할 수 있는 유쾌한 심리 상태들을 분석함으로써 그
것을 구분해 보자. 하지만 유쾌한 심리 상태들은 행복을 포함하지도,
또한 행복을 기쁨·즐거움·만족 등으로 요약하지도 못한다.

그런 상태들은 어떤 점에서 행복과 다를까? 그런 상태들은 어떤 점
에서 행복이 우리에게 제공할 수 있는 것에 비해 제한되거나 미흡한
가? 그것들은 행복의 단순한 표현들일까? 행복에 다가갈 수 있는 수
단들일까?

■ 만족과 행복

젖을 먹고 난 후에 잠드는 아기의 미소는 엄마로 하여금 ‘아기가 얼마나 행복한지 보세요……’ 라고 말하게 만든다. 하지만 어머니가 말하는 것은 어머니 자신의 행복이지 아이의 행복이 아니며, 본인이 그것을 모르고 있을 뿐이다. 아이의 행복은 단정하기가 더 어렵다(반대로 우리는 아이가 적절한 분량의 젖, 사랑, 어르기, 관심을 받은 데 대해 매우 만족한다는 것은 보장할 수 있다).

그렇다고 엄마가 완전히 틀렸다고 볼 수는 없다. 욕구를 충족시키는 것은 행복의 가장 자연스러운 정의가 아닌가?

그렇지만 그런 방식은 통하지 않는다. 또는 그런 방식이 항상 통하는 것은 아니다. 또는 그런 방식이 우리가 원하는 것처럼 자주 통하는 것은 아니다. 행복은 욕구의 충족으로 요약되지 않는다. 오히려 그 반대의 경우도 있을 수 있다. 일례로 프루스트는 이렇게 지적했다. “행복이 바로 그것을 요구한 욕구를 근거로 하는 경우는 드물다.” 그리고 그것은 때로 자신의 이상의 만족을 통해 행복을 추구하는 것만큼이나 치명적인 실수가 된다. 왜냐하면 많은 비극적인 신화들은 다름 아닌 사랑, 힘 또는 명예를 목표로 하는 욕망들을 추구하는 개인들의 고통과 몰락을 이야기하고 있기 때문이다. 오스카 와일드의 유명한 말도 거기서 나왔다. “인생에는 두 개의 비극밖에 없다. 하나는 바라는 것을 갖지 못하는 것이고, 다른 하나는 그것을 손에 넣는 것이다.”

그렇다면 어떻게 해야 할까? 불교에서는 어떤 대상도 우리가 그것을 바랄 만한 가치가 없으며, 고통은 욕망에서 오며, 고통을 끊게 해주는 것은 욕망의 실현이 아니라 욕망을 버리는 것이라고 한다.[1] 욕망을 버린다……. 얼마나 어려운 계획인가! 하지만 어쨌든 그것은 우리에게 우리의 행복 추구가 가능한 한 적은 물질적 목표에 의존해야 한다는 것을 상기시키는 효과는 있다. 물질적 목표들은 행복에 도움이 되어야지, 그것이 바로 행복을 구현해서는(이것은 광고의 엄청난 거짓말이다) 안 된다.

■ 기쁨과 행복

쉬잔

"내가 생각하는 행복은 인생을 이용할 줄 알고, 자신의 기쁨을 망치지 않을 수 있는 총명함을 갖는 거예요. 행복의 기초는 기쁨이 있는 곳에서 그것을 취할 줄 아는 능력이죠. 'An apple a day, keep the doctor away.' 즉 하루에 사과 한 알이 의사를 멀리하게 해준다는 미국 속담이 있어요(이것은 사람들이 건강을 위해 과일을 먹도록 격려하기 위한 말이 틀림없어요). 나는 재미삼아 그 말을 이렇게 바꿨어요. 'A pleasure a day, keep the sadness away.' 작은 기쁨들이 정신 건강을 유지시켜 주고, 근거 없는 슬픔을 멀리하게 만든다는 뜻이죠. 너무 높은 행복, 너무 복잡한 행복, 또는 너무 미묘한 행복을 목표로 삼을 필요는 없어요. 이 분야에 속하는 표현들 중 최고는 enjoy, 다시 말해 '즐겨라, 누려라!'죠."

기쁨은 영양, 성욕, 편안함, 육체적 활동 같은 우리의 기본적인 욕

---

1) P. 반 덴 보쉬, 《철학과 행복 *La Philosophie et le Bonheur*》, 파리, 플라마리옹 출판사, 1997년.

구의 충족과 결부된 기분 좋은 느낌의 총체이다. 인생의 기쁨들 속에서 자신의 행복을 찾는 것. 결국은 그것이 아름다운 계획이며, 거기에 단순함이라는 이점이 있다. 하지만 그것으로 족할까?

사실 기쁨은 흔히 부분적인 것이고 어떤 하나의 감각이나 기관의 만족에 국한되며, 그런 점에서 행복감의 전체성과 다르다. 더군다나 행복은 기쁜 순간들의 단순한 더하기가 아니며, 시인 말라르메의 구절——"육체는 슬프도다! 그리고 나는 모든 책을 읽었다"——은 다음과 같은 고통스러운 사실을 상기시킨다. 그것은 기쁨의 축적 또는 반복이 행복으로 인도하지는 않는다는 것이다. 심지어 그것은 실망과 좌절에 의해 행복으로부터 멀어지게 할 수도 있다.

그러므로 비록 그것이 기분 좋은 것이고 삶에 필요한 것이더라도, 설령 그것이 "기쁨은 미치광이들의 행복이다. 행복은 현자들의 기쁨이다"(바르베 도르빌리)라는 말처럼 어떤 이들에게 환상을 주더라도 기쁨은 행복은 아니다. 기쁨을 최고의 선으로 만드는 학설인 쾌락주의의 한계는 철학자들에 의해 여러 번 강조되었다. 하지만 그것을 강조한 것은 철학자들만이 아니었다…….

1960-1970년대의 이데올로기의 즐거운 소란 속에서 우리는 '해방된' 기쁨을 선언했고, '구속 없이 즐기다' '금지가 금지되다' '섹스를 많이 하면 할수록 혁명을 하고 싶은 욕망이 커진다'[2] 등 이에 관한 구호들이 마구 쏟아져 나오기 시작했다. 일부 남성들은 이런 쉬운 성의 도래를 즐겼지만, 사정은 확실히 이전과는 달랐다. 여권주의자들의 영향을 받은 여성들이 이제는 성관계 후 상대에게 '자 행복해?' 라고 물음으로써 행복과 기쁨을 혼동하는 자기만족적인 남성들의 희화를 기꺼이 비웃었다.

---

2) J. C. 길보, 《기쁨의 폭정 *La Tyrannie du plaisir*》, 파리, 쇠유 출판사, 1998년.

그렇지만 기쁨은 때로 행복에 접근하기도 한다. 가르랑거리는 고양이는 어떤 충분한 기쁨을 경험하는 것처럼 보이며, 우리는 그것을 행복이라 부르고 싶어한다. 어떤 강도 높은 형태하에서, 그리고 어떤 조건에서 기쁨은 심지어 진정한 즐거움에 접근하게 해줄 수도 있고, 때로는 행복을 유도할 수도 있다. 좋아하는 음악을 듣는 음악광들, 좋아하는 음식을 맛보는 식도락가들, 어려운 동작을 해낸 운동선수들의 기쁨 같은 것이 그에 속할 것이다. 어떤 것이 그런 조건들이 돼야 하는지는 뒤에서 확인하게 될 것이다.

■ 즐거움과 행복

니콜라

"행복했던 순간들보다는 즐거웠던 순간들을 기억하고 말하는 편이 내게는 더 쉬워요. 즐거웠던 장면들, 순간들이 기억나요. 친구들과 미친 듯이 웃던 일, 가족 파티, 직업적 성공, 스포츠 경기의 승리, 재회 …… 이 모든 즐거움들은 내 기억 속에 선명하게 남아 있죠. 행복은 그보다는 흐릿하고 애매하고 시간 속에서 희석되죠. 그건 아마 내가 실질적이고 실제적이고 외향적인 사람이기 때문일 거예요. 즐거움은 쉽게 느껴지고 눈으로 볼 수 있고 공감이 돼요. 반면 행복은 더 내밀하죠. 약간은 신비스럽고……."

선물을 받는 아이, 대단한 발견을 하는 과학자, 다른 친구를 재회하는 친구는 즐거움을 느낀다. 즐거움은 자아를 충족시키는 긍정적이고 강도 높은 감정이다. 하지만 즐거움은 환경의 어떤 사건에 대한 반응이며, 대개는 외부적인 원인을 취한다. 반면 행복의 신비 중 하나는 그것이 때로는 내면에서 올 수 있다는 것이다.

그리고 특히 하나의 감정으로서의 즐거움은 본질적으로 짧다. "행복은 지속적인 기간이다. 즐거움은 순간이다."[3] 행복이 항상 지속적인 기간의 느낌과 결부돼 있다는 것은 사실이다.

물론 짧고 덧없는 행복도 존재한다. 물론 행복이 연속적으로 존재하는 것은 아니다. 다만 간헐적으로 존재할 뿐이다. 하지만 모든 행복은 그 자체의 지속 기간에 대한 소망(우리는 행복이 끝나지 않기를 바란다), 환상(우리는 그것이 영원할 거라고 생각한다), 또는 약속(우리는 행복이 시간에 저항할 수 있을 정도로 강할 거라고 평가한다)을 내포하고 있다…….

흔히 결부되는 행복과 즐거움이 항상 서로를 필요로 하는 것은 아니다. 행복의 고요함과는 상당히 거리가 먼 불건전한 즐거움도 존재한다. 복수의 즐거움(독일어로 Schadenfreude는 자신의 원수를 살아서 만나는 즐거움을 뜻한다) 같은 것이 그것이다. 또한 때로는 즐거움에 내재된 흥분과는 매우 거리가 먼 조용한 행복도 존재한다. 친구와 함께 여름밤의 부드러움 속에서 인생을 이야기하는 것이 그런 것이다. 게다가 행복은 그 자체가 고요와 평화를 지향한다. 우리는 즐거워서 펄쩍 뛰지 행복해서 펄쩍 뛰지는 않는다.

즐거움은 행복의 여러 요소들의 하나, 여러 표현들의 하나, 여러 구현들의 하나이기도 하다. "즐거움은 행복의 요소인데, 최소한의 요소(시간 속에서)인 동시에 최대한의 요소(강도 면에서)이다."[4] 기쁨처럼 즐거움도 행복에 다가가는 여러 길 중 하나이기도 하다. 왜냐하면 즐

---

3) J. 다니엘, 《행복—철학적 문학적 텍스트들의 선집 *Le Bonheur. Anthologie de textes philosophiques et littéraires*》 서문, 파리, 메조뇌브 에 라로즈 출판사, 2000년.
4) A. 콩트-스퐁빌, 《철학 사전 *Dictionnaire philosophique*》, 파리, PUF 출판사, 2000년.

거움의 힘은 너무나 강해서 수많은 마음의 빗장들을 열 수 있고, 행복이 어떤 것인지를 폭로할 수 있기 때문이다. 즐거움은 행복 추구의 동기를 부여할 수 있는데 그것은 값진 도움이 된다.

■ 지복과 행복

쥐디트

"나의 할머니는 가족 전체에게 커다란 영향력을 행사하셨는데 특히 우리들, 즉 당신의 손자들에게 그랬어요. 할머니는 당신이 '인생의 교훈들'이라고 부르는 것을 우리들에게 많이 들려주셨죠. 할머니는 재미있고 상냥한 분이었기 때문에 우리는 기꺼이 할머니의 말씀에 귀를 기울였어요. 하지만 할머니가 우리에게 도움만 주신 건 아니에요! 이를테면 할머니가 들려주신 사랑 이야기는 모두 위대한 사랑 이야기뿐이었어요! 할머니 말씀에 따르면 우리가 만나는 남자애들에게 우리가 그들을 볼 때 느끼는 엄청난 떨림의 '가치가 있는가' 아닌가 하는 것을 알아야 했어요. 나는 아직도 그 엄청난 떨림을 기다리고 있어요. 그럼에도 불구하고 나는 물론 내 인생의 남자를 만났어요. 하지만 현실은 결코 할머니가 우리에게 예고한 대로 흘러가지 않았어요! 행복도 마찬가지였어요. 행복은 반드시 크고 아주 놀라운 것이어야 했어요. 당연히 보기 드물어야 했죠. 사정이 그러하니 행복을 지나치게 자주 바라서는 안 되었죠. 여기서도 역시 나는 내게 행복은 많은 초로 화려하게 장식된 커다랗고 둥근 생일 케이크의 형태보다는, 대개 비록 맛은 있지만 작은 조각의 형태로 나타난다는 것을 아는 데 많은 시간이 걸렸어요. 행복은 불꽃놀이의 축포보다는 흩어져 있는 촛불과 더 비슷한 것 같아요. 할머니는 내가 청소년기 때 돌아가셨는데, 나는 할머니가 높은 행복 상태에 실제로 접근했는지, 또는 할머니가 우리에게 들려주신 사랑 또는 행복에 관한 이야기가 인생의 이해 안에서 있을 수 있는 어떤 경박함에 대해 우리를 경계시키고자 했던 것이 과연 옳았는지 모르겠어요……."

이렇듯 어떤 이들에게는 행복보다 훨씬 더 좋은 것, 훨씬 더 강한 것, 행복 이상의 영역이 존재하는 듯하다. 너무나 강력해서 자아를 벗어나 '초월되는' 심리 상태들이 존재한다. 1654년 11월 23일 밤 열 시 반부터 자정 사이에 파스칼에게 닥친 신비한 황홀경은 그의 인생의 흐름을 뒤집어 놓게 된다. 그는 이에 대해 《파스칼의 비망록》이라는 이름으로 알려진 양피지 위에 몇 마디를 남겼는데("즐거움, 즐거움, 즐거움, 즐거움의 눈물……"), 그는 이것을 그의 옷 안감 속에 꿰매어 죽을 때까지 간직한다.

성 아우구스티누스는 지복을 '진리 안에서의 즐거움'으로 정의했다. 가톨릭 교리에서는 '하느님이 당신의 의지에 충실한 인간에게 주신 진정한 행복'에 관해 이야기하고 있으며, 따라서 그것의 지속성을 강조하려면 지복이라는 용어를 사용하는 편이 낫다고 강조하고 있다. "우리는 순간적인 행복이라 말하지, 덧없는 지복이라 말하지 않는다."[5]

성인도 현자도 아닌 사람들의 일상의 행복은 하느님 혹은 진리의 만남만큼 고귀하고 감동적인 목표들을 열망하지 않는다. 그리고 특히 행복은 황홀경이나 법열처럼 자아의 '일탈'이 아니라 인격이라는 틀 속에서의 성숙을 전제로 하고 있다는 것을 우리는 보게 될 것이다.

행복 속에서 우리는 세상과 단절돼 있는 것이 아니라 단단히 결속

---

5) 《기독교 신앙 어휘 사전 *Dictionnaire des mots de la foi chrétienne*》, 파리, 에디시옹 뒤 세르프 출판사, 1968년.

돼 있다. 행복보다 덜 '축복받은' 것도 없다. 그럼에도 불구하고 행복은 일상 생활의 초월성이라는 형태와 관계 있는 뭔가를 갖고 있다는 것을 우리는 곧 확인하게 될 것이다…….

■ 왜 구별하나?

한 아이가 당신에게 다가가 환한 미소를 지으며 그림 한 장을 내밀면서 이렇게 말한다.

"자, 가지세요." 그런 다음 그는 콧노래를 부르며 가버린다……. 그럴 때 당신이 느끼는 것은 기분 좋은 느낌일 것이다. 그렇다면 그것은 정확히 무엇인가? 기쁨('아이의 행동이 나를 기쁘게 했다')? 즐거움('나는 너무나 즐거웠다')? 아니면 행복('그 일은 나를 행복하게 만들었다')? 그런데 만일 당신이 걱정이 있었거나 스트레스를 받고 있었다면 아이의 그러한 행동이 당신에게 영향을 끼쳤을까(왜냐하면 그럴 때 우리는 행복에 감염되기 어렵기 때문이다)? 만일 당신이 한가하지 않았다면 아이가 당신에게 왔을까(왜냐하면 그럴 때 우리는 자신에게서 행복을 밀어내기 때문이다)?

자, 나는 왜 이런 질문을 제기했을까? 결국 이런 모든 상태는 기분 좋은 것인데 왜 만족하지 않는가? 왜 더 멀리서 찾는가? 그것들을 느끼고 가꾸는 것이 우리를 행복과 가까워지게 만드는 것이 분명하다. 그렇지만 그것들이 행복을 대체하지는 않는다. 거기서 그것들을 초월하고 그것들을 포괄하는 다른 '어떤 것'을 가질 수 있다는 것을 알고 느끼는 것 자체가 이미 강력한 동기이다. 거기에는 또한 불행의 위협과 대면했을 때 행복의 **필요성**도 있다는 것을 우리는 확인하게 될 것이다.

실제로 중요한 것은 우리가 느끼는 것을 정확히 명명하는 것보다는 행복을 허락하고 그것을 건설하는 것이다. 이런 미묘한 차이점들에 대해 생각해 보는 것이 유용하다면 그것은 철학자 알랭의 말처럼 "기쁨 또는 즐거움 또는 행복은 우리가 그것을 이름 붙이고 싶어하는 것처럼 취할 수 있는 것이 아니고 **행할** 수 있는 것"이기 때문이다. 그리고 자신의 행복을 '행하기' 위해서는 물론 우리를 행복에 접근시키는 모든 것을 받아들이고, 나아가 발전시켜야 한다. 하지만 또한 우리의 직접적인 체험들을 조금은 초월해서 생각해 볼 필요도 있다…….

우리는 행복을 어떻게 체험하나?

어느 아름다운 여름밤을 상상해 보라. 당신은 이제 막 온화한 밤공기 속에서 귀뚜라미 울음소리를 듣고 별들을 보면서 야외에서 시간을 보냈다(행복하기에 좋은 **상황**).

그런 다음 당신은 집에 돌아와 아이의 방에 들른다. 당신은 아이가 잠들기 전에 인형들을 자기 주변에 정성껏 배치한 것을 알아차린다. 시트 위로 아이의 머리가 나와 있고, 다정한 작은 동물 구경꾼들이 아이를 에워싸고 있다. 당신은 이 장면에 깊은 감동을 받는다(행복의 **감정**).

잠을 자러 올라가면서 당신은 배우자와 행복에 관한 이야기를 나누고 관점을 교환한다. 당신은 행복이 부분적으로는 어떤 노력의 결실일 수 있다고 생각하지만, 당신의 배우자는 행복은 오직 우연에 의해 주어지는 것이기 때문에 자발적으로 찾을 수 없다고 생각한다(행복의 **이해**).

잠들면서 당신은 기분이 좋고 이런 순간들을 경험할 수 있는 당신이 운이 좋다는 것을 자각한다. 당신은 또 다른 행복한 순간들을 계속 맞보기 위해 당신이 해야 할 모든 것들을 생각해 본다(행복의 **건설**). 그런 다음 당신은 잠에 빠진다. 생각을 너무 많이 했기 때문이다…….

이제 당신은 본질, 구조, 의미 면에서 각기 다른 네 가지 행복한 경험을 했다. 상황, 감정, 건설, 그리고 이해. 이것들은 무엇을 내포하고 있을까? 그리고 당신에게 무엇을 가져다 줄 수 있을까?

■ 행복한 상황들

자 여기 나의 옛 스승들 가운데 한 분의 편지의 발췌문이 있다. 그분은 지금은 은퇴하셔서 남서 지방에 계시는데, 전에 나는 그분과 오랫동안 행복에 관해 이야기를 나눈 적이 있다…….

"친애하는 크리스토프,

전에 자네는 내게 행복했던 순간들을 얘기해 달라고 요구하곤 했지. 자 여기 몇 가지를 적었네. 최근에 있었던 일들을 생각나는 대로 적어 본 것일세.

— 아내가 집에 꽃을 꽂아 놓을 때

— 매일 아침 내 방의 창문을 열고 내가 좋아하는 경치를 볼 때

— 전화로 아이들의 즐겁고 기운찬 목소리를 들을 때

— 친구들과 함께 염주비둘기 스튜를 먹을 때

— 손자들과 대토론을 시작할 때

— 두루미의 신비한 비행을 관찰할 때

— 망가진 덧문을 고치고, 그것을 제자리에 다시 설치하고 결과물을 바라볼 때

— 이 지역을 여행하던 친구가 예고 없이 전화를 걸어 저녁에 우리

집에 오겠다고 통고할 때

　— 혼자 숲 속을 걷다 가끔씩 걸음을 멈추고 자연의 소리를 들을 때

　— 조카들과 오래된 아르마냐크산 브랜디를 맛볼 때……."

　우리는 흔히 우리의 일상이 제공하는 평범하고도 감미로운 순간들을 '행복한 순간들'이라고 부른다. 다른 순간들보다 행복이 갑작스레 돌발하기에 더 좋은 순간들은 확실히 존재한다. 그것들은 거의 항상 세 개의 상황 집단에서 유래한다. 교환의 순간들(이야기를 나누고, 편지 쓰고, 전화할 때), 일치(자연 또는 예술과의) 또는 느낌(식도락의 또는 육체의)의 순간들, 실현의 순간들(직장에서 또는 좋아하는 활동을 할 때).

　어떤 날들은 우리에게 이런 행복한 상황들을 많이 제공하는 듯이 여겨진다. 그런데 그것은 상황 덕일까, 아니면 우리의 감수성 덕일까? 우리는 그것들을 놓치거나 못 보거나 포착하지 못하고 '지나쳐 버릴' 수도 있다. 우리는 또 그것들을 찾아나서거나 그것들에 대한 우리의 감수성을 개발할 수도 있다. 주관의 몫은 여전히 클 것이다. 때로는 일상적 행복의 이 작은 환희들이 사라지기를 거부할 때도 있다.

　이 상황들, 이 순간들은 결국 우리의 행복을 위한 발판에 불과하므로 해야 할 일은 여전히 남아 있다…….

■ 행복한 감정들

소피

　"행복은 자기가 하고 싶은 대로 하고, 왔다가 가고, 대부분은 우리에게서 도망쳐 버리죠. 행복은 개보다는 고양이에 가까워요. 우리 무릎 위에 와서 가르랑거리느냐 마느냐를 결정하는 것은 그것이죠. 그

'자신이 행복하다고 느끼는 것,' 그것이 우리로 하여금 약간 다른 차원으로 넘어가게 만드는 것이다. 이제 행복은 더 이상 우리 밖에만 있지 않다. 대신 우리는 그것을 감정의 형태로 내면화했다.

감정은 어떤 상황에 대한 신체적·심리적 지각이고, 이런 지각은 지성·언어보다 더 빨리 진행된다. 감정은 의지에 의한 것이 아니다. 우리는 감정의 돌발을 통제할 수 없다(대신 그것의 강도를 조절할 수 있고, 그것을 표현하는 쪽을 선택하거나 하지 않을 수 있고, 경우에 따라서는 우리의 표현 방식을 결정할 수 있다). 우리는 감정을 소환할 수 없다. 누구도 질투하거나 화내거나 즐거워하기로 **결정**할 수는 없는 것이다.

따라서 행복은 확실히 감정의 세계와 가깝다(게다가 우리는 그것이 **대단한 것**이라는 걸 알게 될 것이다). 행복은 신체적·정신적·무의지적으로 느껴지는 것이고, 흔히 말을 필요로 하지 않는다. 우리는 주문에 의해 행복해지기로 결정할 수 없다. 은근한 감정들(향수)도 존재하고, 깜짝 놀라게 하는 감정들(즐거움)도 존재하므로 행복 자체는 다소 강도 높고 놀라운 것일 수도 있다.

■ 행복의 건설

앞의 두 개의 행복한 경험들, 상황들과 감정들은 우리로 하여금 환

경(환경이 무엇을 제시하는가?)과 사람(그가 어떻게 반응할까?) 사이의
상호 작용을 참조하게 만든다. 우리가 행복의 **건설**이라고 명명할 수
있는 것은 더 이상 유쾌한 상황들 속에 있는 것, 거기서 예민한 감수
성을 보이는 것과 같은 수동적인 현상이 아니라 유쾌한 상황을 추구
하고 야기하고 그것의 영향과 기간을 확대하는 적극적인 현상이다.

　어원학은 다음과 같은 사실을 확인해 주고 있다. 프랑스어에서 '행
복한(heureux)' 이라는 단어는 처음에는 순탄한 운명을 타고난 사람을
가리켰다. 따라서 'bon heur' 는 '행운(bonne chance)' [6]이라는 뜻이며,
거기서 '되는 대로의 행운' 이라는 약간은 이해하기 어려운 표현이 생
겼다. 그 다음 우리는 단어의 용법 면에서 점진적인 변화를 목격하게
되는데, 이 단어가 어떤 정신 상태를 가리키기 시작했다. **행복**이란 단
어의 이런 의미 변화는 그에 관한 태도, 신념의 변화와 일치한다. 왜
냐하면 세월이 흐르면서 우리는 행복은 운명에 의해서 우리에게 주어
질 뿐만 아니라 우리가 그것을 건설하고 정복할 수도 있다고 생각하
기 시작했기 때문이다. 구어체에서 우리는 이를테면 '자기 행복의 장
인' 이라는 표현을 쓴다.

　조금 전에 내가 발췌문을 요약한, 남서 지방에 사는 나의 스승의 편
지에는 또한 행복 건설의 노력, 과정과 상당히 밀접한 관계가 있는 몇
가지 행복의 예도 나타나 있었다.
　─ 내 안에서 은밀하게 반감을 갖고 있던 이런저런 사람과의 화해
를 도모하고 때로는 성공할 때
　─ 불행한 친구와 함께 시간을 보내고 그의 말을 들어줄 때

---

6) A. 레이, 《불어사 사전 *Dictionnaire historique de la langue française*》, 파리, 르
로베르 사전 출판사, 1992년.

— 나의 내면의 싸움 중 몇몇 전투에서 때로 승리를 거둘 때…….

받은 행복에서 **건설한** 행복으로의 이행은 **양식** 분야에서 일어난 일과 비교할 만하다(게다가 어떤 면에서 보면 행복은 정신의 양식에 비교할 수 있다).

오랫동안 인간은 사냥꾼이었고 채취하는 사람이었다. 인간의 양식은 그들이 주변에서 발견하고 주울 수 있는 것이 무엇이냐에 달려 있었다. 그 다음 그들은 사육자 겸 농업가가 됐고, 그 덕에 식량 자원을 더 잘 조절할 수 있게 됐다. 그것은 좋을 결과도 초래했고(기근이 줄고 다른 기술적·문화적 활동의 발전이 가능해졌다), 나쁜 결과도 초래했다(권력 투쟁, 소유를 위한 경쟁, 과잉으로 인한 질병들…….).

행복에 관해서도 마찬가지이다. 오늘날 우리의 현대적인 갈망은 그것을 길들이는 것, 더 이상 **야생의** 행복에 만족하지 않고 그것을 **양육**시키려는 데 있다. 이를테면 우리는 꿈의 공장이니 행복 산업이니 하는 말로 할리우드 영화의 기계설비를 묘사한다. 문제는 물론 이렇게 사육한 행복이 야생의 행복과 똑같은 맛을 지닐 것인가를 알아내는 데 있다. **경작한** 행복이 **자연**의 행복만한 가치를 지닐 것인가.

하지만 이런 토론을 벌이는 것이 잘못일지 모른다. 왜냐하면 인간이 더 이상 자연의 빛과 전기의 빛을 대립시키지 않은 지 이미 오래됐기 때문이다. 그 두 가지 모두 우리에게 필요하며, 그 두 가지는 각자 고유한 매력을 지니고 있다. 우리는 시골의 여명이나 도시의 환한 밤이나 똑같이 아름답다고 생각할 수 있다……. 야생의 행복과 양육한 행복, 주어진 행복과 건설된 행복도 마찬가지이다. 왜냐하면 우리는 둘 다를 필요로 하기 때문이다. 그것들은 상호 보충적이며, 일부 시인들의 '진정한·행복이·될·수·없기·때문에·모색되어서는·안·되는·행복'이라는 사상적 신념을 제외하고는 아무것도 그것들을 대립시키지 않는다.

■ 행복관

오렐리

"나의 부모님이 각자 가진 행복과의 관계는 무척이나 달랐어요. 어머니는 걱정이 많았고, 항상 미래에 대해 불안해했고, 한번도 즐길 엄두를 내지 못했죠. 그것이 불행과 액운을 불러들일까 봐 겁이 났던 거예요. 어머니는 **행복하게 살려면 숨어 살자**는 말의 신봉자였어요. 어머니 안에선 '우리의 행복을 숨기자. 그리고 우연히 그것과 마주치면 알아보지 못한 체하자!' 는 신조가 단호하게 지켜졌죠. 어머니는 행복은 부당하고 건방진 행운이며, 신들의 분노나 인간들의 질투를 초래할 수 있다고 믿어 의심치 않았죠. 아버지는 그 반대였죠. 아버지는 행복은 가능한 것이고, 모든 사람이 그것을 누릴 권리가 있으며, 우리는 행복하기 위해 이 땅에 있는 거라고 확신했어요. 아버지에게는 불행이 비정상적인 것처럼 여겨졌죠. 어머니가 세상 만사에 대해 걱정이 많았던 만큼, 아버지는 세상 거의 모든 일에 대해 낙관적이었어요. 그리고 어머니가 아버지의 철저한 낙관주의를 비난하면, 아버지는 어머니에게 이렇게 대꾸하곤 했죠. '설령 내가 틀렸다 해도 그렇게 믿는 편이 내게 좋잖아.'"

자신이 행복하다고 느끼는 것은 감정의 영역에 속한다. 반면 행복이 가능하다 또는 자신의 인생이 행복하다고 평가하는 것은 판단의 영역에 속하며, 나아가 신념에 속한다고도 말할 수 있다. 왜냐하면 그것은 주관적이고 개인적인 세상에 대한 **이해**이기 때문이다. 이런 이해는 우리가 우리 인생을 바라보는 관점을 깊이 좌우하며, 우리가 우리 인생을 행복하거나 불행한 것으로 간주하게 되는 까닭도 설명한다. 왜냐하면 우리는 어떤 사건들을 선택하거나 무시하고, 어떤 사건들에게는 다소 큰 중요성을 부여하기 때문이다. 이렇듯 우리는 행복한 상황들을 알아보지 못할 수도 있고, 행복한 감정들을 낭비할 수도 있다. 또는 반대로 몇몇 작은 행복들의 경험과 추억을 오랫동안 가슴에 품고 있을 수도 있다.

행복에 대한 긍정적 관점은 더 조화로운 감정적 삶을 보장할 수 있다. 내 환자들 중 하나가 어느 날 내게 이런 말을 했다. "슬프고 피곤할 때 나는 다시 행복해질 때가 몹시 기다려져요……." 이 문장 속에서 비쳐 보이는 것은 행복의 예견이다. 슬픔 속에 있을 때조차 우리는 행복이 결국은 돌아오리라는 것을 안다. 비가 온다고 해서 무너지는 것은 아니지만 해가 뜨기를 기다리고 기대하는 것처럼.

자신들의 고통이 끝나지 않을 거라고 확신하는 우울증 환자들이 더 이상 할 수 없는 일이 바로 이것이며, 그들의 고통스러운 슬픔이 사실은 하나의 병인 까닭도 여기에 있다. 그들이 주위 사람들이 충고하는 대로 '싸우고' '대처하기' 힘든 것도 그 때문이다. 그들의 행복에 대한 예견, 그리고 노력해 보려는 동기는 우울증이라는 병에 의해 짓눌려 버렸다("그래 봤자 무슨 소용이 있겠어? 인생은 고통과 실망밖에 안겨주지 않는데……"). 우울증이 의학적 또는 정신치료적 방법으로 치료받아야 할 영역에 속하며 개인의 의지에만 속하는 것이 아닌 까닭이 여기 있다. 다시 행복의 예견에 관한 이야기로 돌아오자…….

행복을 예견할 수 있는 근거는 무엇인가? 행복의 예견은 흔히 객관적 요소들보다는 주관적인 요소들을 근거로 한다. 그리고 항상 사적인 역사, 사적인 인생 궤도를 근거로 한다. 앞서 내가 증언을 인용한 오렐리도 삼십대까지는 그녀의 어머니처럼 삶에 대해 지나치게 걱정하는 방식으로 '행동하다가' 차츰 그녀의 아버지처럼 행복을 가능한 것으로 생각할 수 있게 됐다.

그러므로 우리는 행복에 대해, 행복이 가능한지 아닌지, 행동과 관련이 있는지 아니면 휴식과 관련이 있는지, 사회적 유대와 관련이 있는지 아니면 후퇴와 관련이 있는지 등등에 대해, 특히 우리의 노력에 달려 있는지 아니면 우연에 달려 있는지에 대해 각자 '선험적인' 견해를 갖고 있다. 왜냐하면 행복이 간헐적으로만 존재한다는 것은 우리 모두 알고 있기 때문이다. 그런데 그것을 체념하고 우연에 맡기는 사람들이 있는가 하면, 자신의 노력에 의해 이런 간헐적 행복을 좀더 빈번하고 지속적인 것으로 만들려고 생각하는 사람들도 있다…….

■ '나도 행복을 경험해 보았지만 나를 가장 행복하게 만든 것은 그것이 아니다'

다양한 행복 체험들을 훑어보고 나니, 겉보기에는 역설적인 쥘 르나르의 이 문장의 의미를 좀더 잘 이해할 수 있게 됐다.

한쪽에는 삶이 우리에게 제공한 행복들(상황들과 감정들)이 있고, 다른 한쪽에는 우리가 건설하고 우리 자신에게 부여하려고 노력하는 행복들(건설과 시각)이 있다. 전자는 우리에게 행복을 느낄 기회를 주는데, 그것만으로도 이미 대단한 것이다. 후자는 우리가 삶의 우연들이나 과거의 사건들이 우리에게 허락한 것보다 좀더 행복한 삶에 다가갈 수 있도록 도와주는데, 이편이 더 낫다.

솔직히 말하면, 그리고 그의 《일기》를 주의 깊게 읽고 또 읽었기에 할 수 있는 말인데, 나는 쥘 르나르가 다른 것들에 관해서도 이야기하고 싶어했다고 생각한다. 즉 작은 행복들이 큰 행복들보다 우리를 더 행복하게 만들고, 우리 삶에 더 많은 의미를 부여할 수 있다는 것을. 이에 대해서는 나중에 다시 이야기하겠다. 그리고 행복은 완전히 이성적인 어떤 것도(설사 이성이 우리가 행복을 얻는 것을 도울 수 있다 해도), 예상할 수 있는 것도(설사 조금 앞질러 그에 대해 생각하는 편이 낫다고 해도) 아니라는 것을. 이제 그 까닭을 살펴보기로 하자…….

행복: 아주 특별한 느낌

■ 처음에는 편안함이었다

"행복, 그건 내가 기분이 좋은 것이다…….."

언뜻 보기에 편안함보다 행복과 거리가 먼 것이 또 있을까 싶다. 왜냐하면 행복은 고상한 개념이고 편안함은 더 저속한, 나아가 상스럽거나 게으른 개념이기 때문이다. 그럼에도 불구하고 편안함은 본질적으로 우리를 행복에 가장 근접시키는 것으로 여겨진다.

행복이라는 개념을 대단히 신중히 사용하는 학자들은 흔히 이 편안함이라는 개념에 대해서만 연구하기를 선호하며, 오늘날 이에 관한 논문의 양도 급증하고 있다.[7] 장-루이 세르방-슈레베르는 그의 에세이 《만족하고 살기》[8]에서 짓궂게도 행복, 또는 적어도 그 단어의 사용을

---

7) D. 케인만, E. 다이너, N. 슈워츠, 《웰빙-쾌락적 심리의 기초 *Well-being. The Foundations of Hedonic Psychology*》, 뉴욕, 러셀세이지재단, 1999년.
8) J. L. 세르방-슈레베르, 《만족하고 살기 *Vivre content*》, 파리, 알뱅 미셸 출판사, 2002년.

포기할 것을 제안하며, 그보다는 오히려 '행복의 잔돈' 으로서의 만족을 추구할 것을 권하고 있다.

어쨌거나 대개 상황들은 이런 식으로 전개된다. 즉 우리 자신이 유발하지 않는 한 유쾌한 순간들은 우리가 가는 길과 교차한다. 그런 순간들은 예상 가능하고 논리적이다. 왜냐하면 봄날 우리가 좋아하는 길을 걷는 것, 파티에 참석하는 것, 친구와 인생을 논하는 것, 좋아하는 음악을 듣는 것이 그런 순간들이기 때문이다. 그런 순간들은 또 뜻밖의 번뜩임, 분출일 수도 있다. 다시 말해 우리가 어떤 힘든 일로 기진맥진해 있을 때 밖에서 노래하는 새소리를 듣는 것, 처음 본 사람이 당신에게 미소짓는 것, 우리가 무척 사랑하는 어떤 사람으로부터 갑자기 걸려온 전화를 받는 것, 손을 잡고 거리를 걷는 두 아이를 보는 것 등이 그것이다.

이 모든 순간들은 이런저런 형태로 우리에게 좋은 기분을 선사한다. 우리에게 **유익**한 결과를 가져온다. 그리고 우리의 편안함에 협력하는 모든 것은 행복의 돌발을 촉진할 것이다. 다만 촉진하기만 할 뿐 그 이상도 그 이하도 아니다. 편안함은 결국 하나의 갈림길, 가능성을 향해 열린 창문일 뿐이다. 그 자신에게 귀착할 수도 있고, 다른 모든 것에 접근하게 해줄 수도 있다. 그리고 이 단계에서 행복은 여전히 하나의 환상, 약속에 불과하다. 당장은 '어떤 작은 것' 밖에 없는 것이다…….

■ 행복은 느낌이다

편안함은 **자각**이라는 기본 성분이 없이는 절대 행복이 될 수 없는 듯하다. 몽테스키외는 이렇게 썼다. "사람들에게 그들이 행복에 대해 아무것도 모른다는 것을 납득시켜야 할 것이다. 그들이 그것을 누릴 때조차도." 행복의 초석인 편안한 상태에 대한 자각이 이 마지막 상태를 바꿔 놓는다. 단순히 편안한 상태에서 우리는 훨씬 더 강도 높은 현상에 접근할 수 있다.

이런 자각은 보기보다 어려운 심리적 작업이다. 자각은 일상의 수많은 장애물들에 의해 구속을 받는데, 이는 내 환자들 중 한 여성이 '심리적 공해들'이라고 부른 것으로 걱정, 스트레스, 피로, 과도한 요구들이 여기에 속한다. 이는 시인들이 슬프게 강조한 것이기도 하다. "행복이여, 나는 네가 떠나는 소리를 듣고 너를 알아보았노라."

아무튼 순간의 의식은 행복의 필수 성분이다. 그러기에 알베르 카뮈 같은 사람들은 이러한 의식을 행복보다 훨씬 높은 곳에 두었던 것이다. "이제 내가 바라는 것은 행복한 것이 아니라 깨어 있는 것이다." 《몽테뉴, 또는 행복한 의식》은 행복에 많은 관심을 기울인 이 철학자에게 헌정된 가장 아름다운 책들 중 한 권[9]의 제목이기도 하다. 몽테뉴는 그의 《수상록》에서 이렇게 썼다. "나는 살고 기뻐하는 것 외에 다른 목적이 없다."

행복은 하나의 의지주의적 생각이나 내적인 담론 이상이고(몸이나 마음이 따라 주지 않으면 행복하다고 스스로 납득하기 힘들다), 하나의 감정이나 기분 이상이다(좋은 기분이라 해도). 그리하여 행복은 뉴런 심리학을 연구하는 학자들이 느낌이라고 부르는 것, '감정이 빠진 정신적 경험'[10]이 되었고, 그것은 의식 덕택이다. 편안한 감정을 행복한 느낌으로 인도하려면 반드시 의식이 있어야 한다. 하지만 우리에겐 아직 최후의 차원이 부족하다……

---

9) M. 콩쉬, 《몽테뉴 혹은 행복한 의식 *Montaigne, ou la conscience heureuse*》, 파리, PUF 출판사, 2002년.
10) A. 다마지오, 《자의식 자체 *Le Sentiment même de soi*》, 파리, 오딜 자콥 출판사, 1999년.

■ 행복은 그 자체로 충분하다

클레망스

"나의 가장 큰 행복이오? 그건 올 여름에 보낸 그림 엽서 같은 행복이에요! 휴가 때 그리스의 한 섬으로 향하는 배 뒤에서 바라본 석양이죠. 내 곁에는 남자 친구가 있었고, 풍경은 너무나 멋있었어요. 내게는 더 이상 아무것도 필요하지 않았어요. 천성적으로 불만이 많은 내가 그런 상태가 된다는 건 좀처럼 일어나지 않는 일이죠. 한 인간이 기분 좋게 느낄 수 있는 모든 것이 그 순간에 집중돼 있다는 느낌이 들었어요."

행복의 경험, 그것은 편안함을 초월하는 것이다(초월한다는 말은 넘어선다, 그 위에 존재한다는 뜻이다). 기쁨과 달리 행복은 개인을 넘어서고, 그의 통제 그리고 그의 육체적, 정신적 한계를 뛰어넘는다. 우리의 행복은 항상 우리보다 크고, 우리를 높은 곳으로 끌어당기고, 우리를 가득 채우고 흘러넘친다. 하지만 특히 행복은 인간적 갈망의 유일한 목표로서 그 자체로 충분하다. 왜냐하면 일단 거기에 도달하면 그들은 더 이상 다른 아무것도 바라지 않기 때문이다. 아리스토텔레스 같은 고대의 철학자들이 행복을 숨몸 보눔(summum bonum), 즉 '최고의 선'으로 간주한 것도 그래서이다.

우리가 원하던 상태에 도착한 것 같은 느낌대로, 순간의 지속 외 더 이상 아무것도 바라지 않을 정도로 충만한 상태, 끝에 도달한 것 같은 상태에 대한 지각. 바로 그것이 행복을 이해하게 해주는 세번째 요소이다. 디드로와 달랑베르도 이 문제를 소홀히 할 수 없었는데, 왜냐하면 《백과전서》에 담긴 행복에 대한 그들의 정의에 이런 구절이 실려 있기 때문이다. "우리가 변함 없이 지속되기를 바라는 어떤 상태, 어떤 상황······."[11]

■ 행복을 가지고 장난치지 마라!

"가족이 식탁 앞에 모였을 때, 그리고 수프 그릇에서 김이 무럭무럭 올라올 때, 엄마는 가끔 이렇게 말씀하시곤 했다. 잠시 마시고 말하는 것을 멈춰 보거라. 우리는 시키는 대로 한다. 우리는 이해하지 못한 채 즐겁게 서로를 바라본다. 이건 너희들에게 행복에 관해 생각해 볼 시간을 주려고 그러는 거야. 엄마는 말씀하셨다. 그러면 우리는 웃고 싶은 마음이 싹 사라졌다······."[12]

퀘벡 출신의 가수 펠릭스 르클레르의 이런 추억은 우리에게 의식의 역설을 서정적으로 상기시켜 준다. 즉 우리의 편안한 순간들을 확대시키고 승화시키는 것은 의식이다. 하지만 같은 움직임 안에서 행복과 행복의 깨어지기 쉬움을 우리에게 알려주는 것도 그것이다.

작가 필립 들레름도 자신의 아내와 아들을 멀리서 바라볼 때의 이런 혼란스러운 경험을 묘사했다. "나는 안다. 앞으로 나는 결코 지금보다 더 행복할 수 없을 것이다. 그런데 행복의 이름을 소리내어 말하고 나니 갑자기 나는 겁이 났고 닭살이 돋았다."[13]

자, 이제 우리는 세상물정 모르고 미소짓는 행복, 마음 놓이게 하고 고난 없는 행복이라는 에피날의 이미지로부터 상당히 멀리 왔다. 그렇

---

11) P. 풀키에에 의해 인용됨, 《철학 용어 사전 *Dictionnaire de la langue philoso-phique*》, 파리, PUF 출판사, 1962년, 74쪽.

12) F. 르클레르, 《여명 속에서 맨발로 *Pieds nus dans l'aube*》, 몬트리올, 퀘벡 도서관 출판사, 1982년.

13) P. 들레름 《행복―그림과 수다들 *Le Bonheur, tableaux et bavardages*》, 파리, 에디시옹 뒤 로셰 출판사, 1986년.

다면 행복은 심각한 것이란 말인가? 약간은 비극적인 어떤 것도 들어 있는? 자신의 행복이 영원히 지속됐으면 하는 모든 인간의 바람은 행복의 본질 자체에 의해 비난받는다. 하나의 느낌으로서 행복은 생물학과 심리학, 역사와 환경 간의 불안정한 균형의 산물이다.

완벽한 것은 아무것도 없다, 행복마저도!

■ 행복의 연금술

이제 우리는 왜 행복이 그처럼 온순하지 않은지를 더 잘 알게 됐다! 행복의 출현에 필요한 심리 작용의 시퀀스들은 복잡하고 미묘하다.

요약해 보자. 나는 느끼고, 자각하고, 더 이상 다른 것은 아무것도 바라지 않는다. 동시에 나는 그것이 중단될 것임을 안다…….

이런 연결은 대단히 불안정하다. 왜냐하면 나는 편안함을 받아들일 준비가 돼 있지 않을 수 있기 때문이다. 또 거기서 최고를 끄집어 낼 힘·욕망·능력이 없을 수도 있기 때문이다. 이런 연금술의 취약함을 깨닫는 것은 우리로 하여금 행복을 더 많이 맛보도록 부추길 수 있는데, **왜냐하면** 행복은 사라질 것이기 때문이다. 또는 우리를 고통스럽게 만들 수도 있는데, **왜냐하면** 행복은 사라질 것이기 때문이다…….

그러므로 우리는 이 책에서 어떻게 행복의 과정이 방해받거나 촉진될 수 있는지를 함께 발견해 나갈 것이다. 그리고 안심하시라. 할리우드의 옛날 영화들에서처럼 약간의 새로운 전개 뒤에는 물론 **해피 엔드**가 있을 것이므로…….

제2장

방해받는 행복

"우리는 진실을 원하지만 우리 자신에게서는 불확실성만을 발견할 뿐이다. 우리는 행복을 추구하지만 비참함과 죽음만을 발견할 뿐이다."

블레즈 파스칼

"행복에 관한 책을 쓴다고? 그 누구도 정의하거나 도달하지 못한 그것에 관한 책을? 그보다는 불행에 관한 뭔가를 해. 그 편이 더 쉬울 거야!"

나는 결국 내게 그렇게 지적해 준 친구의 충고를 듣지 않았다. 하지만 적어도 어떤 점에서는 그가 옳았다. 그것은 불행의 문제에 접근하지 않고 행복을 논하기란 어렵다는 것이다. 그보다는 오히려 불행과 관련된 문제들이라고 하는 편이 옳을 것이다. 거기에는 다음과 같은 것들이 있다. 왜 그토록 많은 사람들이 행복에 이르는 데 어려움을 겪을까? 왜 불행하지 않은 것이 반드시 행복한 것을 의미하지는 않을까? 우리는 아주 큰 불행을 겪고도 살아남을 수 있을까?

나는 행복에 재주가 없다

> "그리고 그가 행복을 움켜잡았다고 믿을 때, 그는
> 그것을 부수고 있다……."
>
> 루이 아라공

에브

"행복, 나는 거기에 이르지 못해요. 어쩌면 나는 그것 때문에 불안한지도 몰라요. 행복이 곁에 있을 때 나는 그것을 보지 못해요. 아니면 그것이 나를 불편하게 만들어서 내가 그것을 피하는 건지도 모르죠. 아니면 그렇게 하면 내게 해롭다는 걸 알면서도 내가 그것을 파괴하는 것일지도 모르고요. 언젠가 어떤 정신과 의사가 내게 이렇게 말했어요. 나는 행복을 지나치게 두려워해서 행복해질 수 없는 것이라고. 문제는 그가 내게 행복에 대한 두려움을 덜 갖는 법을 가르쳐 주지 않았다는 거예요……."

■ 행복에 대한 두려움은 존재할까?

풋내기 인턴 시절, 나는 선배 정신과 의사들이 몇몇 환자들에 관해 말하면서 그들이 **불행해지고 싶은 욕망**과 매저키즘으로 추정되는 성향을 갖고 있고, 치유되기를 거부한다는 말을 듣고 종종 놀라곤 했던 일이 기억난다. 이것은 20세기말 정신병학의 악습들 중 하나였는데, 누군가를 쾌유시킬 수 없을 때 의사는 본인에게 책임을 돌리곤 했다. 내가 선배들의 말이 그 어떤 현실을 가리킨다기보다 대개는 환자를 치유시키지 못하는 무능력, 임상의로서의 나태함을 증명하는 것임을 이해하는 데에는 오랜 시간이 걸렸다. 훗날 나는 행복에 관한 같은 유형의 담론들을 발견했다. 인간은 행복을 두려워하는 것일지도 모른다 ……. 이것 역시 또 하나의 고정관념일까?

■ 그보다는 오히려 서투르기 때문이다: '행복을 가지고 어찌해야 할까?'

"나는 행복을 잘 견디지 못한다. 습관이 되지 않아서." 마르그리트 유르스나르는 그렇게 썼다.[1] 나중에 확인하게 되겠지만 행복의 노하우는 분명히 존재한다. 그리고 어떤 이들은 삶에서 한번도 그것을 배우지 못한다. 가장 많이 확인되는 것은 '행복에 대한 두려움' 이라는 가정이 아니라 이것이다. 모두들 행복을 갈망하지만 모든 사람이 거기에 접근하거나 그것을 이용하는 법을 배운 것은 아니다. 그리고 행복이 왔을 때, 아니 행복이 모습을 드러낼 때(왜냐하면 그것은 결코 있는 그대로 오지 않고 항상 가능성이나 희미한 윤곽의 형태로 오기 때문이다) 우리는 때로 길을 잃는다. 유명한 시 〈행복은 풀밭에 있다〉의 작가 폴 포르는 이렇게 썼다. "우리가 그것의 주인이 아닐 때, 우리가 그것을 알아보고 거기에 정착할 생각을 전혀 하지 못할 때 행복을 가지고 어찌해야 할까…?"[2]

---

1) M. 유르스나르, 《불 *Feux*》, 파리, 갈리마르 출판사, 1993년.
2) P. 포르, 《프랑스 발라드 *Ballades françaies*》, 파리, 플라마리옹 출판사, 1983년, 91쪽.

■ 또는 불안 때문이다:
'행복이 끝나면 어떻게 될까?'

늘 불안에 떠는 사람들에게 행복은 거추장스러운 것이다. 그래서 행복이 오기가 무섭게, 또는 흘끗 곁눈질하기가 무섭게 그들은 이런 질문을 자신에게 제기한다. "그리고 행복이 끝나면?" 행복의 출현, 또는 심지어 행복의 환기만으로도 즉시 그들은 그것의 상실과 실종이 두려워진다. 그럴 때 어떤 이들은 유일하게 가능한 예방적 태도를 취한다. 세르주 갱스부르의 노랫말처럼 '달아날까 두려워 행복을 피하는' 것이다.

우리는 모든 행복의 순간성에 대한 자각이 행복 자체에 내재돼 있는 것을 보았다. 하지만 이런 자각이 어떤 이들에게는 참기 어려우며, 그래서 그들은 멀리서 마주치는 편을 택한다.

"나는 행복 안에 두 발을 담그고 있기보다는, 오히려 그로부터 두 발자국쯤 떨어져 있는 편이 더 좋아요……."

■ 때로는 미신 때문이기도 하다:
'자신의 행복에 불행을 초래할까 봐…'

엘리

"내가 행복하다고 느낄 때, 내가 운이 좋은 것처럼 보일 때, 나는 대놓고 기뻐하지 않는 편을 택해요. 만일 그렇게 하지 않으면 나와 친지들의 행복에 불행을 초래할 것 같은 느낌이 들거든요. 나도 나의 행복을 즐기고 싶지만 그것을 행복이라 지명하지 않고 은밀히 그러고 싶어요. 언젠가 우리 집을 사고 집들이를 하고 있을 때였어요. 친구 하나가 내게 다가와 이렇게 말했죠. '너는 이제 멋진 집을 샀으니 행복하겠구나?' 나는 궁지에 몰린 것 같았고 더 이상 무슨 말을 해야 할지 알 수 없었어요. 내가 그곳에서 살게 되어 행복한 것은 사실이었지만 그것을 인정하는 것이 나를 두렵게 만들었죠. 나는 적당히 얼버무림으로써 그 상황을 빠져나와야 했어요……."

어떻게 하면 불행을 막거나 행복을 초래할 수 있을까? 태곳적부터 행복·불행과의 관계는 대부분의 미신들의 원천에 있었다.[3] 고대 그리스에서 신들은 인간들의 행복을 질투할 수 있었다. 자신의 행복을 말하고 과시하기를 주저하는 지중해의 문화는 어쩌면 거기서 온 것일지 모른다.[4] 그저 자신의 행복을 드러내 보이는 것만으로도 불행을 초래할 수 있다고 생각하는 것이다…….

개인이 자신의 삶과 자기 인생의 흐름에 대해 약한 통제감을 갖고 있는 만큼 오늘날 미신은 그만큼 더 중요해졌다. 행복에 관한 대단히 마술적인 믿음들은 개인이 자기 자신의 행복을 건설하기에 충분한 능력(또는 믿음)을 갖고 있지 못하다는 것을 의미할 때가 많다.

---

3) E. 모자니, 《미신에 관한 책 *Le Livre des superstitions*》, 파리, 로베르 라퐁 출판사, 1995년.
4) F. 와 S. 카발리-스포르자, 《행복학 *La Science du bonheur*》, 파리, 오딜 자콥 출판사, 1998년.

■ 또는 슬픈 습관 때문일 수도 있다: '나는 불행을 잘 알아요…'

"그걸 어떻게 말하죠? 역설적이지만 나의 지표는 불행 속에 있어요. 나는 고독 · 슬픔 · 향수 · 우울에 익숙해요……. 사랑하는 사람과 헤어진 뒤 나는 슬프면서도 안심이 됐어요. 왜냐하면 나의 사소한 습관들, 오래된 독신 생활의 관례들을 되찾게 되리라는 것을 알았기 때문이죠. 텔레비전 앞에서 냉동 식품을 먹으며 혼자 지내는 저녁 시간들 말이죠. 내게는 다른 사람과 함께 살려고 노력할 때보다 그런 시간들 속에 있을 때가 더 나 자신답게 느껴져요. 왜냐하면 나는 더 이상 사랑하지 않는 것 또는 사랑받지 않는 것이 늘 걱정되고, 내가 원하던 것에 비해서는 항상 실망하기 때문이에요……."

나는 진짜 '불행의 습관,' 불행과의 슬픈 결탁으로 고통스러워하는 환자들을 많이 보았다. 그들은 행복한 순간들보다는 불행한 순간들 안에서 자기 자신을 더 많이 알아본다. 그들 중 한 사람은 (거기에 오래 머무르지만 않는다면 감미로울 수 있다는 뜻에서) 슬픔을 '감미로운 누에고치'라고까지 말했다. 미국 시인 소로우는 '평온한 절망의 삶'이라는 표현을 사용했다.

이런 현상은 낮은 자기 평가를 가진 사람들에게서 특히 많이 조사되었다.[5] 그런 사람들은 때로는 그들의 존재의 진실이 즐거움보다는 고통 속에 더 많이 존재한다는 느낌을 갖고 있다. 불행한 느낌과의 이런 친숙함은 선택된 것이 아니라 결핍에 의해 부여된 것이다. 인생이 그들에게 행복을 다루는 법을 가르쳐 주지 않았기 때문에 이런 사람들은 그들에게 익숙한 것, 즉 슬픔을 더 가깝게 느낀다.

또한 이런 나약한 환자들이 때로는 무의식적으로 행복 방지 대책에 몰두하는 것이 아닌가 하는 의구심이 들 수도 있다. 행복이 사라질 때 고통스러울까 봐 두려워서 말이다. '너무 고통스럽지 않으려면 너무 기뻐하지 말라'는 것이 그들의 신조이다. 폴 포르도 그의 시집 중 한 권의 제목을 《행복한 나를 위로해 주기 위한 노래들》이라고 짓지 않았던가?

■ 그리고 몇 가지 문화적 금기 사항들: '행복이오? …정신 좀 차리세요…'

과거에는 행복을 둘러싸고 수많은 종교적 금기들이 존재했다. 가톨릭 교회에서는 오랫동안 행복을 추구해야 할 곳은 여기 지상이 아니라 오직 천국뿐이라고 말해 왔다.

오늘날 행복에 도달할 수 있는 가능성과 관련된 규제들은 비종교적이고 더 은근해졌다. "인간이 행복한 것은 창조 계획 속에 들어가지 않았다." 프로이트는 그렇게 썼다. 행복 탐색의 헛됨에 관해서도 마찬가지다. 철학자 알랭은 "행복은 그것을 추구하지 않은 사람들에게 오는 보상"이라고 생각했다.

물론 이런 문화적 고정관념의 영향력을 정확히 평가하기는 어렵지

---

5) S. 헴펠, 〈낮은 자존을 가진 사람들은 정말로 기분이 좋기를 원할까? 자존심에 따라 부정적인 기분을 치료하려는 동기가 달라진다 Do people with low self-esteem really want to feel better? Self-esteem differences in motivation to repair negative mood〉, 《성격과 사회 심리학저널 *Journal of Personality and Social Psychology*》, 2002년, 82쪽 128-147행.

만 그것들이 상당수의 개인들이 가질 수 있는 행복관 속에서 제한적인 역할을 한다는 것은 의심할 나위가 없다. 이런 제한들이 종교적 또는 문화적 성격의 관점들로 우리의 의식에 분명히 존재하는 만큼 그것들에 대해 스스로를 준비시키는 것, 즉 그것들에 관해 생각하고 그것들에 이의를 제기하고 그것들을 조정하는 것 등도 가능하다. 하지만 결국 이런 미묘한 금기들은 흔히 내면화되고 우리의 무의식에 의해 억제되고 만다. 이를테면 어떤 환자들은 '행복에 대한 권리가 없다'고 확신한다고 말한다. 내가 보기에 이런 유형의 문장은 걱정스러운 증상이며 정신치료적 대화에서 우선적으로 다루어져야 한다. 대체 무슨 근거로 인간이 행복할 권리가 없다는 것인가?

심지어는 진짜 불행의 혈통, 행복권을 제한하는 이러한 믿음이 세대에서 세대로 유전되는 현상도 목격되곤 한다. 아이들이 그들의 조상들처럼 운명에 복종하는 집들이 존재하는 것이다. "우리는 행복을 누리기 위해 만들어진 존재가 아니야……."

정신과 의사에게 이런 문장들은 황소를 겨누는 투우사의 붉은 헝겊과 같다. 덤벼들고 싶게 만드는 것이다. 하지만 경험에 비추어 보면 이럴 때 부드럽게 전진해야 한다. 피할 수 없는 불행, 금지된 행복의 확신에 이의를 제기하는 것은 부모·조부모 등의 말에 이의를 제기하는 것과 똑같다. 우리는 우리를 세상에 내보낸 사람들의 이야기를 거부할 수 없는데, 그것은 우선 그런 이야기는 우리를 해치기 위해 만들어진 것이 아니기 때문이다. 그리고 거기에 나쁜 것들만 담겨 있지 않기 때문이다. 흔히 말하듯 '선별' 해야 한다. 한편 행복의 학습에는 시간이 걸린다. 존재하는 것을 지나치게 빨리 깨뜨릴 필요는 없는데, 그것은 우리는 모두 지표가 필요하기 때문이다. 설령 그것이 부정적인 것일지라도, 설령 그것이 제한적인 것일지라도. 따라서 정신분석가 알랭 브라코니에르[6]의 표현대로 '사슬을 끊기' 도 해야 하지만, 또한 다시 연결하기도 해야 한다. 어떤 치료들에 시간이 걸리는 이유가 거기에 있다…….

일상에서의 불행한 느낌

> "약혼한 여자가 다른 사내에게 농락당하고, 집을 지어 놓고도 그 집에서 살지 못하며 포도원을 가꾸어 놓고도 맛을 보지 못하리라. 너희 눈앞에서 너희 소를 잡는데도 입을 대보지 못하고 너희 눈앞에서 몰려간 너희 나귀도 돌아오지 않겠으며, 너희 양떼가 원수의 손에 넘어가는데도 너희를 도와줄 이가 없으리라. 너희 아들딸이 다른 민족의 손에 넘어가는 것을 너희 눈으로 보아야 할 것이며 눈이 빠지도록 언제까지나 기다려 보아야 속수무책이리라. 너희 땅에서 애써 거둔 곡식을 너희가 알지 못하는 백성이 다 먹어 버리리라. 이렇게 너희는 언제까지나 억눌리고 짓밟히리라. 이 꼴을 너희 눈으로 보다 못해 너희는 마침내 미쳐 버리리라…….."
>
> 〈신명기〉, '불행의 위협,' 28장 30-34절

우리의 불행한 체험들의 대부분은 성서의 이 구절에서 신앙심이 없는 자들에게 가해지는 이 위협들보다는 덜 심각한 사건들과 관련이 있다. 하지만 우리 일상의 작은 불행들이 답답함과 고통의 원천이 되기는 마찬가지다. 왜냐하면 행복의 경우와 마찬가지로 인생 전체로 볼

---

6) A. 브라코니에르, 《경미한 또는 심각한 불안증 환자 *Petit ou grand anxieux*》, 파리, 오딜 자콥 출판사, 2002년.

때 불행하다는 인상은 대개 강도보다는 반복과 더 관계가 깊은 것으로 확인됐기 때문이다. 이러한 현상에 대한 학문적 연구에 따르면 마리와 식스틴의 (가공의) 예가 우리에게 보여주고 있는 것도 바로 그것이다.[7]

마리와 식스틴 두 자매는 두 개의 행복한 사건을 겪는다. 즉 로또에서 1천 유로를 타고 직장에서 상여금 2천 유로를 받게 된 것이다. 마리는 행복한 두 사건을 하루에 다 체험하게 되고, 식스틴은 보름 간격으로 체험하게 된다.

두 가지 방식 중 어느것이 그들의 행복을 가장 많이 증가시켜 줄까? 이런 질문을 받는 사람들의 대다수(63%)는 가장 운이 좋은 것은 식스틴이라고 생각했다. 우리는 좋은 소식들이 시간 속에서 나열돼 있을 때 그것들을 더 잘 이용할 수 있다.

두 개의 불행한 사건을 가지고 같은 실험을 해본다. 벌금 1천 유로를 내야 하고, 세금 2천 유로를 내야 한다. 그리고 두 자매 사이에 같은 차이를 둔다. 마리는 두 가지 나쁜 소식을 하루에 다 알게 되고, 식스틴은 보름 간격으로 알게 된다. 둘 중 누가 불행한 느낌을 덜 느낄까? 대부분의 사람들(57%)이 이번에는 마리라고 생각했다. 불행은 시간 속에서 나열돼 있는 것보다는 떼지어 나타나는 편이 낫다는 것이다.

따라서 이런 심리적 관습의 실험에 비추어 볼 때 가장 좋은 방식은 불행은 집중시키고 행복은 나열하는 것이다. 하지만 삶이 우리에게 선택권을 주는 경우란 드물다…….

---

7) P. 르그랑지, 《행복 *Le Bonheur*》, 브뤼셀, 드 뵈크대학출판부, 2001년, 34-35쪽.

■ 우리는 불행을 자초할 수 있을까?

"그녀는 불행을 자초한다……." 매저키즘의 경우처럼 진정으로 불행을 좋아하는 경우는 드물 것이다. 그렇지만 오랫동안 우리는 어떤 사람들에게 이런 명찰을 붙여 왔고, 그들 자신도 그것을 수긍할 때가 있다. 하지만 매저키즘과 마찬가지로 현실은 우리가 생각하는 것과는 다르다. 소위 사도매저키즘 커플들에게는 두 가지 명제가 존재할 수 있다. "나는 그(녀)가 나를 고통스럽게 하기 때문에 그(녀)를 사랑한다." 또는 "나는 그(녀)가 나를 고통스럽게 함에도 불구하고 그(녀를) 사랑한다." 실제로는 가장 드물게 나타나는 첫번째 명제가 진정한 매저키즘의 영역에 속한다.

마찬가지로 우리는 '나는 행복과 함께 있기가 힘들다'는 것과 '나는 불행이 좋다'를 혼동해서는 안 된다. 모든 사람이 원한이나 무력함에 의해 일시적으로 불행을 자초할 수 있다. 하지만 불행에 대한 진정하고도 지속적인 본능적 욕망은 오직 일부 인격적 장애들에서만 존재하며, 따라서 그것은 정신요법의 영역에 속한다.[8]

■ 불행관

과거 우리는 자신을 불운, 즉 행복은 금지되고 불행 선고를 받은 운명의 희생자라고 생각하는 일부 환자들의 억제할 수 없는 성향을 '운

---

8) J. E. 영, J. 클로스코, 《나는 내 삶을 재발명한다 *Je réinvente ma vie*》, 몬트리올, 에디시옹 드 롬 출판사, 1995년.

명신경증'이라 불렀다. 이런 믿음은 다음과 같은 두 가지 상태에 대한 그들의 행동에 심각한 영향을 끼치게 된다. 그들의 말을 들어 보면 그들은 불행을 끌어들이고('연속의 법칙') 행복을 쫓아내는 것처럼 보인다('나는 항상 운이 없다').

우울증 환자들의 기능을 이해하는 데 도움이 되는 **귀속** 이론은 우리에게 이런 행복과 불행에 대한 시각을 갖게 되는 기제에 관한 흥미로운 관점을 제공한다.

우리는 우울증을 하나의 생물학적 질병으로 이해할 수 있다(정신분석가들은 이것을 삶에 대한 매우 부정적인 시각과 결부된——원인 또는 결과로?—— '기질적(humeur) 장애' 또는 '정서적(emotionnel) 장애'라고 말한다). 우리는 우울증 환자들이 주위의 부정적 사건들에 고정성('앞으로도 계속 이럴 거야')과 전체성('이건 모든 경우에 해당돼')이라는 두 개의 기본적인 특성을 부여한다는 것을 증명했다.[9] 그래서 학교에서 어려움을 겪는 아이를 둔 우울증에 걸린 주부는 아이는 항상 학업에서 실패할 것이고(고정성), 어머니·아내·여자로서 그녀의 삶 전체가 하나의 실패라고(전체성) 생각하게 되는 것이다.

우울증은 아니지만 지속적으로 불행하다고 느끼고, 불행이 그들의 운명이라고 확신하는 일부 비우울증 환자들의 경우에도 상황은 같은 것으로 여겨진다. 그들은 그들 인생의 모든 부정적 경험을 영원히 계속될('개선될 희망이 없어'), 그리고 그들의 삶이 실패라는 것을 분명히 입증하는('나는 모든 분야에서 실패했어') 숙명으로 인식한다. 그들은 긍정적인 사건들은 반대로 처리한다. 다시 말해 그것들은 언제든지 변할 수 있고('이것이 오래 가지는 않을 거야'), 중요하지 않은('어쨌든 이

---

9) L. 아브람슨, 〈인간의 학습된 무력함-비평과 재처방 Learned helplessness in humans: Critique and reformulation〉, 《이상심리학 저널 *Journal of Abnormal Psychology*》, 1978년. 87쪽 49-74행.

건 내 진짜 문제들을 전혀 해결해 주지 못해') 것으로 인식하는 것이다. 따라서 행복 건설은 상당히 어려운 것으로 확인되고 있다…….

당신은 행복과 불행 사이의 어디에 있나?

자 여기 아주 간단한 질문들이 있다. 잠시 시간을 내어 아래 네개의 명제들 중 어느것이 당신의 습관적인 느낌에 가장 가까운지를 스스로에게 물어보라.

- "나는 행복한 편이다."
- "나는 정말로 불행하지는 않다."
- "나는 정말로 행복하지는 않다."
- "나는 불행한 편이다."

각각의 표현들은 행·불행과 당신의 삶과의 관계 안에서 당신이 당신의 삶에 대해 갖고 있는 전체적인 시각을 반영하고 있다. 이 시각들을 좀더 자세히 살펴보자…….

"나는 행복한 편이다"

이런 표현을 선택한 것은 행복할 수 있는 자신의 능력에 대한 긍정적인 시각을 증언한다. 자신이 행복한 편이라고 인정하는 것은 불행의 전적인 부재보다는 자신의 삶에 대한 대체로 만족스러운 지각을 가정하며, 빈도 면에서나 중요성 면에서 행복한 순간들이 불행한 순간들보다 우세하다는 것을 의미한다. 이것은 또한 행복한 경험들을 연장하거나 부활시킬 수 있는 자신의 능력에 대한 상대적인 믿음을 전제로 한다. 그런 믿음이 논리적으로 자신의 행복을 감히 단언하는 행위로 귀착되는 것이 그는 겁나지 않는다. 그는 그것이 한순간 사라지리라는 것, 하지만 다시 오리라는 것을 알고 있다. 바람직하고도 유일한 행복의 프로그램은 계속 이 길로 가는 것이다……

"나는 정말로 불행하지는 않다"

이것은 자신과 행복과의 관계에 대한 신중한 시각을 증명하는 표현이다. 여기서 가장 중시되는 가치는 믿음보다는 명철함이다. 불행은 존재하며, 결코 아주 멀리 있지 않기에 자신의 행복을 단언하지 않는 것이다. 하지만 여기에는 또한 신중함도 있다. '어떻게 지내?' 라는 질문에 그는 기꺼이 '아주 나쁘진 않아. 더 나빠질 수도 있으니까' 라고 대답한다. 그는 가장 나쁜 것이 존재한다는 것을 알고 있고, 그것을 모면한 데 대해 스스로 만족스럽게 평가한다. 불행하지 않은 것, 그것만으로도 이미 충분히 행복할 수 있는 것이다. 따라서 우리가 생각할 수 있는 첫번째 프로그램은 행복을 건설할 수 있는 자신의 능력을 더 많이 신뢰하는 것이리라……

"나는 정말로 행복하지는 않다"

이런 표현은 자신의 행복에 대한 슬픈 시각을 보여준다. 그는 행복에 도달할 수 없고, 그런 어긋난 기대들이 그를 고통스럽게 만드는 것이다. 그는 자기 자신은 아니라도 적어도 다른 사람들에게는 행복이 가능하다는 것을 알고 있다——또는 그렇게 가정하고 있다. 하지만 그는 간헐적 또는 단편적으로만 행복에 이를 수 있다는 느낌을 갖고 있다. 또는 그것이 질 낮은 행복일 뿐이라고 느끼고 있다——그것은 때로 잘못 느끼는 것이다. 그렇지만 그는 자신이 겪는 것이 진짜 불행은 아니라는 것을 알고 있다. 여기서는 유익한 작업이 가능하며 바람직하다. 작은 행복에 대한 감수성을 증대시키고, 불행을 자초하려는 자신의 성향과 맞서 싸우는 법을 배우는 것이 그것이다…….

"나는 불행한 편이다"

이런 표현은 가장 고통스러운 시각에 해당한다. 이것은 그가 적어도 지금 당장은 행복을 포기했다는 것을 보여준다. 그는 불행을 겪는 것을 부담스럽게 느낀다. 큰 불행이라면 그것은 우리를 가득 채우고 우리를 압도하고 우리를 따라다니고 오랜 세월이 지난 후에도 우리를 놓아주지 않을 거라고 생각한다. 작은 불행이라면 그것은 우리를 숨 막히게 하고 매일 되풀이될 거라고 생각한다. 행복에 대한 희망이 아주 없거나 거의 없다. 고통을 당하는 모든 사람들처럼 그는 오직 한 가지, 즉 고통——불행——이 멈추기만을 갈망한다. 이 경우 행복의 프로그램은 광범위하며, 우선 혼자 있지 않는 것, 나아가 전문가에게 도움을 청하는 것부터 시작해야 한다. 온통 해야 할 것 투성이지만 모든 게 가능하다…….

행복과 불행에 관한 몇 가지 질문들

■ 불공평한 싸움?

오로르

"내가 잘 지내지 못할 때, 나는 내가 타고난 성향 쪽으로 가도록 자신을 방치하고 있다는 느낌이 들어요. 내 생각에 인간의 정상적 상태는 불행인 것 같아요. 내가 잘 지낼 때, 그것은 거의 항상 노력의 결과처럼 여겨져요. 편안함은 한번도 거저 주어진 적이 없으며, 항상 내가 쟁취한 것이었다는 느낌이 들어요. 그리고 때로 나는 항상 노력한다는 것이 피곤하게 느껴져요. 나는 쉽고 자연스럽고 자발적인 방식으로 행복에 접근하고 싶어요……."

우리는 생물학적인 면에서 행복이 여러 가지 기본적인 큰 감정들 중 오직 하나인 즐거움만을 근거로 한다는 것을 알았다. 하지만 불행은 더 많은 수의 이런 감정들, 즉 슬픔은 물론이고 분노·공포·수치심 등에도 기댈 수 있다……. 그래서 불행은 이다지도 돌발하기 쉬운 걸까?

따라서 행복과 불행은 동등한 조건에서 출발하지 않는다. 이를테면 무척 큰 행복들이 평생 동안 활동적인 흔적을 남기는 경우는 드물다. 반면 대단히 큰 불행들은 그럴 수 있다.

내 환자들 중 하나는 여러 해 전에 교통 사고로 큰딸을 잃었다. 그때 그녀의 인생도 멈췄다. 딸의 방은 누구도 손댈 수 없었고, 아무것도 바뀔 수 없었으며, 딸이 죽던 마지막날 아침의 그 모습대로 있어야 했다. "그것이 내 딸의 추억을 꿈이 아닌 구체적인 어떤 것으로 남길 수 있는 유일한 방법 같아요. 내 행동이 병적이라는 걸 알지만 이 병만이 내가 계속 살아가야 할 유일한 이유죠. 이렇게 하는 것은 나의 슬픔과 나의 불행을 꽉 붙들고 있는 꼴이지만, 이 불행은 나를 살도록 붙들어 주는 최후의 어떤 것이죠." 그리고 사실 이 환자의 불행은 죽은 딸을 기억하기 위해 지어진 영묘와도 같았다. 그것을 포기하는 것은 그녀를 모욕하는 행위가 될 수도 있었다. 내 환자는 인생을 향한 모든 문과 창문이 열려 있음에도 불구하고, 다시 말해 다른 자식들, 손자들, 배우자, 친구들 등이 있음에도 불구하고 상을 당한 슬픔의 감옥 안에 머물러 있었다.

이렇게 비극적인 사건들이 없을 때에도 불행의 흔적과 속도를 따라가는 편이 행복의 그것들을 따라가는 편보다 쉽다. 행복 이후에 행복한 채로 남는 것보다는 불행 뒤에 불행한 채로 남는 편이 에너지와 노력이 덜 들기 때문이다. 내 환자들 중 하나가 자신이 가진 '불행의 욕망' 이라고 부르는 것이 바로 그것이다.

■ 행복에 불행이 필요한 것일까?

> "아, 걱정 없고 친절한 마음을 가진 당신들은 인간의 행복에 대해 얼마나 많은 것을 알고 있는가! 왜냐하면 행복과 불행은 쌍둥이 형제처럼 함께 커가거나, 또는 함께 작은 채로 남아 있기 때문이다!"
>
> 프리드리히 니체

따라서 니체에 따르면 행복을 느끼는 소질은 불행을 느끼는 소질과 불가분의 관계에 있다. 그리고 어떤 대가를 치르고서라도 불행을 피하려고 하면 필연적으로 행복을 하찮은 것으로 만들게 된다고 보았다. 니체의 심리적 고통들은 그의 입장과 무관하지 않을 것이다. 하지만 비록 그가 행복 학교의 최고 선생은 분명 아니었을지 몰라도 그의 천재성은 그에게 하나의 근본적인 질문을 제기하게 만들었다. 결국 '정상적인' 생활에서 행복을 위협하는 가장 큰 위험은 불행보다는 권태와 우울에서 더 많이 생기는 것이 아닐까?

권태가 때로 행복 안에 깃들 수 있는 것은 사실이다. 우리는 모든 것, 심지어 행복에도 익숙해진다. 정기적인 자각 작업(자신이 행복하다는 것을 깨닫는)을 하지 않는 한. 그리고 불행은 때로 행복이 행운이라는 것을 상기시켜 준다.

그렇다면 불행은 행복에 유용할까? 부분적으로는 그럴지 모른다. 그렇다면 경험(불행을 겪는 것)이 유용할까? 지식(불행이 존재하며 우리를 위협한다는 것을 아는 것)이 유용할까?

지식은 우리에게 고통을 안겨줄 것이다. 그렇지만…… 때로 우리에게 그토록 부족한 것은 지혜의 문제이다. 지나간 행복을 그리워하기 위해 불행이 있기를 기다리지는 말아야 한다.

■ 우리는 불행 속에서 행복을 느낄 수 있을까?

엘렌

"남편이 죽었을 때 장례식이 끝난 뒤 나는 내 아이들과 친구들에 둘러싸여 있었어요. 이따금 나는 갑자기 쏟아진 그 애정 공세에 행복하다고 느낄 정도였어요. 나는 생각했어요. 그에게 우리의 사랑을 보여주기 위해 여기 이렇게 뭉쳐 있는 우리를 보면 그도 행복할 거야. 남편의 삶은 끝까지 성공적인 것 같아. 그는 행복할 수 있는 아이들을 세상에 남겼잖아. 하지만 그건 매우 죄책감이 드는 일이었어요. 그이가 더 이상 세상에 없는데 거의 행복하다고까지 느끼는 것, 나도 모르게 웃고 마시고 먹는 것 말이에요……."

어떤 불행한 느낌들은 때로는 다양한 감정이 공존하고 행복의 흔적도 조금은 섞여 있는 아주 미묘한 상태인 것으로 확인된다. 이를테면 사랑의 고통이 그렇다. 이에 관해 우리는 유명한 증언들을 확보하고 있다. 이를테면 쥘리에트 드루에는 바람둥이 연인 빅토르 위고에 대해 이런 말을 했다. "나는 그가 나를 불행하게 해줘서 너무 행복하다." 또 한 프랑스 신사에게 유혹당한 뒤 버림받은 포르투갈의 젊은 수녀 마리아나는 《포르투갈 수녀의 편지》에서 이렇게 말했다.[10] "나는 당신을 만나지 않은 것보다는 당신을 사랑하면서 불행한 편이 훨씬 더 좋습니다."

이런 복잡한 느낌들이 제기할 수 있는 심리적 문제는 그것들의 대안이 가능한가 하는 문제이다. 이런 모호한 감정의 혼합이 행복을 느끼는 유일한 방법인가? 그런데 이것은 다른 고통들의 전조인가…… 아니면 몇몇 삶의 시련들 특유의 일시적인 것들에 불과한가? 증명할 수 있는 것은 우리는 다만 체험할 수 있는 것의 끝까지 간다는 것, 그리고 더 풍부해진 모습으로 거기서 나올 거라는 것이다……

---

10) 길레라그, 《포르투갈 수녀의 편지 *Lettres de la religieuse portugaise*》, 파리, 천일야 출판사, 2000년.

그러면 행복 속에 불행이 있을까?

“나의 부모님은 돌아가셨기 때문에 나의 성공한 삶을 볼 수도, 내 아이들과 친해질 수도, 이 행복한 순간들을 우리와 나눌 수도 없죠. 때로 불현듯, 대개 행복과 느슨함이 섞이는 순간, 하루가 끝날 때, 흥분된 행복 뒤에 갖는 휴식기에 그런 생각이 들어요. 갑자기 나는 나의 행복감에 향수와 슬픔이 섞이는 듯한 느낌을 받죠. 그것이 사라지는 건 아니고, 햇살 비치는 아름다운 풍경 위로 구름이 지날 때처럼 어두워지는 거죠.”

다미앵은 어떤 현상을 묘사했는데, 그것은 학자들의 많은 관심을 끌고 있다. 선험적으로 모순되는 감정들을 동시에 느낄 수 있느냐 하는 것이다. 이론적으로 인간의 뇌는 이를 위한 준비는 돼 있지 않지만, 경험적으로 볼 때 우리의 복잡한 뇌 장치는 모든 미묘한 것들을 허용하고 있다. 다미앵의 이야기는 하나하나 쌓아올려 이룩한 전반적인 행복 속에 불행한 감정이 끼어들 수 있음을 보여주고 있다.

크리스마스에 눈이 올까요?

같은 제목의 상드린 베이세의 영화(1996) 끝부분에서 물질적으로 비참한 상황에서 사는 한 젊은 엄마가 크리스마스날 밤 그녀의 일곱 아이와 함께 자살을 기도한다. 아이들로 인해 있을 수 있는 행복의 절정에 있을 바로 그때. 마약중독자인 아버지가 집에 없음에도 불구하고 그들은 약간의 난방을 하고 작은 선물을 살 수 있는 약간의 돈도 있고, 모두 함께 있고 서로 사랑하고 있다. 하지만 엄마는 자신이 이 행복을 지키기가 점점 더 어려워질 것이라는 사실에서 그것의 한계를 자각하고 있다……. 크리스마스 전야의 흥겨운 밤참이 끝난 뒤, 아이들이 모두 함께 쓰는 방 안에서 그녀는 곁에 누운 아이들이 잠들기를 기다린다. 침실로 사용되는 그 방은 집에서 난방이 되는 유일한 방이다. 그녀는 모든 문과 창문을 닫고 가스 난로의 불을 끈다……. 그녀는 한밤중에 아이들의 즐거운 비명에 눈을 뜬다. 아이들은 방금 연 창문 앞에 서 있다. 밖에는 눈이 오고 있다. 그리고 아무도 죽지 않는다.

안-로르

"나는 항상 끝나는 것들, 또는 접근할 수 없는 것들에 의해 감동받았어요. 대학생 때, 어느 가을날 학부 졸업 시험 기간 전에 친구들과 마지막으로 벌인 파티가 기억나요. 우리는 곧 모두 헤어질 예정이었는데, 그건 슬프면서도 감미로운 일이었어요."

안-로르는 끝나가는 시간, 만났다가 헤어질 사람들, 두 개의 심리적 건설, 즉 행복한 순간들의 추억에 대한 회고적인 행복과 이별을 예상함으로써 오는 불행이 뒤섞인 순간에 대한 슬픈 행복을 증언하고 있다.

샤를로트

"나는 행복과 문제가 많아요. 행복은 어떤 한계를 넘으면 참을 수 없는 것으로 여겨지고, 그때 불행에 대한 생각이 들죠. 아이들이 노는 것을 바라볼 때, 그리고 아무 걱정 없을 때 이런 일이 자주 일어나요. 그들이 고통스러울 것, 늙을 것, 죽을 것이라는 생각이 불현듯 드는 거예요."

샤를로트처럼 병적으로 걱정이 많은 어떤 이들에게서 행복감은 죽음에 대한 불안으로부터 지켜주기에 더 이상 충분치 못하다. 하지만 행복감은 죽음을 이기는 약이요, 해독제이다. 그보다 더 나쁜 상황도 있다. 행복감이 들기가 무섭게 어떤 절박한 불행에 대한 두려움과 결부된 불안감이 드는 것이다. 이런 잠재적인 불행을 어쩔 것인가? 그것을 똑바로 바라보고 그에 대해 생각하는 것밖에 다른 해결책이 없다. 그런 다음 그것에 등을 돌리고 다시 한번 행복에 집중하려는 노력을 하는 것이다……

현자가 말하길…

"행복은 불행에서 나온다. 불행은 행복 가운데에 숨어 있다……."

기원전 6세기 중국의 현인으로, 도가의 창시자로 추정되는 노자의 금언은 분명한 개념들을 다루고, 분명하게 정의된 범주에 따라 추론하면서 흔히 행복과 불행을 대립시키는 데 익숙한 서구인들을 종종 매료시킨다.

그런데 행복과 불행은 복잡한 감정적·심리적 상태로서, 그에 대한 충분한 자각은 그것들이 때로는 뒤얽혀 있다는 것을 보여준다. 우리는 행복감 속에도 때로는 그것의 연약함에 대한 자각과 결부된 불안감이 존재한다는 것을 확인했다. 우리는 또 어떤 불행 안에서 다가올 행복에 대한 희미한 예감을 느낄 수도 있다.

하지만 처음에는 발전을 위해 더 단순하고 분명한 기준으로부터 출발하여 추론하는 것을 선택할 수도 있다……

■ 행복은 불행을 막아줄 수 있을까?

"행복이 불행을 막아주지는 못해요. 내가 행복할 때도 나는 그것이 슬픔이 갑자기 코끝을 세우고 들이닥치는 것을 막지 못할 거라는 걸 알고 있어요. 단지 나는 이만만 해도 감지덕지이며, 그것이 여기에도 마치 계절처럼, 비 온 뒤에는 날이 개는 것처럼 주기가 있다는 것을 보여주고 있다고 생각해요."

행복했다고 해서 나중에 불행하다고 느끼는 것을 막지는 못한다. 하지만 그럴 수 있다는 걸 안다는 사실이 불행을 참을 수 있는 것으로 만들어 준다. 왜냐하면 우리는 불행에 끝이 있다는 것을 알기 때문이다……. 그렇지만 행복이 돌아올 것을 희망하는 것은 그렇게 명백하지 않다. 정신의학에서 우리는 이를테면 자살을 부르는 주된 위험 요소는 강도 높은 심리적 고통보다 희망의 상실이라는 것을 알고 있다. 가장 많이 사용되는 자살 위험 평가 등급의 하나는 호프리스니스 스케일(Hopelessness Scale, '절망의 등급')로서, 이는 환자가 이제 자기 삶에서 더 이상 좋은 일은 일어나지 않을 거라고 어느 정도나 확신하는지를 정확히 측정해 준다.[11] 왜냐하면 절대적인 불행은 시인 오디베르티에 의해 묘사된 희망 없는 고통일 것이기 때문이다.[12]

---

11) A. T. 베크, 〈비관주의의 정도-무력함의 등급 The measurement of pessimism: The 'Hopelessness scale'〉, 《조언과 임상심리학 저널 Journal of Consulting and Clinical Psychology》, 1974년, 42쪽 861-865행.

12) J. 오디베르티, 《인종 Race des hommes》, 파리, 갈리마르 출판사, 1968년.

"더러운 주홍 드레스,
불길한 금빛 베일을 걸친
나는 이 세상의 여왕,
나는 희망 없는 고통."

■ '진짜' 불행에 대항하는 것이 가능할까?

친지의 죽음, 중병, 추방, 또는 파산 같은 절대 불행 앞에서 교훈이
나 가르침을 주겠다고 주장하는 것은 오만한 일이 될 것이다. 가끔씩
친구들이 내게 묻는다. "아주 불행하고 불행해할 충분한 이유가 있는
사람에게 정신과 의사로서 무슨 말을 해줄 수 있지?" 그럴 때 우리는
말하려고 하기보다는 그 사람이 불행에 대해 어떻게 대응하는가를 이
해하려고 노력할 뿐이다. 그리고 그 사람과 가까워지려고 노력한다.
왜냐하면 큰 불행은 분명히 그를 어떤 다른 세상에 데려다 놓으며, 그
런 불행을 면한 다른 사람들은 철저히 졸렬하고 무의식적이고 이기적
인 사람으로 보이기 때문이다……. 나는 정신과 의사로서 이런 고통과
대면한 사람들과 동행한 적이 몇 번 있다.

나는 특히 한 남자, 아들을 잃은 한 아버지가 기억난다. 풋내기 의
사 시절, 나는 외과에서 정신과 수련의로 일한 적이 있다. 그곳에서는
수많은 암수술이 진행됐고, 심리적 작업도 동반되고 있었다. 어느 날
심각한 폐종양에 걸려 살 날이 얼마 남지 않은 이십대 청년이 들어왔
다. 청년의 아버지는 매일 방문하여 아들과 오랜 시간을 보내고 갔다.
그는 키가 크고 무서운 눈초리를 가진 사람이었는데, 그 눈초리는 모
든 사람에게 강한 인상을 주었다. 어느 날 걱정스러운 얼굴로 간호사

들이 나를 찾으러 왔다. 많이 쇠약해진 아들을 방문하고 난 아버지가 말을 한마디도 안하고 휴게실에 주저앉아 있다는 것이었다. 나는 그에게 어떤 위로의 말을 건네야 할지 알지 못한 채 무척 당황하여 휴게실로 들어섰다. 그는 나를 쳐다보지 않았고, 한마디도 하지 않았다. 살면서 그렇게 마음이 불편한 적은 여태껏 한번도 없었다. 나는 그를 위로하고자 한다는 게 아무 소용없는 일이라고 생각했다. 그저 그에게 말하고 그를 말하게 만들려고 노력해야겠다고 생각했다. 나는 간신히 시작했다. "나는 여기서 일하는 정신과 의사인데요…… 당신이 최악의 비극을 겪고 계시다는 걸 알고 있습니다…… 제가 당신을 도울 수 있을지 모르겠군요…… 혹 지금 말하고 싶지 않으신가요?" 지독한 침묵이 내 말 한마디 한마디를 환대하고 있었다——이렇게 말할 수 있다면. 나는 더 이상 견딜 수 없었고, 떠날 생각으로 그에게 이렇게 말했다. "혼자 있고 싶으신가요, 아니면 제가 있기를 원하시나요?" 긴 침묵 끝에 그가 내게 대답했다. "있어 주시오. 부탁이오."

우리는 거의 두 시간 동안 함께 있었다. 그는 내게 자신의 아들과 곧 닥칠 그의 죽음, 그의 다른 자식들에 관해 오랫동안 말했다. 나는 최선을 다해 이야기를 나누려고 노력하면서, 그가 자기 자신의 혼란과 (나는 그의 허약한 아내가 우울증에 걸려 있어서 아들에 관해 아마 한마디도 안했을 거라는 걸 알고 있었다) 살 날이 얼마 남지 않은 아들 곁에서 자신이 해야 할 역할의 중요성에 대해 말하게 했다. 나는 그가 언제라도 벌떡 일어나 '당신은 내 아들이 이미 죽은 것처럼 말하는군요'라고 말하면서 나를 공격할지 모른다는 날카로운 의식을 가지고 살얼음판을 걷듯 조심스럽게 행동했다. 하지만 나는 우리가 다른 어떤 것을 가지고 말할 수 있을지 알 수가 없었다. 나는 그의 기분을 전환시켜 주려고 거기 있는 게 아니었다. 그것은 그의 친구들이 할 일이었다. 마지막에 그가 내 나이를 물었다. 나는 그의 아들보다 겨우 몇 살 많았고,

우리는 말없이 서로를 바라보면서 둘 다 머릿속으로 같은 계산을 하고 있었다. 나는 그가 생각하는 것이 들리는 듯했다. '너는 살 텐데 내 아들은 죽겠구나.' 작별 인사를 할 때 그는 침울한 목소리로 내게 감사를 표했다. 복도 끝에서 돌아보았을 때 그는 아무 말 없이 나를 보고 있었다. 놀란 나는 그에게 작별 인사와 용기 내라는 말을 하기 위해 서툰, 아니 그보다는 우스꽝스러운 손짓을 해보였다. 그는 아무런 반응도 보이지 않았다. 이틀 뒤 그의 아들은 죽었다. 한 달 뒤 내 방에 아주 짧은 편지가 와 있었다. 편지는 대충 이런 내용이었다. "당신이 내게 많은 도움이 됐다. 나는 내게 일어난 일을 당신 외에는 아무에게도 말하지 않았다. 나는 내 아내와 남은 두 아들을 보살피는 일을 다시 시작했다. 나는 몹시 불행하지만, 이제 나는 삶을 지속하는 것이 니콜라(그의 죽은 아들)에 대한 모욕이 아니라는 생각을 받아들일 수 있다." 몇 달 뒤 나는 당시 내가 살고 있던 툴루즈의 한 거리에서 그와 마주쳤다. 그는 내게 웃어 보이는 것 같았고, 내가 복도에서 했던 것과 똑같은 손짓을 내게 하는 것 같았다. 그 다음 그는 등을 돌려 가버렸다. 이번에는 내가 그가 떠나는 것을 보고 있었……

앙드레 콩트-스퐁빌은 불행에 대해 이렇게 적었다. "나는 그게 무엇인지 알기 위해 충분히 그것을 겪었다…… 그럴 때에는 모든 게 영원히 계속되지는 않는다는 것을 상기하라. 이 불행도 지나가리라는 것을 상기하라. 그리고 그러한 현실이 적어도 차이에 의해, 적어도 다른 사람들을 위해 행복의 가능성을 증명하기에 충분하다는 것을 상기하라. 그것이 위로가 되지 않겠는가? 최악의 순간에도 내게는 그렇게 보였다……."[13]

---

13) A. 콩트-스퐁빌, 앞에서 언급한 책.

극단적인 불행을 맞아 그것을 이기고 살아남는 사람들은 어떻게 하는 것일까? 대개 그들은 혼자 있지 않고, 행동하고, 불행이 모든 걸 휩쓸어 가지 못하도록 그들의 삶에서 남은 것들을 지키려고 노력하고, 죽음, 병, 핸디캡, 고통에 대해 용기 내어 말한다. 그들과 동행해 보면 그들이 네 단계를 거친다는 것을 관찰할 수 있다.

• 처음에는 계속되는 삶과 다른 이들의 행복이 그들의 불행한 느낌을 증대시킨다.

• 그뒤 그들은 계속되는 이 삶과 다른 이들을 위해 가능한 이 행복을 받아들이기 시작한다.

• 차차 일상이 다시 그들에게 사소한 행복들을 안겨주기 시작한다.

• 그리고 마침내 다시 행복이 이따금 가능해진다. 비록 그것이 결국은 본질적으로 전혀 다른 어떤 것, 더 무겁고 덜 가벼운, 기쁨보다는 평화에 더 가까운 것처럼 보인다 해도.

■ 불행 뒤에도 행복이 존재할 수 있을까?

불행의 감옥에서 나가는 것이 진짜 감옥을 벗어나는 것보다 쉽진 않다. 오랜 감금 끝에 풀려난 자들은 석방되는 순간 행복하다고 느끼지 않으며, 최선이 안심하는 정도이고 최악의 경우엔 몹시 불안해하고 어찌할 바를 모르기도 한다.[14] 누군가가 밖에서 그들을 기다려 주는 일은 드물기 때문이다…….

그리고 커다란 불행을 견딘 사람도 마찬가지다. 그들에게 행복을 배

---

14) C. 프리외르, 〈자유의 암초들 Les écueils de la liberté〉, 《르 몽드 Le Monde》, 2002년 12월 20일, 14쪽.

우기, 또는 다시 배우기란 결코 쉽지 않다. 하지만 그것은 가능한 일이다. 탄성 에너지라는 개념이 우리에게 일으키는 것이 그것이다. 이것은 불행을 극복할 수 있는 능력뿐 아니라 행복을 다시 쌓아올릴 수 있는 능력이다. 보리스 시륄니크는 이렇게 썼다. "탄성 에너지란 참고 견디어 내는 것 이상이다. 그것은 사는 법을 배우는 것이기도 하다."[15]

최근 이 주제에 관한 연구들의 발전은 심리학 분야 안에서 일어난 작은 혁명의 결과이다. 대부분의 정신과 의사들은 지금껏 그들의 직업을 주로 환자의 고통을 듣는, 다소 수동적인 작업을 토대로 하는 것으로 생각해 왔다. 그래서 환자들은 거의 모두 그들의 치료 방식에 대해 이렇게 묘사했다. "나는 말했고 의사는 들었다." 이런 방식이 항상 효과가 있지는 않았다는 것 말고도 문제는 이것이 일부 환자들에게는 가슴 아픈 결과를 낳았다는 데 있다. 즉 환자들에게 그들의 불행에 관해 계속 말하게 함으로써 의식하지 못하는 가운데 당한 불행에서 쌓아올린 불행으로, 불행한 느낌에서 불행한 인생관으로 넘어가게 만들 우려가 있었던 것이다.

탄성 에너지에 관한 연구들은 삶의 피해자들에 의해 실시된 회복 과정을 강조하고 있고, 그것이 새로운 점이다. 그리고 깊은 상처의 경우일지라도 재건·재생의 가능성을 보여준다. 그밖에도 탄성 에너지의 능력은 어떤 신비를 간직하고 있다. 이 능력은 개인의 내적인 능력뿐 아니라 외부의 무의미하고 사소한 어떤 작은 것들에도 뿌리를 두고 있으며, 내면에서 극히 중대한 역할을 한다. 한마디의 말, 한번의 미소, 적당한 순간에 내미는 손은 모든 것을 전복시킬 수 있고, 희망과 믿음을 지속적으로 공급할 수 있다.

---

15) B. 시륄니크, 《놀라운 불행 *Un merveilleux malheur*》, 파리, 오딜 자콥 출판사, 1999년.

내 환자들 중 한 여성은 한때 알코올 중독인 부모에 의해 구타당하고 학대당하는 아이였다. 주변 사람들은 그런 사실을 알지 못하거나, 또는 걱정하는 척했을 뿐이다. 그녀는 학교 선생님들 덕에 그런 고통을 견딜 수 있었다고 말했다. 한번의 칭찬, 한번의 관심이 그녀로 하여금 학대와 폭력을 '버티고' 참게 해주었고, 친절한 말 한마디가 그녀에게 삶에 대한 의욕을 다시 불어넣어 주었다고 했다.

어둠에서 탈출하기

때로는 행복에 도달하기 전에 얼마나 많은 불행을 겪어야 하는지 모른다! 어떤 삶들 속에는 인내하고 극복해야 할 고통이 얼마나 많은지 모른다! 그렇지만 행복은 언제나 가능하다. 정신과 의사라는 나의 직업은 그런 사실을 내게 정기적으로 상기시켜 준다. 몇 달 또는 몇 년씩 심각한 불안증이나 우울증으로 고통스러워하는 사람들과 동행하는 것, 어느 날 그들이 정상적인, 다시 말해 행복의 가능성을 제공하는 삶을 되찾는 것을 보는 것은 한 정신과 의사에게 얼마나 행복한 일인지!

우울증은 절대적인 불행은 아닐지 몰라도 주된 양상으로 볼 때는 정신적 고통 가운데 최악이며 가장 어둡고 가장 절망한 정신 세계에 가깝다. 우울증에서 구조된 사람들의 증언이 불행에 직면한 사람들에게 특히 유용한 것도 그래서이다. 우울증의 고통에 관한 이야기들 가운데 가장 감동적이고 가장 현실적인 이야기는 윌리엄 스타이런의 자서전적 작품 《어둠에 맞서》[16]에 나오는 이야기이다. 하지만 그의 책은 강한 희망의 메시지이기도 하다. "우울증이 영혼의 소멸이 아니라는 사실을 강조하기 위해 부추겨지거나 강요된 의견을 읊조릴 필요는 전혀 없다. 병을 극복한 모든 사람들——그런 사람들은 많다——은 다음과 같은 사실을 증언하고 있으며, 그것이 그들의 유일한 속죄자적 측면일지 모른다. 그것은 병을 이겨낼 수 있다는 것이다.

한 젊은 여성 우울증 환자의 일화가 떠오른다. 그녀는 파리 지하철 안에서 돌발한, 표면적으로는 무의미해 보이는 삶의 한순간을 지나치면서 자신이 치유되고 있다는 것을 알았다. 그녀가 그녀의 인생과 불투명한 미래에 관해 어두운 생각들을 되새김질하고 있을 때, 한 쌍의 연인이 와서 그녀 앞에 앉아 키스를 나누기 시작했다. 상황은 순식간에 악화됐다(그녀는 당시 연인이 없었고, 고통스러운 이별에서 회복되고 있는 중이었다). 그녀는 이전보다 훨씬 더 자신이 불행하다고 느끼기 시작했다. 다음 역에서 그녀는 지하철에서 내리기 위해 일어났다. 그녀가 지하철에서 내릴 때 문 가까이에 앉아 있던 한 청년이 그녀에게 미소지었다. 그녀는 내게 말했다. "그 순간 난 갑자기 기분이 좋아졌어요. 며칠 전 같았으면 그런 시선과 그런 미소는 내게 무의미하거나 음란하게 여겨졌거나, 아니면 그런 것들을 바라볼 수조차 없었을 거예요. 그런데 그런 것들이 내게 도움이 됐어요. 물론 나는 그 남자를 두 번 다시 보지 못했고, 그가 왜 내게 미소를 지었는지도 몰라요. 하지만 그것이 이상하게도 그래도 역시 희망을 갖고 삶을 지속할 충분한 이유처럼 여겨졌어요. 그리고 마침내 그 순간 나는 치유가 가능하다는 것을 느꼈어요……."

우울증, 내 환자들 중 하나의 묘사대로 그 '주관적인 지옥'에서 벗

---

16) W. 스티론, 《어둠에 맞서—어떤 광기의 연대기 *Face aux ténèbres. Chronique d'une folie*》, 파리, 갈리마르 출판사, 1990년.

어난 사람들은 그로 인해 흔히 정신적으로 변화된 자신을 발견하게 된다. 초기에는 더욱 연약해지지만 그 다음 장기적으로는 더 강해진다. 저널리스트 앤드루 솔로몬은 그의 저서 《우울증의 해부》에서 자신의 회복에 대한 사실적인 증언을 제공한다. "하루하루, 때로는 용감하게 때로는 이성과는 반대로 나는 삶을 선택한다. 이것은 보기 드문 행복 아닌가?"[17] 스타이런은 그의 저서 말미에서 자신이 어떻게 우울증으로부터 빠져나올 수 있었는지를 이야기하면서 널리 알려진단테의 시이자 《신곡》의 가장 인상적인 에피소드이기도 한 〈지옥〉의 마지막 구절을 인용하고 있다.

로마 시인 베르길리우스를 동반한 단테는 지옥의 모든 과정을 거친 뒤 인류의 죄와 파렴치에서 비롯된 모든 것과 대면한다. 마지막으로 루시퍼('고통의 세계의 황제'로 세 개의 얼굴과 박쥐의 날개를 갖고 있으며, 이빨로 죄지은 자들을 와작와작 씹어 버리는……)를 만난 뒤 두 사람은 비밀스런 오솔길로 가기를 멈추고 여행의 끝에 이른다. 그리고 단테는 다음과 같은 구절로 끝을 맺는다. 에 쿠인디 우스심모 아 리베데르 레 스텔레(E quindi uscimmo a riveder le stelle, 그리고 우리는 거기서 나와 다시 별들을 보았다).

---

17) A. 솔로몬, 《내부의 악마-우울증의 해부 *Le Diable intérieur. Anatomie de la dépression*》, 파리, 알뱅 미셸 출판사, 2002년.

제3장

행복: 개인의 역사

레픽 씨: "그러니 홍당무야, 행복을 포기해. 내 예
고하는데, 너는 앞으로도 지금보다 더 행복하진 않을
거야. 절대, 절대로 말이야."
홍당무: "앞날이 걱정돼요."

쥘 르나르

우리가 행복의 소질 면에서 관찰할 수 있는 사람들마다의 큰 차이를
어떻게 설명할 수 있을까? 그것은 어린 시절 일어난 일들과 관계가 있
을까? 아니면 본디부터의 타고난 기질일까? 그리고 이런 소질은 인생
을 살면서, 삶의 여러 가지 사건들에 따라 어떻게 변화해 갈까?

세상 사람들이 그런 것처럼 정신과 의사들도 이런 질문들을 스스로
에게 제기한다. 다만 세상 사람들보다는 조금 더 자주 그럴 텐데 그
것은 환자들과의 만남이 그들에게 행복과의 내밀한 관계——성공적
인 또는 실패한——에 관한 놀라운 이야기들을 제공하기 때문이다.
언젠가 프랑수아즈(가명)라고 하는 여자 환자를 치료한 일이 생각난
다. 그녀는 일상 생활에 지장을 가져오는 공포증을 앓고 있었다. 그녀
의 자전적 이야기는 내게 깊은 인상을 남겼는데, 그것은 거기서 행복
의 소질과 고통의 극복이 동시에 문제됐기 때문이다. 당시 내가 메모

한 것을 토대로 그녀가 한 말을 옮겨 보겠다.

"내가 운이 좋다는 것을 깨달은 것은 성인의 나이가 되어서였어요. 나는 행복한 기질을 타고난 사람이었어요. 어린 시절 내내 어머니로부터 하도 귀에 못이 박히도록 들어서 결국은 거기에 전혀 주의를 기울이지 않게 됐죠. 그렇지만 특별히 행복한 유년기를 보내진 않았어요. 부모님은 내가 한 살 때 이혼했고, 나는 세 살 때까지 유모에게 맡겨졌어요. 어머니는 내 형제자매들에게는 화를 잘 냈지만 내게는 달랐죠. 나는 나의 미소와 시선으로 어머니의 마음을 누그러뜨리곤 했죠. 어머니는 항상 내게 말씀하셨죠. "네게는 아무 말도 할 수 없구나." 나의 한결같은 좋은 기분은 어머니의 마음을 누그러뜨리는 동시에 어머니에게도 꼭 필요한 것이었던 것 같아요.

아무튼 나는 필요 이상 근심하지 않는 것을 당연하게 여겼고, 세상 사람들도 나와 같다고 느꼈어요. 하지만 차차 내 친구들의 속마음을 들여다보게 되면서, 그리고 직장 생활을 하면서(나는 간호사예요), 나는 많은 사람들에게는 걱정 뒤에 의욕을 되찾는 것, 그저 삶이 그들에게 베푼 것을 충분히 누린다는 것이 얼마나 어려운 일인지를 깨달았어요.

살면서 나는 운이 좋은 편이기도 했지만, 또 내 삶의 방식이 많은 이들을 내 쪽으로 끌어당겼다고 생각해요. 나는 남편을 만나면서 매우 큰 행복을 느꼈고, 그가 죽었을 때 매우 큰 고통을 느꼈죠. 우리는 서로 무척 사랑했어요. 그가 병들었을 때부터 죽을 때까지, 모든 게 너무 빨리 진행됐어요. 겨우 두 달 사이에 그 모든 일이 벌어졌으니까요. 지금도 그 기간에 대해서 말할 때는 불행하다는 느낌이 몸으로 다시 느껴져요. 하지만 나는 내 남편을 생각하면서도 울지 않을 수 있어요. 왜냐하면 너무나 불행했던 우리의 마지막 몇 주보다는 우리가 함께 지낸 모든 행복한 순간들을 생각할 수 있기 때문이죠. 왜냐하면 나는 결국 과부가 되긴 했지만 남은 날들을 원한과 유감으로 허비하는 내 이혼한 친구들보다는 덜 불행한 것 같으니까요. 나는 커다란 사랑을 경험했고, 그 추억은 항상 그 모습 그대로 내게 남아 있을 거예요. 나도 슬픔은 있지만 고통은 없죠.

자 그래서 내가 잘한 것은 한 가지밖에 없다는 느낌이 들어요. 우리 딸을 위해 계속 행복하게 살기로 결심한 게 그거죠. 나머지는 당연한 거죠. 내가 여전히 살아 있는 건 불행해지기 위해서가 아니에요. 내가 남편을 생각하는 건 슬픈 일을 추억하기 위해서가 아니라 우리가 함께 한 좋은 순간들을 기억하기 위해서죠……."

행복에 대한 소질은 존재할까?

여덟 살 된 쥘리가 네 살인 남동생 마르탱에게 동화책을 읽어주고 있다.

"첫번째 요정이 요람을 들여다보며 말했다. 나는 네게 아름다움을 주겠노라. 그 다음 두번째 요정이 요람을 들여다보며 말했다. 나는 네게 지성을 주겠노라. 그리고 세번째 요정은…… 마르탱, 세번째 요정은 아기에게 무엇을 주었을까?"

얼굴에서 미소가 떠나지 않고, 사는 것이 행복하고, 그것 때문에 부모로부터 자주 칭찬을 받는 소년 마르탱은 잠시 머뭇거리다가 이렇게 대답한다.

"세번째 요정은 말이지…… 그러니까 그 요정은 말이지…… 아기에게 항상 좋은 기분을 주었어!"

정신과 의사로서 내가 보기에 마지막 요정의 선물은 세 가지 선물

중에서 가장 특별하고 가장 탐나는 것이다…….*

■ 좋은 기분

'그녀는 오늘 기분이 좋다' '그는 삶의 기쁨을 되찾았다'…….

기질을 가장 확실하게 나타내 주는 것들 중 하나가 우리가 기분(영어로 mood)이라 부르는 것으로서, 이것은 주변 환경에 대한 우리의 지각과 반응에 색깔을 칠하는 기본 감정 상태를 의미한다.[1] 기분은 눈에 띄지 않는 현상으로 어쨌든 당사자에게는 소홀히 여겨질 때가 많다(흔히 우리보다 주변 사람들이 우리의 기분을 더 쉽게 간파하곤 한다). 기분은 우리의 정신 상태에 대한 일종의 배경 · 풍경이고, 무대 뒤에 치는 천막이라 할 수 있다. 사람들은 그것을 색깔 있는 안경에 비유했다. 즉 사물에 대한 시각이 바뀌는 것이 아니라 우리가 보는 것의 분위기가 달라지는 것이다. 우리가 쓴 것이 짙은 색 안경이냐 엷은 색 안경이냐, 따뜻한 색 안경이냐 차가운 색 안경이냐에 따라.

그렇지만 심리학은 광학보다는 복잡하며, 안경에는 무색이 있지만 기분에는 결코 중간이 없다.[2] 우리는 항상 긍정적이거나 부정적인 기분 속에 있는 것이다.

기분은 흔히 아무 데서나 불쑥 나타나는 것처럼 보인다(미국인들은 out of blue라고 말한다). 하지만 그것은 세상을 보는 우리의 눈, 따라

---

1) R. E. 타이어, 《매일 느끼는 기분의 원인 *The Origin of Everyday Moods*》, 옥스퍼드, 옥스퍼드대학출판부, 1996년.

2) D. 왓슨, 〈기분 측정하기-구조적 모델 Measuring mood: A structural model〉, 《기분과 기질 *Mood and Temperament*》, 뉴욕, 길포드 출판사, 2000년, 31-61쪽.

* 이 책 327쪽에는 당신이 좋은 기분에 대한 소질이 있는지를 생각하게 해줄 질문들이 나와 있다.

서 우리의 행동에 깊은 영향을 끼친다. 기분 좋을 때 당신은 '장밋빛 인생'을 보지만, 기분 나쁠 때 당신은 유쾌하거나 감동적인 삶의 사소한 것들에 대해 덜 민감해진다. 기분 나쁠 때 당신은 다른 사람들에 대한 인내심과 관대함을 덜 갖게 되지만, 명랑한 기분은 당신을 그들의 결함에 대해 너그럽게 만든다. 하지만 감정과 달리 기분이 극단적으로 되는 경우는 드물기 때문에, 그것의 조심성은 우리로 하여금 기꺼이 다음과 같은 사실을 잊어버리게 만든다. 즉 우리의 세계관은 우리의 판단에 달려 있지만, 우리의 기분에 의해서도 많은 영향을 받을 수 있다는 것을.

기분은 고정된 것이 아니며, 하루 중 기온의 변화처럼 아침부터 밤까지 크게 변화할 수 있다. 그것은 대수롭지 않은 작은 사건들에 의해 영향을 받을 수 있다. 많은 연구들은 이렇듯 날씨[3]나 당신이 좋아하는 축구팀의 성적[4]이 당신의 순간의 편안함에 영향을 끼칠 수 있다는 사실을 확인했다.

하지만 이런 항구적인 변화들은 주어진 한 사람에게는 상당히 안정된 어떤 평균 수준(set point)을 중심으로 형성된다.[5] 기분의 이런 동요를 다룬 가장 완벽한 연구들 중에 4백59명의 지원자를 받아 최소한 35

<hr>

3) N. 슈워츠와 G. L. 글로르, 〈기분의 잘못된 귀속과 웰빙에 대한 판단들: 감정 상태의 유익하고 직접적인 기능들 Mood misattribution and judgements of well-being: Informative and directive functions of affective states〉, 《성격과 사회심리학 저널 *Journal of Personality and Social Psychology*》, 1983년, 45: 513-523.

4) N. 슈워츠, 〈축구, 방들, 그리고 당신 인생의 질―기분은 전반적인 삶과 특정 분야에 만족하느냐 하는 판단에 변화를 가져온다 Soccer, rooms and the quality of your life: Mood effects on judgements of satisfaction with life in general and with specific domains〉, 《사회심리학 유럽 저널 *European Journal of Social Psychology*》, 1987년, 17: 69-79.

5) E. 다이너, R. J. 라슨, 〈감정, 행동, 인지 반응들의 일시적 안정성과 다른 상황에서의 일관성 Temporal stability and cross-situational consistency of affective, behavioral and cognitive responses〉, 《성격과 사회심리학 저널》, 1984년, 47: 871-883.

일 동안 계속해서 기분을 매일 조사, 연구한 것이 있다.[6] 그 기간 동안 피실험자들은 하루의 주된 기분을 매일 그리고 정확히 평가했다. 끊임없이 돌발하는 수많은 일상의 사건들에도 불구하고 대부분의 참가자들에게서 긍정적인 것이든 부정적인 것이든 감정의 안정성이 현저하게 나타났다. 연구에 들어간 지 나흘 또는 닷새째부터 이미 기분의 평균 수준을 확인할 수 있었으며, 이것은 시간이 흐르면서 더욱 확실해졌다. 물론 일부 피실험자들은 다른 사람들보다 감정적으로 더 불안정했지만(앵글로색슨족은 그런 사람들을 moody, 즉 변덕스럽다고 규정지었다), 그들도 그들의 set point, 즉 이런 동요를 둘러싼 평균 수준을 가지고 있었다. 우리는 곧 기질의 문제를 다루면서 이 현상에 관해 다시 이야기할 것이다.

다른 연구들은 날씨가 기분에 미치는 영향을 다루었는데, 그 중 가장 정확한 것들은 장기적으로 볼 때 비와 좋은 날씨가 우리 기분의 평균 수준에 미치는 영향은 매우 적다는 것을 증명함으로써 연구자들을 크게 놀라게 했다. 비교적 긴 기간 동안 그것들의 효과를 연구하는 수고를 해보면 기온도, 기압도, 일조 시간도 중요한 역할을 하지 못한다는 것이다.[7] 이것은 자명한 사실을 거역하는 것일까? 그리고 ‘lunatique(달의 영향으로 변덕스러운)’ 한 성격을 가졌다, ‘radieuse(햇살처럼 밝은)’ 한 기분 같은, 날씨와 기분 간의 어떤 관계를 수립하는 대중적인 표현들에 반대되는 것일까? 그럴지 모른다. 하지만 학문적 연구들의 목적은 자명한 사실들을 확인하는 것이 아니다. 설령 파란 하늘의 아

---

6) D. 왓슨, 〈감정의 기질적 토대 The dispositional basis of affect〉, 《기분과 기질 Mood and Temperament》, 144-173쪽.

7) L. A. 클라크, D. 왓슨, 〈기분과 세상—일상 생활과 스스로 보고하는 기분 Mood and the mundane: Relations between daily life and self-reported mood〉, 《성격과 사회 심리학 저널 Journal of Personality and Social Psychology》, 1988년, 54: 296-308.

름다운 하루가 일정 기간 동안 우리를 좀더 행복하게 해줄지 몰라도 이 효과가 우리 안의 악마들로부터 우리를 보호해 주지는 못한다. 우리는 열대 기후 아래에서도 우울하고 불행할 수 있다…….

그런데 왜 그와 반대의 느낌이 들까? 우리들 중 대부분의 사람은 날씨와 기분이 논리적으로 일치한 날을 더 잘 기억하는 것으로 여겨진다. 다시 말해 우리는 기분 좋았던 맑은 날, 또는 반대로 우울했던 비 온 날을 더 잘 기억하는 것이다. 또한 우리는 그것이 일치하지 않은 날들을 무시하고 뒤로 밀어놓는 경향이 있다. 다시 말해 기분이 우울했던 맑은 날들이나 행복하다고 느꼈던 비 온 날들은 쉽게 기억하지 못하는 것이다.

따라서 이것을 변화시키려는 개인의 노력이 없을 때 우리 기분의 평균 수준은 꽤 안정적인 경향이 있다. 다년간의 조사에 따르면(그 중에는 9년이 걸린 연구도 있다) 인생에서 어떤 사건이 일어나건간에(환경이 안정됐든 불안정하든) 한 개인이 자신의 행복에 대해 갖고 있는 평균적인 주관적 지각은 결코 변하지 않는다고 한다.[8] 따라서 우리에겐 우리가 기질이라고 부르는 것에 관한 더 완벽한 설명들이 필요하다…….

■ 행복한 기질

'천성적으로 행복한 사람이야' '그녀는 명랑한 기질을 타고났지' …… 기질은 일상 생활의 사건들에 대해 어떤 감정들, 어떤 기분들을

---

8) P. T. 코스타, 〈웰빙에 대한 환경적 기질적 영향들—미국적 표본을 경도상으로 추적하다Environmental and dispositional influences on well-being: Longitudinal follow-up of an American national sample〉, 《영국 심리학 저널 *British Journal of Psychology*》, 1987년, 78: 299-306.

다소 쉽게 느낄 수 있는 소질을 가리킨다.[9] 심리학자들에 따르면 이런 '기본 정서'는 긍정적 또는 부정적인 색조를 띨 수 있다. 적어도 '매일의 삶,' 다시 말해 특별한 사건들이 없는 삶에 관한 한 행복한 경험에 소질이 있는 것으로 보이는 기질들이 있고, 불행한 경험에 더 예민해 보이는 기질들이 있다.

기질은 일상 생활에서 우리의 기분을 통해 나타난다. 우리의 기분이 그것의 표현인 것이다. 두 가지 현상은 연결돼 있으며, 우리는 날씨와의 비교를 제안할 수 있다. 즉 우리의 기분은 시간의 어김없는 흐름과 일치하고(하루나 며칠 동안 비가 오거나 날씨가 좋다), 반면 우리의 기질은 습관적인 기후와 일치한다(온대냐 열대냐, 지중해냐 대륙성이냐 ……).

우리 같은 정신과 의사들은 많은 정신병의 위험 요소로 여겨지는 어떤 기질들에 많은 관심을 갖고 있다. 이를테면 불안장애와 우울증에 걸리게 만드는 '신경증(neuroticisme, 또는 nevrosisme)'이 그것이다.[10] 이 기질은 스트레스에 대한 과민 반응, 부정적인 정서들(불안, 적대감, 슬픔 등), 감정의 불안정성(기분이 최고였다가 최저이기를 반복한다) 같은 일련의 특징들을 통합한다. 심한 신경증을 가진 사람들은 인생의 사소한 사건들 뒤에 부정적인 기분들을 매우 심하게 느끼게 되고, 우리는 그것을 가지고 모의 실험도 해볼 수 있다.[11] 이를테면 그런 사람들은 한편의 슬픈 영화에 의해서도 강하게, 그리고 지속적으로 영향을 받는다(슬픈 영화는 그런 사람들에게 그들 자신의 삶의 불길한 면들을

---

9) D. 왓슨, 《기분과 기질 *Mood and Temperament*》.

10) H. J. 아이센크, 《개성의 생물학적 기초 *The Biological Basis of Personality*》, 스프링필드, 1967년.

11) W. 반 데르 도즈, 〈실험적으로 유도된 슬픈 기분의 다양한 유형 Differents types of experimentally induced sad mood〉, 《행동 요법 *Behavior Therapy*》, 2002년, 33: 551-561.

반추하게 할 우려가 있다). 반대로 그런 사람들의 기분은 웃기는 영화나 낙관주의적인 영화에 의해서는 좀처럼 고양되지 않는다. 이런 '신경증'적인 사람들의 기분은 하루 중에도 많은 주기를 따르는 것으로 보인다. 이를테면 저녁 때 부정적인 기분이 상승되는 것을 발견할 수 있다.[12]

■ 기분과 기질: 바꿀 수 있을까?

기분과 기질이 안정적인 토대를 근거로 하고 있다면, 이는 즉 유전적으로든 환경적으로든 좋은 패를 받지 못한 것으로 여겨지는 사람들에게는 행복의 문이 닫혀 있다는 뜻일까?

분명 어떤 기질들은 더욱더 많은 노력과 재조정을 필요로 할 것이다. 하지만 심리치료의 경험에 비춰 보면 처음에 '행복에 대한 소질'을 타고나지 못한 사람들 중에서도 상당수가 차츰 감정적으로 편안한 상태에 도달하는 법을 배워, 행복에 대한 능력 면에서 '그들의 지체를 따라잡는' 것을 알 수 있다. 자신에 대한 성공적인 작업(개인의 노력, 치료)은 항상 기분의 기본 수준을 변화시킬 수 있다.

어떤 경우에도 행동의 가능성은 여전히 남아 있으며, 더 행복해지기 위한 조종 폭은 사실 크다. 단 이때 다음과 같은 네 가지 조건이 충족되어야 한다.

• 자신의 '운명'에서 벗어날 수 있다는 것을 이해할 것(그보다 더 좋

---

12) C. L. 러스팅, R. J. 라슨, 〈낮 동안의 불쾌한 기분의 패턴들―신경증, 우울증, 분노와의 결합 Diurnal patterns of unpleasant mood: Associations with neuroticism, depression and anxiety〉, 《개성 저널 *Journal of Personality*》, 1998년, 66: 87-103.

은 것은 그런 운명 같은 것은 존재하지 않는다는 것을 상기할 것).

• 행복은 건설해 나가는 것임을 의식할 것.

• 어떻게 행동해야 하는지를 알 것.

• 그리고 특히…… 행동할 것!

부모는 자식에게
행복을 가르쳐 줄 수 있을까?

"당신이 당신의 아이들처럼 되려고 노력할 수는
있다. 하지만 그들을 당신처럼 만들려 하지는 마라."
칼릴 지브란

행복과 뉴런

행복과 편안함의 신경심리학에 관한 연구도 분명히 존재한다. 이
를테면 우리는 인생의 사건들에 긍정적 혹은 부정적인 감정적 가치
를 부여하는 일은 전두골의 앞쪽 피질에서 이루어진다는 것을 알고
있다.[13] 우리는 또 우리의 대뇌 반구가 행복과 관련된 감정들을 일으
키는 데에서 다른 역할을 하는 것으로 알고 있다. 우뇌 반구의 손상
은 흔히 중간 기분이나 긍정적 기분을 초래한다. 반대로 좌뇌의 손
상은 부정적 기분을 야기한다.[14] 피실험자들 가운데 즐거워하는 사

---

13) R. 드 보르페르, 〈행복과 불행에 대한 조심스러운 해부 Anatomies discrète du
bonheur et du malheur〉, 《우울증 Dépression》, 2000년, 18: 51−53.
14) A. J. 토마켄, A. D. 키너, 〈전두골 비대칭과 우울증─자기 관리적 시각
Frontal brain asymmetry and depression: A self−regulatory perspective〉, 《인지와 감
정 Cognition and Emotion》, 1998년. 12: 387−420.

람들에게서는 우뇌 피질보다 좌뇌 피질에서 더 강한 활동성을 관찰할 수 있다. 슬퍼하는 사람들의 경우엔 우뇌의 활동이 가장 강하다. 당장 현실적인 돌파구는 없다. 다만 뇌 영상 기술 덕에 약이든[15] 정신요법이든[16] 치료를 받는 환자들의 진행 과정을 객관적 방식으로 좇을 수 있게 된 것은 흥미로운 전망이다. 왜냐하면 정신요법도 뇌의 생물학을 바꿔 놓을 수 있기 때문이다…….

"나는 내 아이들에게 즐거운 시간들을 보내게 해주려고 노력해요. 엄마로서 해야 할 일 중에서 내가 맡은 책임의 하나는 그들에게 좋은 추억과 행복한 순간들을 많이 제공하는 것이라고 생각해요. 유년기에 행복을 경험하면 어른이 되어서도 항상 그것을 다시 찾을 수 있을 거예요. 또한 불행에 빠지지도 않을 거예요. 진짜 행복과 가짜 행복을 분간할 수 있을 거예요. 나는 그것이 학위나 야망보다 더 중요하다고 생각해요……."

■ 부모는 자식의 행복을 위해 무엇을 할 수 있을까?

태곳적부터 어머니들과 아버지들은 그들의 자녀에 대해 걱정해 왔다. 하지만 이런 걱정도 변화했다. 처음 그것은 자식들이 죽지 않을까

---

15) A. F. 로히터, 〈가짜약으로 치료하는 동안 우울증 환자들의 뇌 기능에 나타난 변화들 Changes in brain function of depressed patients during treatment with placebo〉, 《미국 정신의학 저널 *American Journal of Psychiatry*》, 2002년, 159: 122–129.

16) A. L. 브로디, 〈Regional brain metabolic changes in patients with major depression treated with either paroxetine or interpersonal therapy〉, 《일반 정신의학 기록 보관소 *Archive of General Psychiatry*》, 2001년, 56: 631–640.

하는 것이었고(선사시대부터 19세기까지), 다음엔 그들이 성공했으면 하는 것이었고(20세기부터, 적어도 서양에서는), 마지막으로는 그들이 행복했으면 하는 것이었다(21세기). 모든 것이 '내 말대로 해라. 이게 다 너를 위한 거야' 라는 방패 밑에서 행해지고 있다.

자기 자식들에게 행복의 길을 열어주는 데에는 세 가지 방법이 있는 듯하다.

• 부모의 사랑은 어떤 길로도 인도할 수 있으므로 아이들을 사랑해야 하는 것은 물론이다.

• 아이들은 우리를 (항상) 관찰하므로 그들에게 행복의 길을 보여주고 몇 가지 예도 제시해 주어야 한다.

• 마지막으로 아이들은 (때로) 우리의 말에 귀를 기울이므로 행복을 충분히 중시함으로써 그들에게 행복에 대해 말해 주고, 그들의 질문에 대답할 수 있어야 한다.

이제 우리는 다음과 같은 다양한 점들을 언급해 보겠다.

■ 나의 부모에 의해 주어진 사랑은 내가 행복해지는 데 도움이 되었을까?

바르바라

어느 날 매우 고통스럽고 애정적으로 결핍된 유년기를 겪은 내 환자들 중 하나가 내게 이야기했다. "나는 유년기에 사랑을 받은 사람들의 조용한 확신이 부러워요. 나는 그들을 금방 알아볼 수 있어요. 이렇듯 그들은 선험적으로 인생과 다른 사람들을 신뢰하죠. 다른 사람들에게 받아들여지고 사랑받을 수 있는 그들의 능력을 의심하지 않죠. 행복이 나타나면 그들은 그것을 포착하고 그것을 맛보죠. 하지만 나는 그 반대예요. 그리고 충분히 사랑받지 못한 모든 이들이 그럴 거예요. 내가 존중받고 있다는 뚜렷한 증거가 없으면 나는 그걸 믿지 못해요. 삶이 내게 약간의 행복을 안겨줄 때는 그것을 잃어버릴까 봐 곧 두려워져요. 나의 기반은 견고하지 못하고, 내가 세우는 건 모두 위험한 것 같아요. 나는 지금까지도 내 부모가 원망스러워요. 나는 그들이 진정한 부모가 아니라 그냥 많은 자식을 가진 한 쌍의 남녀로 여겨져요. 그건 전혀 다른 거죠. 그들은 우리의 행복에 관해 내 남동생에게나 내게나 한번도 진심으로 질문을 해본 적이 없어요……."

그렇지만 이 여성 환자의 남은 삶은 그녀에게 지속적이고 안정감을 주는 행복들을 맛볼 수 있는 그녀의 능력을 견고하게 해주었다. 하지만 그 전에 그녀는 자신의 세계관을 재건설하는, 인내심을 요하는 작업을 거쳐야만 했다.

유년기에 사랑을 받은 사람은 자신이 그럴 만한 가치가 있고 행복할 권리가 있는 사람이라는 것을 확신하게 된다. 부모의 사랑은 행복을 도와주는 커다란 초석이다. 애정 결핍(충분치 못한 사랑)과 애정의 서투름(사랑을 충분히 보여주지 못함)은 행복에 대해 취약하게 만든다.

행복에 익숙지 않기 때문에 그것이 우리에게 불안을 야기할 수 있고, 우리에게 그럴 권리가 없다고 생각하기 때문에 때로는 자기 파괴적인 애정적 태도와 습관도 보일 수 있는 것이다(사랑하는 사람과 이유 없이 절교하는 것 같은).

■ 나의 부모는 내게 행복과의 관계에서
무엇을 보여주었나?

> "아이는 부모를 관찰했기 때문에 그들에 관해 그
> 들 자신보다 더 많은 것을 알기도 한다."
>
> 피에르 드리외 라 로셸

아이들은 부모들이 그들 자신의 행복 문제로 발버둥치는 것을 본다. 그뒤 아이들은 거기서 그들의 결론을 도출해 낸다. 일간 신문의 골조가 대형 사건들보다는 사소한 사고들로 더 많이 채워지는 것처럼, 우리의 아이들은 큰 사건(할머니의 사망)보다는 사소한 사건(주말을 보내고 돌아오는 길의 교통 체증)에 대응하는 우리의 방식에서 더 많은 삶의 교훈들을 목격한다. 왜냐하면 우리는 큰 사건들에 대해서는 '아이들이 보고' 있다는 것을 알고 우리의 에너지와 주의를 동원하지만, 작은 사건이 벌어지는 동안에는 우리의 우발적인 반응에 전혀 주의를 기울이지 않기 때문이다…….

부모로서 우리는 두 개의 큰 질문을 우리 자신에게 던질 수 있다. '아무 걱정 없을 때 우리는 어떤 행동을 하고 무슨 말을 하는가?' 와 '문제들이 돌발할 때 우리는 어떤 행동을 하고 무슨 말을 하는가?' 가 그것이다.

'아무 걱정이 없을 때 우리는 어떤 행동을 하고,
무슨 말을 하는가?'

우리는 행복한 순간들을 인정하고 음미하고 과장할 수 있는가, 아니면 그냥 묵묵히 보내는가? 혹은 더 나쁘게 그것들을 무시하거나, 아니면 우리의 걱정이 더 크고 우선권이 있다고 생각해서 그것들을 망칠 때도 있나?

어떤 부모들은 주말, 휴가, 식사, 또는 가족들이 함께하는 순간들처럼 가족이 함께 시간을 보낼 때 그들의 기쁨을 아이들이 쉽게 눈치챌 수 있는 말이나 행동(노래, 농담 등)으로 솔직하게 표현한다. 반면 어떤 부모들은 그들이 부모로서의, 어른으로서의 책임 속에 있다는 사실에 몰두하여 그들이 만족하고 있다는 것을 절대로 분명하게 드러내지 않는다. 이런 부모는 주말이 시작되면 아이들에게 주말의 끝이 있음을 알리고, 레스토랑에서 외식을 하면서도 아이들에게 이 모든 게 비싸다는 것을 상기시킨다. 이 경우 우리는 순간을 즐길 수 없다.

물론 곧 우리는 그 순간을 '즐거운 순간들'로 기억할 것이다. 하지만 곧 레스토랑에서 함께 지낸 기쁨보다는 굼뜬 웨이터에게 역정을 낸 일이 그 장면에서 더 큰 비중을 차지하게 된다…….

'문제들이 돌발할 때 우리는 어떤 행동을 하고, 무슨 말을 하는가?'

우리는 스트레스를 일으키는 일상의 작은 사건들에 대해 어떻게 반응하는가? 공교로운 사고로 생각해서 농담의 대상으로 삼을 수 있는가? 아니면 각자가 심각한 태도를 취하고 슬퍼해야 하는 비극과 불의로 삼는가?

이자벨

"이유는 모르지만 지금까지 내 머릿속에 남아 있는 유년 시절의 추억이 하나 있어요. 휴가를 맞아 길을 떠날 때 고속도로에서 기름이 떨어졌어요. 평소 나의 아버지는 부주의한 성격이었고, 계기판을 한번도 들여다보지 않았죠. 그것은 얼마든지 악몽으로 변할 수 있는 상황이 었어요. 왜냐하면 뒷좌석에는 어린 자식들이 타고 있었고, 차는 시끄럽고 매연 가득한 교통 체증 한가운데에서 한낮의 햇볕에 의해 뜨거워지고 있었거든요. 하지만 우리 부모님은 미소를 잃지 않았고(어머니의 경우 그것은 약간은 억지로 꾸민 것이었고, 아버지의 경우는 자발적이었다고 생각해요), 서로 싸우기보다는 재빨리 해결책을 찾는 쪽으로 방향을 바꾸셨죠. 응급 수리공이 휘발유통을 들고 도착한 것이 우리에게 하나의 즐거운 사건으로 여겨졌고, 우리는 차 안에서 노래를 부르면서 다시 출발했죠. 아버지 말씀처럼 우리는 휴가에서 겨우 두 시간밖에 잃어버리지 않았던 거죠. 어린 시절 그와 비슷한 작은 사건들을 많이 겪었기 때문에 지금의 나도 일상의 운나쁜 사건들과 걱정들을 그다지 나쁘게 보지 않게 된 것 같아요."

부모의 행동과 그것이 자식들의 행복에 대한 소질에 미치는 영향

행복을 쉽게 만드는 쪽이 자주 본 부모의 모습	행복을 복잡하게 만드는 쪽이 자주 본 부모의 모습
기뻐한다, 느긋하다, 여가와 기쁨을 누린다.	여가와 기쁨을 더 이상 가질 수 없을 정도로 불안과 걱정을 공공연히 드러낸다.
행복한 순간들을 누리고 있음을 분명하게 표현한다.	즐거운 순간에도 부정적인 감정이나 억제하는 발언만 표현한다("이 순간이 오래 가지 않을 거야……").
스트레스를 받을 때도 웃고, 그것을 절대적인 것으로 생각지 않거나 유머의 대상으로 삼는다.	여유 없이 일상의 걱정에 집중한다, 더 이상 **아무** 문제가 없을 때에만 삶을 이용할 생각을 한다.
자식들에게 행복에 관해 이야기해 준다.	행복의 문제를 절대 입에 올리지 않는다. 또는 입에 올리더라도 비관적인 발언들에 그친다("그걸 빨리 이용하렴. 환상이 곧 깨어질 테니까 말이야……").

■나의 부모는 행복에 관해 나에게 무엇을 가르쳐 주었나?

부모는 우리가 첫장에서 다룬 바와 같이 자식들이 다양한 행복 체험들(상황들, 감정들, 관점, 건설)에 접근하는 것을 도와줄 수 있다.

• 상황들: 자식들에게 즐거운 순간들, 더 폭넓게는 최소한의 물질적 안전을 제공하는 것.

• 감정들: 자식들에게 (특히) 이런 즐거운 순간들을 이용하는 법을 가르치는 것.

• 관점: 자식들에게 행복의 본질과 추구에 관한 그들의 신념을 전달하는 것.

• 건설: 자식들이 그들의 행복의 주동자가 되고, 즐거운 순간들을 만들고 추구하며, 그들을 둘러싼 세상과 사이좋게 살 수 있도록 돕는 것.

이 모든 분야에서 부모의 일상적인 태도는 그들이 어떤 것에 우선권을 두기로 정했는지(때로는 무의식적으로)를 분명히 보여준다. 사회적 규칙과 규범을 따르는 것? 물질적 삶을 성공시키는 것? 자기 성숙을 이루어 행복해지는 것?

물론 이런 무의식적인 인생 계획들은 시대나 사회적 계층과도 관련이 있다. 소설가 아니 에르노는 눈에 보이는 행복이 없었던 슬픈 어린 시절의 이야기를 그녀의 많은 작품 속에서 묘사한 바 있다. 행복을 멀리서밖에 경험하지 못한 한 아버지의 감동적인 이야기인 《광장》[17]에서, 그녀는 전후 한 지방 도시의 가난한 소상인이었던 부모의 삶을 들려주고 있다. 그 세대 사람들의 삶이 모두 그러했듯이 그들의 인생

---

17) A. 에르노, 《광장 *La Place*》, 파리, 갈리마르, 1983년.

은 제물이었으며("내 인생을 무시하는 세상에 속해 있다는 것이 그의 삶의 정당화였다"), 그들은 가난이 무엇인지를 아는 사람들의 걱정인 결핍의 경험("그 아이에게는 아무것도 부족한 것이 없었다")을 자기 자식에게는 물려주지 않으려고 노력했다. 아니 에르노는 그녀의 부모가 지나친 행복을 포기했다고("우리는 지금보다 더 행복할 수 없어"), 다시 말해 아주 짧은 행복만을 누렸다고 묘사하고 있다. 그리고 그들의 상황에 만족하려고 노력했다는 것도("우리보다 더 불행한 사람들도 있어"). 그녀는 아버지의 애독서, '그가 추억을 간직한 유일한 책' 인 《두 아이의 프랑스 일주》를 언급하면서 그와 그의 세계관을 이해하려고 노력한다. 그녀는 핵심 구절 하나를 알려준다. '우리의 운명에 항상 만족해하는 법을 배우는 것' 이 그것이다. 그녀는 중병이라는 진단을 받고 뒤늦게 '인생을 조금 이용하기로' 결심하는 이 아버지의 최후를 들려주고 있다.

그런데 그것은 쾌락주의 안에서 별로 멀리 가지 않은 계획이었다…….

행복의 나이

인생의 시작부터 끝까지 행복의 모습이 항상 똑같은 건 아니다. 삶의 각기 다른 시기에 우리는 어떻게 행복할 수 있을까? 시간과 함께 우리의 행복은 어떻게 변화할까? 그리고 삶은 우리의 행복을 어떻게 조금씩 형성해 나갈까?

■ 유년기: 순수한 상태의 행복?

유년기는 숨겨지지 않는 행복의 시기이다. 기뻐서 펄쩍펄쩍 뛰고 소리지르고 깡충깡충 뛰고 콧노래를 부른다. 하지만 유년기는 또한 일상의 작은 행복들에 대한 타고난 재능을 드러내는 시기이기도 한데, 왜냐하면 아이들은 어른의 눈에는 때로 대수롭지 않게 보이는 것에도 기뻐할 줄 알기 때문이다. 저녁 때 일을 마친 부모의 귀가는 아주 어린 아이들에게 흔히 진정한 행복을 안겨준다(이것은 때로 어른에게서는 찾아볼 수 없는 재능이다. 당신이 배우자의 귀가에 기뻐서 펄쩍펄쩍 뛴 적이 언제였던가?).

어른들에 비해 아이들이 가장 우월한 점은 아마도 현재의 순간을 누릴 줄 아는 그들의 능력에서 오는 듯하다. 라 브뤼에르는 지적했다. "아이들에게는 과거도 미래도 없다. 아이들은 현재를 즐긴다. 그런데 이것은 우리가 결코 할 수 없는 일이다." 이런 능력은 행복을 느낄 수 있는 능력과 밀접한 관계가 있다.

아이들의 행복을 관찰하거나 회상하는 것은 성인들의 행복의 원천들 가운데 하나이다(부모가 돼 본 적이 없는 사람들의 향수는 아마도 거기서 나올 것이다). 중국 시인 이백의 다음과 같은 구절도 같은 것을 의미한다. "자네는 이 세상에서 최고의 행복이 무엇이냐고 내게 물었는가? 그건 자네에게 길을 물어본 뒤에 멀어져 가는 한 소녀의 노래를 듣는 것이라네."

실제로 유년기는 많은 점에서 행복의 창고이다. 그것은 비단 장차 역경에 부딪쳤을 때 버팀목이나 방편으로 사용될 수 있는 행복한 추억의 저장고라는 형태에서만 그런 것이 아니다. 그것은 행복에 대한 훗날의 수용성, 그리고 진짜 행복과 가짜 행복을 구별할 수 있는 능력을 발전시켜 감으로써 그렇게 될 수 있을 것이다.

"나는 비교적 행복한 어린 시절을 보냈어요. 그리고 그것의 직접적인 결과들 중 하나가 나를 좀더 명민하게 만들어 준 것 같아요. 나는 사랑받는 것이 무엇인지를 알고 있었기 때문에 나의 다양한 애정 경험들 중에서 누구와는 잘 풀릴 것이고, 누구와는 정말 어려울 것인지를 잘 알 수 있었어요. 설령 내가 본능적으로 이게 아니라는 걸 느꼈다고 해서 그것이 실수를 하거나 고집부리는 걸 막아주지 않았지만, 결과적으로 나는 내 몇몇 친구들보다는 그로 인한 고통을 덜 겪었고 어쨌든 그런 것들로 인한 충격을 덜 받았어요……."

그렇지만 슬프고 우울한 아이들, 간단히 말해 행복하기 힘든 아이들도 존재한다. 쥘 르나르는 사랑받지 못하고 행복에 소질이 없는 한 아이의 초상화인 그의 걸작 《홍당무》(자서전적인 측면을 많이 내포한)에서 어떤 충격적인 예를 보여주고 있다. 붉은 머리칼의 소년 홍당무는 심술궂은 어머니의 구박의 대상이 되다가 이런 결론을 내리기에 이른다. "고아가 되는 행운이 모든 사람에게 주어지는 건 아니야."

"태생, 어리석음, 순진함, 무지 면에서 우리와 가장 비슷해 보이는 사람들에게 행복을 부여하고"[18] 유년기를 완전한 행복의 시기로 상상하는 우리의 한결같은 경향은 따라서 부당한 것이다. 아이들도 어른들처럼 고통을 겪고 불안과 불행을 경험할 수 있다……. 그렇다면 '행복의 표본'이라는 유년기의 이 신화에서 참은 무엇이고 거짓은 무엇인가?

유년기는 분명 **경험에 따른** 이상화의 대상이며, 우리는 그것을 '재

---

18) L. 프리오레프, 《행복 *Le Bonheur*》, 파리, 메조뇌브 에 라로즈, 2000년, 222쪽.

건설의 관점'이라 부른다. 하지만 유년기의 행복은 많은 성인들이 간직한 유일한 표본일 때가 많다. 그것은 기만적인데, 왜냐하면 아이의 행복은 본질적으로 어른의 행복과 다른 것으로 여겨지기 때문이다.

아이는 행복이라는 걸 알거나 원하지 않았는데도 행복하다. 하지만 대개 성인의 경우엔 그와 반대이다. '아이는 어른의 아버지'(워즈워드)인 것은 분명하지만, 행복에 대한 이해와 탐색에서 자연스레 아이들을 표본으로 삼는 경향이 나타날 때 우리는 신중을 기해야 한다.

유년기는 언제 멈출까? 그리고 유년기의 행복은 어느 순간에 끝날까, 아니 수정될까?

나는 내 딸들 하나하나가 소녀로 피어나기 위해 유년기를 마치는 순간들을 포착할 때마다 마음이 불안했다. 한 가지 구체적인 신호는 이런 것이다. 아이가 행복할 때 보이던 종종걸음치는 모습이 사라지는 것이다. 어린 아이는 급하기 때문에 종종걸음치는 것이 아니라 행복하기 때문에 종종걸음을 치는 것이다. 더 큰 아이는 더 이상 종종걸음으로 걷지 않고 어른처럼 걷거나 뛴다. 책을 읽기 시작하고 부모는 이를 기뻐하지만, 이것은 게임에 미리 예정돼 있는 느린 죽음의 시작을 알리는 일이다. 아이들은 그뒤로도 몇 년 동안 장난감을 간직하긴 하지만 더 이상 정말로 가지고 놀지는 않는다. 이 모든 것을 의미하는 순간들을 포착하는 일이란 슬프고도 감미로운 일이다. 그 다음에는 물론 믿음들의 정지, 작은 미소, 산타할아버지가 있고 여전히 그것을 계속 믿거나 믿는 척하려는 아이들의 노력이 있다. 마치 아이들은 자신들이 방금 특별한 행복의 능력을 잃어버렸다는 것을 본능적으로 느끼는 듯이. 이런 유년기 행복들의 소멸은 행복하든 불행하든 향수어린 영감의 원천임에는 틀림없다…….

작가 알랭 레몽은 자신의 유년 시절의 행복을 말하는 자서전적 이야기에서 다음과 같은 일화를 들려주고 있다. "어느 날이었다. 내 또래 친구가 나를 만나러 와서는 마들렌과 베르나르와 함께 놀고 있던 나를 발견했다. 그리고 경멸이 담긴 어조로 내게 이런 말을 던졌다.

'뭐야 너, 아직도 네 또래랑 노니?' 그렇다, 나는 아직도 내 또래랑 놀고 있었다. 그리고 더 이상 놀 줄을 모르게 된 그를 진심으로 동정했다. 한번 울타리를 넘고 경계를 지나면 그걸로 끝이다. 더 이상 우리는 뒤로 돌아갈 수 없다. 절대로."[19]

■ 청소년기: 행복이라구요, 웩…

필립 들레름은 고등학교 최고 학년 때의 다음과 같은 추억을 들려준다. 철학 선생님이 수업중에 '여러분은 행복합니까?' 라는 질문을 했다. 거의 모든 학생들이 '아니오' 라고 대답했고, 당황한 교사는 크게 낭패했다. 그러자 그는 '개인의 안정에 대해 열변을 토하기 시작했지만, 우리는 전혀 그럴 마음이 내키지 않았다. […] 행복이라는 단어에는 무겁고 싫증나는 뭔가가 있었다."

우리가 이 점에 대해 청소년들에게 물으면 그들은 행복에 별로 관심이 없다고 말한다. "그건 노인들의 문제죠…….." 그들은 절대적인 것, 결정적인 것까지는 아닐지 몰라도 강렬한 것을 더 많이 추구한다. 그들은 특히 때로 어떤 행복들 속에 내포돼 있는 포기들에 지나치게 민감한 반응을 보인다.

이런 불신은 장 아누이의 희곡에서 앙티곤이라는 미소녀에 의해 설명되고 있다.[20] 이 아가씨는 지금 그녀의 삼촌 크레옹을 비난하고 있

---

19) A. 레몽, 《매일이 작별 *Chaque jour est un adieu*》, 파리, 쇠유 출판사, 2000년.
20) J. 아누이, 《앙티곤 *Antigone*》, 파리, 원탁 출판사, 1946년.

는 중이다.

앙티곤 — 행복이라…….

크레옹 — 시시한 단어야, 그렇지?

앙티곤 — 어떤 것이 나의 행복이 될까요? 앙티곤은 얼마나 행복
한 여인이 될까요? 행복의 작은 조각을 이빨로 물어뜯기 위해
그녀 또한 날마다 어떤 시시한 행동을 해야만 할까요? 그녀는 누
구에게 거짓말을 하고, 누구에게 웃어 보이고, 누구에게 몸을
팔아야 할까요? 말씀해 보세요. 그녀가 시선을 피하고 죽어가는
것을 내버려둬야 할 사람이 누군지?

크레옹 — 너 미쳤구나. 입을 다물어라…….

앙티곤 — 아니오, 나는 입을 다물지 않겠어요. 나 또한 행복해지
기 위해 어떻게 행동해야 하는지를 알고 싶어요…….

[…]

앙티곤 — 당신의 행복, 무슨 일이 있어도 사랑해야 하는 인생 이
야기는 진저리가 나요! 눈에 띄는 모든 걸 핥는 건 개들이나 하
는 짓이에요. 그리고 우리가 지나치게 까다롭지 않다면 매일
이런 작은 행운만 있으면 충분하겠죠. 하지만 나는 지체 없이
전부——온전한 것이어야 해요——를 원하며, 그렇지 않다면
거절하겠어요! 만일 내가 정말로 현명하다면 나는 적당한 것,
작은 조각 하나로 만족하고 싶지는 않아요. 나는 지금 모든 것
에 확신을 가지고 싶고, 그런 것이 내가 어렸을 때만큼이나 아
름답기를 바라요. 그렇지 않다면 차라리 죽어 버리겠어요.

크레옹 — 자 어서 시작해 보렴. 네 아버지처럼…….

앙티곤이 오이디푸스와 이오카스테의 근친상간애의 소생임을 상기

하자. 그녀가 결코 행복을 발견하지 못하고, 그녀의 이야기도 불행하게 끝난다는 것을 밝힐 필요는 없을 것이다.

따라서 청소년기는 행복에 관해 우리에게 아무것도 가르쳐 줄 수 없으며, 행복은 청소년기의 주요 관심사도, 전문 분야도 아니다. 하지만 이 시기가 행복에 대한 한가로운 표류에 대해 우리를 경계시키는 것은 분명하다…….

청소년기는 언제 끝날까? 그리고 그것과 행복과의 굴곡 심한 관계는 또 언제 끝날까? 어떤 이들에게서는 영원히 끝나지 않기도 한다…….. 또 어떤 경우엔 행복에 대한 질문을 자신에게 던지기 시작하는 바로 그때 끝나기도 한다……. 즉 '나는 누구인가?' 라는 문제에 끈기 있게 관심을 갖기보다는 '현재의 나로서 무엇을 할 수 있는가?' 라는 문제에 더 많은 관심을 갖게 되는 바로 그때.

■ 성인기: 성숙함인가, 행복의 하찮음인가?

에디트

"나는 언제 어른이 되었을까? 나도 잘 모르겠어요. 내 생각에는 아직 그 과정이 끝나지 않은 것 같고, 아직도 내 안에서 진행되고 있는 것 같아요! 그건 내 나이 서른쯤에, 내 인생의 목표에 대한 조준이 끝났을 때, 내가 나의 가정 생활과 직업 생활의 기반 다지기를 끝냈을 때 시작된 듯해요. 차츰 나는 뭔가를 하고픈 욕구에서 존재의 욕구로, 흥분의 쾌락에서 평온함에 대한 갈망으로, 고함에서 속삭임으로, 그리고 마침내 나르시시즘에서 명철함으로 넘어가게 되었죠."

행복을 경멸할 것인가, 사랑할 것인가? 행복을 기다릴 것인가, 건설할 것인가? 이같은 행복에 대한 큰 질문들을 스스로에게 제기하는 것은 성인기이다. 그렇다면 행복에 대한 질문을 자신에게 제기하기 시작할 때, 그리고 특히 그것이 특히 우리에게 달려 있다는 것을 알기 시작할 때 우리는 어른이 되는 것일까? 최초의 중대한 실패들, 최초의 환멸 뒤에 오는 자각에서부터? 아니면 최초의 성공을 위해 지불해야 하는 대가에서부터? 아니면 자신의 가정적 · 사회적 · 직업적 생활의 기틀을 세우기 시작할 때부터? 어쨌든 이렇듯 은밀하게 행복의 문제는 어느 날 우리 앞에 등장한다……

그리고 특히 행복의 **건설**이라는 문제가 등장한다. 우리는 행복의 뒤를 쫓아가거나 그것을 기다리는 데 싫증이 나서 그것을 나포하고 길들이기를 간절히 원하게 된다. 하지만 이런 사육된 행복이 야생의 행복만큼 우리를 만족시킬 수 있을까? 그것이 문제다…… 행복과 직면하여 성인이 겪는 큰 어려움은 행복을 편안함과 혼동하지 않는 것이다. 우리의 목적은 야생의 행복들을 느낄 수 있는 능력을 잃지 않으면서 다른 행복들을 가꾸어 나가는 법을 배우는 것이다. 한 사람의 어른이 된다는 행복은 바로 이런 다양성에서 생기는 것이다.

우리는 어른이 되면서 행복한 인생이라는 계획이 가치를 부여할 대상도, 경멸해야 할 대상도 아니라는 것을 알게 된다. 이런 계획은 우리에게 강점도 있지만 특히 약점도 있을 수 있다는 것을 의식한, 각자의 확신과 일치한다.

레일라

"내가 행복에 관심을 갖는 까닭은 어린 시절 행복하지 못했기 때문이고, 행복해지는 법을 한번도 배운 적이 없기 때문이고, 내 성격으로 볼 때 처음부터 그렇지는 않았다는 느낌이 들기 때문이에요. 나는 즐거움을 향한 어떤 자발성도 없어요. 그런데도 나 자신이 그 문제로 걱정하지 않는 것은 그것이 무엇을 주는지를 알기 때문이죠. 그것은 내 나이 스무 살과 마흔 살 사이에 겪은 상태를 의미하죠. 그때 내 상태는 의기소침에서 걱정으로, 걱정에서 불만으로, 불만에서 침울함으로 넘어가고 있었어요……. 지금 나는 마흔 살이 되었고, 무엇이 내 상황을 더 좋게 해줄 수 있는지를 알았고, 그것을 더욱 발전시키기 위해 노력할 참이에요……."

■ 행복하게 늙다?

인류 역사상 처음으로 한 사회(서구)에서 비교적 유복하고 비교적 건강 상태가 양호한 '젊은 노인들' 의 비율이 차츰 증가하고 있다. 또한 예로부터 노쇠는 포기의 시기인데도 불구하고 그들은 행복권을 주장하고 있다. 심지어 때로는 인생의 이 시기에 행복에 대한 욕구를 가장 많이 느끼기도 한다. 자신, 그리고 자신과 가까운 사람들의 행복을 위해 충분히 행동하지 않은 것을 후회하는 것 말고 인생의 황혼기에 달리 후회할 것이 무엇이 있겠는가? 이 문제는 차라리 일찍 생각하는 편이 낫다.

수도원에서의 행복: 행복한 사람이 오래 살까?

최근 미국의 한 수도사 교단의 1백80명의 수녀들을 대상으로 어떤 심리 연구가 진행됐다. 연구자들은 수녀들이 수도회에 들어온 직후 원장 수녀의 지시에 따라 작성한 자서전들을 면밀히 분석했다. 당시 수녀들의 평균 연령은 22세였다. 이 편지들을 60년 뒤 다시 읽어본 결과 우리는 긍정적이고 행복한 인생관을 반영하는 글들(긍정적인 표나이와 관련된 함정은 상당히 널리 알려졌다. 향수, 고난, 포기 사이에서 행복한 인생을 위한 여백은 좁다. 정치적으로 옳은 담론은 나이는 중요하지 않다고 말한다. 연예계의 일부 스타들은 무대 뒤에서 정기적으로 성형 수술을 행하면서도 잡지에서는 그런 담론이 그들이 나이 먹는 것을 지연시켜 준다고 주장하는 위선을 보이고 있다.

하지만 늙는다는 것은 쇠퇴를 뜻한다. 콩트 스퐁빌은 단호하고 분명한 어조로 이에 대해 언급하고 있으며, 따라서 그 말은 우리에게 도움이 된다. "나는 늙음의 이점이라는 말은 절대 믿지 않는다……. 경험, 성숙함, 교양의 증가? 그런 것들은 늙음 덕택이라기보다는 무슨 일이 있어도 계속되는 인생 덕택이다……. 인생은 풍요로움이다. 시간은 풍요로움이다. 늙는 것은 그렇지 않다. 그것은 시간의 결핍, 사라지는 인생에 불과하다……." [22] 하지만 많은 개별적인 증언들은 우리가 노령이 되어도 여전히 행복할 수 있음을 증명하고 있다. 한 의학 잡지가 파킨슨병이라는 주제로 행한 인터뷰에서 작가 프랑수아 누리시에는 "계속된 것은 온전히 육체적이고 온전히 신체적인 행복" [23]이란 말을 했다.

우리가 나이를 먹으면서도 여전히, 나아가 전보다 훨씬 더 많이 행복할 수 있다는 것을 어떻게 설명할 수 있을까? 그것은 우리의 감정은 대체로 좋은 쪽으로 가려는 경향이 있고, 우리의 인생 경험은 행복

---

21) D. D. 대너, 〈인생의 초반기와 노년기의 긍정적 감정들—수녀 연구 결과 Positive emotions in early life and longevity: Findings form the nunstudy〉, 《성격과 사회심리학 저널 *Journal of Personality and Social Psychology*》, 2001년, 80: 804-813.
22) A. 콩트-스퐁빌, 앞에서 언급한 책, 621쪽.
23) 《의학 효과 *Impact Médicine*》, 14호, 2002년 10월 31일, 6-8쪽.

에 대한 우리의 이해력을 증대시키기 때문이다……

많은 연구들이 나이가 감정의 안정(들쭉날쭉한 형세는 줄어들고)과 더불어 긍정적 감정의 증가를 가져온다는 것을 보여주고 있다.

한편 경험은 과거의 실수와 혼란을 되풀이하지 않게 해줌으로써 행복에 도움을 줄 수 있다. 요컨대 수많은 새로운 활동들 속으로 뛰어들기를 주저하지 않는 나이 든 사람들의 어떤 삶의 선택들은 그들에게 제2의 육체적인 젊음을 안겨준다. "젊다는 것은 적어도 이론적으로는 이런저런 분야에서 과거보다 미래를 더 많이 갖는다는 것을 의미한다."[24] 의학 박사 장 베르나르는 이 말을 달리 표현했다. "우리가 더 이상 인생에 시간을 보탤 수 없을 때에는 시간에 인생을 보태야 한다."

나이를 불문하고 가꾸어 나아가야 하는 이런 형태의 젊음이 행복을 여는 주요 열쇠라는 것은 너무나 자명한 사실이다……

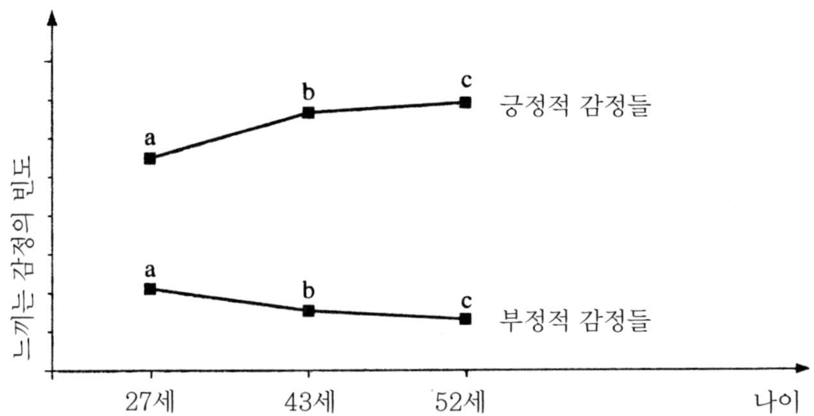

긍정적 감정들과 부정적 감정들의 평균 수준은 나이와 함께 높아진다(80명의 여성들을 대상으로 한 연구 결과).[25]

24) A. 콩트-스퐁빌, 앞에서 언급한 책, 322쪽.
25) R. 헬슨, E. C. 로넨, 〈청년기부터 중년기까지 개성의 감정적 채색 Affective coloring of personality from young adulthood to midlife〉, 《성격과 사회심리학 보고서 Personality and Social psychology Bulletin》, 1998년, 24: 241-252.

제Ⅱ부

행복을 알고 지키기

이 책은 행복을 발견한(그리하여 독자에게 그것을 찾는 방법을 설명하고 싶어하는) 어떤 사람이 쓴 책이 아니다. 죄송하다…… 이것은 자신의 환자들이 행복을 더 효과적으로 찾을 수 있도록 돕는 것을 직업으로 하는 한 정신과 의사의 책일 뿐이다.

제Ⅱ부는 따라서 다음과 같은 새로운 질문들에 대답하고자 노력하고 있다.

행복은 어떤 방향에서 찾아야 할까?

과학·철학·종교는 이 탐색의 과정에서 우리에게 구체적인 도움을 줄 수 있을까?

행복은 우리 모두에게 중요한 주제이기 때문에 모든 사람이 이에 대해 자기만의 의견을 하나씩 갖고 있다. 따라서 행복은 화나게 하는 주제가 될 수 있다. '그것을 믿는 사람들'과 '그것을 믿지 않는 사람들' 간의 토론은 항상 형평을 이루었다.

자신의 행복에 관해 좀더 잘 설명하려면, 그리고 그것을 주장하려면 행복의 역사와 사회학에서 무엇을 알아야 할까?

제4장

___

행복을 어디에서 찾을까?

"우리는 모두 행복을 찾지만, 그것이 어디 있는지
는 모른다. 마치 자신의 집이 존재한다는 사실을 어
렴풋이 알면서 그것을 찾는 주정뱅이처럼……."

볼테르

아, 행복의 비법이라…….

우선 실용론이 있다. "작은 유산, 비옥한 땅, 시끄럽지 않은 가정,
건강한 육신, 달콤한 잠……"을 읊은 로마 시인 마르시알리스의 실용
론이 그 한 예이다. 다른 의견들은 음식과 관련된 것이 주조를 이루
고 있다. 이를테면 "행복, 그것은 두툼한 은행 통장, 맛있는 음식을 먹
는 것, 그리고 그것을 잘 소화시키는 것이다"라고 말한 장-자크 루소
의 경우처럼. 또 논리정연한 이론도 있다. 철학자 아르투어 쇼펜하우
어를 보라. "무엇보다도 먼저 명랑한 성격, 유콜리아(eukolia), 행복한
기질이 필요하다……. 그 다음 수반되는 것은 무엇보다 건강이고……
세번째로는 영혼의 평화…… 네번째가 외부적인 특혜들인데 이는 아
주 소량이라 할 수 있다……."[1] 보쉬에처럼 낙담한 사람들의 신념도
있다. "인간의 행복은 항상 그가 갖고 있지 않은 수많은 부분들로 구
성된다." 마지막으로 다른 비법들은 그런 말을 한 사람의 공정함 면에

서 상당히 수상한 것들이 많은데, 이를테면 플로베르의 다음과 같은 유명한 정의도 그러하다. "어리석을 것, 이기적일 것, 그리고 건강할 것, 이것이 행복해지기 위해 필요한 세 가지 조건이다."

하지만 그러면 오늘날 우리는 행복을 구성하는 것에 관해 정확하게 무엇을 알고 있는가? 철학자들과 학자들의 견해들은 어떤 확신에 도달했는가? 자 이제부터 어떤 영원한 주제에 관한 현재의 지식과 신념들을 대충 살펴보겠다.

약속과 책략들: 맞춤형 행복

빠르고 만족할 만한 행복…… 만일 당신이 행복을 어디서 찾아야 하는지 모른다면 우리 회사가 당신에게 해결책을 제시하겠노라──그보다 더 좋은 것은 파는 것이지만. 그 해결책들은 그만큼 만족스러운 것으로 확인될 것인가? 돈, 물질적 재산, 다양한 마약들은 행복에 대한 우리의 갈망 속에서 무엇을 할 수 있을까? 정치적으로 옳은 대답은 '아무것도 할 수 없다! 행복은 돈으로 사거나 소환할 수 있는 것이 아니다' 이다. 이 말이 항상 사실일까?

---

1) A. 쇼펜하우어, 《행복의 기술 *L'Art d'être heureux*》, 파리, 쇠유 출판사, 2001년, 29쪽.

■ 돈이 행복을 만들어 줄까?

'돈이 행복을 만들지는 못한다' 라고 속담은 말하지만 우리는 거기에 '하지만 거기에 기여한다' 라고 덧붙이는 습관이 있다. 학자들은 이 문제를 연구했다. 사실 '고원' 효과라고 부르는 것에 따르면 돈이 가장 가난한 사람들의 행복을 어느 정도까지는 증대시켜 주는 것으로 보인다(아래 도표의 곡선을 보라). 물질적 빈곤은 행복으로 가는 길에 수많은 장애물들을 놓으며, **SMIB**(행복 유발의 최저 한계)에 해당하는 것이 존재하는 듯하다. 즉 그 밑으로 내려가면 상황이 무척 복잡해지는 것이다. 이 한계에 도착한다고 해서 행복이 주어지지는 않지만, 그 밑에 있는 경우 대개는 행복을 방해받는 것이다. 반대로 이 한계를 넘으면 재정적 수단의 증대는 안락이라는 주관적 감정에 제한된 효과만을 줄 수 있을 뿐이다.

많은 흥미로운 연구들에 따르면 1960년부터 1990년까지 미국인들의 평균 소득이 뚜렷이 증가했음에도 자신이 행복하다고 밝히는 사람들의 퍼센티지는 전혀 증가하지 않았다.[2] 10년이라는 기간 동안 어떤 집단을 대상으로 실시한 개별적인 조사를 보면 재정적 변동——상승이든 하락이든——은 편안함의 평균 수준을 바꿔 놓지 못했음을 알 수 있다.[3] 작가 장 도메르송이 유머스럽게 확인한 것도 결국은 이것이다. "가난한 사람들이 믿는 것과 달리 돈이 부자들의 행복을 만들어 주

---

2) J. 르콩트, 〈일상 생활에서의 만족 Le bien-être au quotidien〉, 《인문학 *Sciences humaines*》, 1997년, 75호, 26-29쪽.

3) E. 다이너, 〈수입과 주관적 웰빙의 관계-상대적인가 절대적인가? The relationship between income and subjective well-being: Relative or absolute?〉, 《사회적 지표들에 관한 연구 *Social Indicators Research*》, 1993년, 28: 195-223.

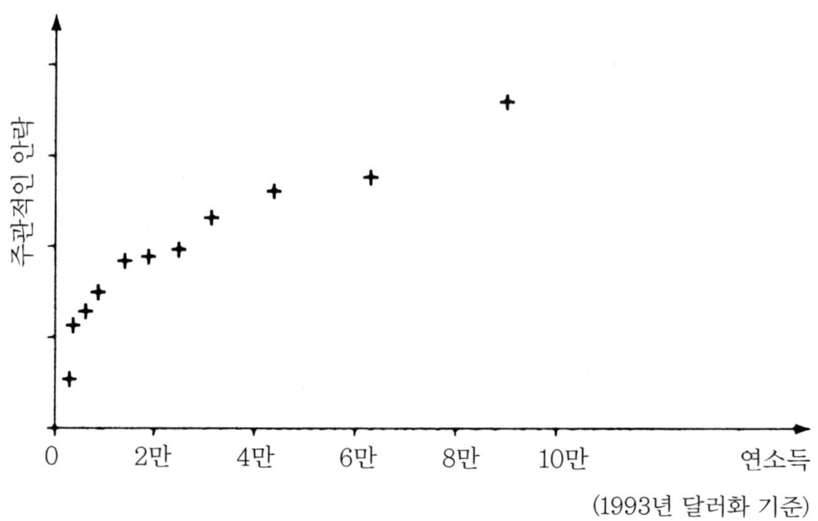

(1993년 달러화 기준)

재정 수입과 편안함 간의 관계는 최저 한계를 넘으면 안정된다.[4]

지는 못한다. 반면 부자들이 믿는 것과 달리 돈은 가난한 사람들의 행복을 만들어 주는 듯하다.”

또 다른 질문이 흔히 제기된다. 지나치게 많은 돈이 불행하게 만들지는 않을까? 만일 대답이 그렇다라면 우리가 독자에게 제시하는 돈과 편안함의 관계 곡선은 오른쪽 끝까지 하강할 것이다. 하지만 잘 보라. 그렇지 않다(유감스럽게도?). 어떤 연구들에 따르면 아주 부유한 사람들은 어떤 추가적인 행복들에 접근할 수 있는 것으로 여겨진다……. ‘만일 돈이 행복을 만들어 주지 않는다면 돌려주라’ 고 말하는 부유한 사람들을 믿지 않은 쥘 르나르가 옳다고 할 근거가 충분하다. 하지만 이런 결과는 아주 신중하게 다루어야 한다. 왜냐하면 그것은 극소수의 사람들에게만 관련된 것이기 때문이다.

더구나 이 돈은 돈의 소유 자체를 뛰어넘어 분명히 만족을 가져오

---

4) E. 다이너, 같은 항목.

며, 그것은 행복감에 영향을 끼친다.[5] "행복은 재산의 소유에 달려 있는 것이 아니라 그것을 누릴 줄 아는 능력에 달려 있다"고 한 작가 베르나르 그라세의 말처럼. 우리는 부자가 되는 데 두 가지 방법이 있다는 것을 알고 있다. 돈을 많이 갖는 것과 욕구를 적게 갖는 것.

로또 당첨자들

다양한 복권의 당첨자들을 대상으로 많은 연구가 이루어졌다. 그런데 이 보고들은 거의 일치된 목소리로, 당첨 통고("미닌, 네가 복권에 당첨됐대!")에 흥분된 기분이 지나고 나면 사실 이 '행복한 당첨자들'의 행복과 편안함은 당첨되지 않은 사람들과 같은 수준임을 보여주고 있다. 1년 뒤 그들은 당첨되기 전과 같은 정도의 안락한 상태에 있다.[6] 그들의 갑작스런 재산이 야기하는 여러 가지 걱정들을 언급하는 사람들도 많다.[7] 만일 그가 전과 동일한 생활 환경을 유지할 경우엔 가족, 동료들, 이웃들과 갈등이 생긴다. 만일 그가 생활 환경을 바꿀 경우엔 새로운 환경에 적응하는 어려움이 생긴다……. 그리고 상황이 더 나빠진 경우도 있었다. 파산이 그것이다. 그들은 이제 후회한다. 왜냐하면 돈이라는 분야에는 추가적인 불공평이 있으니, 부자가 되는 법은 어릴 때부터 몸에 익혀야 하는 것이기 때문이다!

---

5) A. 캠프벨, 《미국에서 웰빙의 의미 *The Sense of Well-Being in America*》, 뉴욕, 맥크로-힐 출판사, 1981년.

6) P. 브리크만, 〈복권 당첨자들과 사고의 희생자들—행복은 상대적인가? Lottery winners and accidents victims: Is happiness relative?〉, 《성격과 사회심리학 저널 *Journal of Personality and Social Psychology*》, 1978년, 36: 917-927.

7) P. 토이츠, M. 하난, 〈수입과 심리적 고통 Income and psycological distress〉, 《건강과 사회적 행동 저널 *Journal of Health and Social Behaviour*》, 1979년. 20: 120-138.

작가 조제프 델텔은 그의 명성이 문학계에서 커진 1930년대에 파리를 떠나 몽펠리에 부근 소택지의 한 작고 외진 집에 은둔한다. 그는 그곳에서 거의 금욕주의적인 궁핍 속에서 아내와 함께 살았다. 하지만 그는 가장 행복한 인간이었으며, 그의 은퇴한 삶을 담은 사진집은 여기저기 기운 낡은 비로드 저고리를 입고 있거나 혹은 재활용된 물건들과 추억어린 물건들로 가득 찬 작업대 앞에서 포즈를 취한 델텔의 행복으로 빛나고 있다. 잡다하기 이를 데 없는 그 물건들은 유쾌한 뒤죽박죽을 구성하고 있다. 한 채의 집, 사랑, 양식, 그리고 자연 경관. 천재적 소설가 조제프 델텔이 충분히 행복하게 사는 데에는 더 이상 아무것도 필요치 않았다.[8]

따라서 다음과 같은 결론을 내릴 수 있다. 가장 가난한 사람들은 그들의 가난 때문에 불행해질 위험이 더 많고, 가장 부유한 사람들은 제대로 처신만 한다면 좀더 행복해질 가능성이 있다. 그리고 그 중간에 있는 사람들은 굳이 행복을 위해 돈을 기다릴 필요는 없는 것이다…….

■ 상업적 거짓말과 신기루들

2002년 9월 자동차 제조업체인 메르세데스는 '행복의 이상적 크기'라는 구호를 내걸고 자사의 도시형 소형 자동차 A타입을 찬양했다. 우리가 이미 알고 있듯 행복을 광고의 매개물로 사용한 것이 그것이 처음은 아니었다. '행복, 그것은 한 통의 전화만큼 간단한 것이다'(프랑스 텔레콤), '행복은 가격 안에 있다'(에르츠), '내가 원한다면

---

8) T. 테르 쉬포르, 《조제프 델타유 *Joseph Delteil*》, 파리, 에디시옹 CLT 출판사, 1977년.

행복이'(클럽 메드), 그리고 크레디 아그리콜(농협)이 보험 판매 촉진용으로 내건 '행복에 익숙해지는 것은 미친 짓이다'처럼 좀더 위협적인 것도 있다…….

광고는 행복을 매우 중시하며 잘 활용하면서, 그것을 상기시키는 것으로 추정되는 이미지들을 우리에게 쏟아붓고 있다. 사랑스런 눈길로 서로를 바라보면서 평화롭게 커피를 마시는 부부, 멋진 차 속에서 활짝 웃는 아이들…… 분명 광고는 그것이 보편적인 동경이고 강력한 동기 부여라는 것을 안 것이다. 이 이미지들과 메시지들 밑에 깔린 제안은 어쨌든 단순하다는 장점은 있다. 그것은 당신은 구매, 소유, 물질적 재산의 향유를 통해 쉽고 빠르게 행복에 다가갈 수 있다는 것이다.

어느 날 내 환자들 중 하나가 들려준 이야기이다. 그녀의 어머니가 죽었을 때 그녀와 남동생은 고인의 벽장을 정리하다가 엄청난 양의 책, 옷가지, 가정용 전기 기구, 그리고 한번도 열린 적이 없는 포장 속에서 한번도 사용되지 않은 채로 정성스럽게 정리돼 있는 화장품들을 발견했다고 한다. 외로웠던 노부인은 항상 텔레비전을 보았는데 너무나 상냥한 쇼핑 호스트들이 찬양하는 작은 행복의 약속들을 그대로 믿고 정기적으로 홈쇼핑의 매력에 빠져들곤 했던 것이다…….

그렇다고 물질적 부에 대한 절대적인 엄격주의를 전개할 필요는 없다. 왜냐하면 뭔가를 사는 것, 자신에게 뭔가를 사주는 것은 행복을 방해하지 않으며 설령 약속들이 항상 지켜지는 것은 아니라 해도 약간의 행복을 초래할 수는 있기 때문이다. 반대로 너무 호락호락한 피해자가 되지 않도록 주의해야 한다. 광고는 우리가 상상하는 것보다 훨씬 더 많은 영향을 우리에게 끼친다. 우디 앨런은 말했다. "악한 사람들은 아마도 선한 사람들이 모르는 뭔가를 알아낸 것 같다……." 약간

99프랑의 행복

"내 이름은 옥타브 (…) 광고인이다. 그렇나, 나는 세상을 오염시키고 있다. 나는 당신에게 너절한 것들을 파는 작자이다. 당신으로 하여금 결코 갖지 못할 그런 것들을 꿈꾸게 만드는……. 이 업종에 종사하는 사람들은 아무도 당신의 행복을 바라지 않는다. 왜냐하면 행복한 사람들은 소비하지 않기 때문이다. 당신의 고통은 장사에 활기를 부여한다……. 쾌락주의는 휴머니즘이 아니다. 그것은 캐시 플로(현금의 흐름)이다……."

프레데릭 베그베데르의 베스트셀러 《99프랑》에서 발췌한 이 문장은 설명이 필요없다. 오랜 세월 동안 광고계에서 자신의 재능을 발휘해 온 저자는 그 세계의 내막을 너무나 잘 알고 있기 때문이다.[9] 그의 증언은 팔기 위해 행복을 사용하는 것은 행복을 파는 것과는 전혀 다르다는 것을 상기시키고 있다.

의 선악이원론을 우리 자신에게 허용해 보자. 악인을 광고인으로, 선인을 소비자로 대체해 보자. 그런 다음 텔레비전에 나오는 광고를 좀더 주의 깊게 살펴보자. 그것을 구상한 자들이 선동하고자 한 것이 무엇이었을까를 우리 자신에게 물어보면서…….

어느 날 우울증을 앓고 있는(따라서 바쁜 사람들의 눈에는 대수롭지 않게 보이는 어떤 상황들의 어두운 면에 대단히 민감한) 한 환자가 어떤 공항에서 그를 슬픔의 도가니에 빠뜨린 이야기를 내게 들려주었다.

---

9) F. 베그베데르, 《99프랑 *99 francs*》, 파리, 그라세 출판사(2002년 이후 14.99유로가 되었음).

"어느 금요일 저녁이었어요. 내가 탈 비행기의 출발이 지연됐고, 나는 한 시간을 기다려야 했어요. 나는 상점가를 거닐다가 어떤 장난감 가게 앞에 섰어요. 나는 진열창 앞에 서서 회사의 간부로 보이는 옷을 잘 차려입은 두 명의 남녀가 각자 한구석에서 아마도 자기 아이들에게 줄 선물들을 열심히 고르고 있는 모습을 지켜보았어요. 그들은 자기 아이들이 아직 갖지 못한 최근 유행하는 선물을 보기 위해 점원에게 자기 아이들의 나이를 알려주었나 봐요. 그들은 바빠 보였고, 기분이 나쁜 듯했어요. 나는 갑자기 이 장면이 가슴 아프게 느껴졌어요. 나는 그들이 그들의 부재를 보상하기 위해 선물을 산다는 느낌을 받았고, 내 머릿속으로 다음과 같은 내용의 한 편의 영화를 찍었죠. 그들은 일 때문에 집에 거의 들어가지 않아서 죄책감을 느끼고 아이들이 원하는 걸 다 사주고, 혹시 있을지 모르는 아이들의 불평을 선물 보따리로 무마함으로써 속죄하고 있다는……. 나는 선물을 받고 약간 흥분하는 듯하다가 자신과 함께 충분히 있어주지 못한 죄를 지은 부모에게 등을 돌리는 아이의 모습을 상상했어요……. 장난감 곰의 웃음과 번쩍이는 진열창에도 불구하고 나는 갑자기 그 상점이 음산하게 여겨졌어요."

물질적 부와 어떻게 건강한 관계를 어떻게 유지할 수 있을까?

《설교들》과 《조사》로 유명한 보쉬에 신부의 견해를 여기 소개하겠다. 이것은 루이 14세의 조정 앞에서 설교한 것이다. "사물을 모두 소유함으로써 주인이 될 수는 없습니다. 그것을 모두 무시함으로써 그것의 주인이 되어야 합니다."

만일 우리가 그래도 여전히 진정한 삶(우리가 효과적인 광고의 영원한 목표가 되는 삶) 안에 머물고 싶다면 필요불가결하지 않은, 다시 말해 음식이 아닌 것(이 또한 빵과 물 등을 제외하고)의 구매에 앞서 스스로에게 세 가지 질문을 제기해 보아야 한다.

• 내게 정말로 그것이 필요한가? 결국 내가 사고 있는 게 무엇인가? 하나의 물건인가, 아니면 편안함·신분·행복에 대한 하나의 약속인가?

• 지금 나는 어떤 공허함을 은폐하고 있는 중인가?

• 이 물건이 다른 것을 대체할 수 있는가? 이를테면 내 아이들이나 배우자와 함께 보낸 과거의 시간을?

그런데 왜 이렇게 많은 질문을 자신에게 제기해야 할까? 그것은 물질적 부에 중요성을 부여하지 않는 데에는 두 가지 방법이 있기 때문이다. 옛날 방식은 그것을 소유하려고 노력하지 않는 것이었고, 현대적인 방식은 그것이 완전히 무가치해질 때까지 축적하는 것이다.

마찬가지로 아이들과 그들의 장난감과의 관계는 소비 사회에 의해 완전히 뒤집어졌다. 과거에는 장난감이 아이에게 귀하고 소중한 것이어서 아주 조심스럽게 다루어졌지만, 요즘에는 완전히 가치가 없어져서 한번 받은 뒤에는 아주 빨리 잊혀지거나 버려지는 존재가 되었다. 어떤 면에서 오늘날의 아이들은 그들의 장난감에 점점 더 무관심해지고 있는 듯하다. 어쨌든 과거의 아이들이 그랬던 것보다 훨씬 더…….

그렇지만 우리는 '행복의 약속' 이라는 이 반복적이고 진부한 구매행위가 나쁜 습관을 주어서 더 자연스러운 행복감 또는 비물질적인 행복감, 따라서 더 만족스럽고 지속적인——적어도 그렇기를 기대할 수 있다——행복감을 차차 잃어버리게 만드는 것이 아닌가 의심해 볼 수 있다. 이를테면 장난감 축적은 더 이상 놀 줄 모르고 놀이의 즐거움에 필요한 세계를 창조할 줄 모르는 아이들을 '생산' 하는 것으로 보인다. 선물을 사주는 것이 자기 아이와 보내는 시간을 대신해 줄 수 있을까?

우리는 또 놀이 공원들——가장 성공한 경우는 여전히 디즈니랜드와 유로디즈니이다——이 행복의 기대에 대한 최고의(그리고 똑똑한) 상업적 활용임을 분명하게 설명하고 있지 않은가 하고 생각해 볼 수

에피쿠로스와 행복

고대의 철학자들 중 에피쿠로스는 우리에게까지 그 이름이 알려진 자들 중 하나이다. 우리는 삶이 제공하는 물질적 부(안락한 시설, 식도락 등)를 통해 인생의 즐거움을 음미하려 하는 사람을 '에피쿠로스주의자'라고 부른다. 그렇지만 에피쿠로스의 학설은 현세의 부에 종속되는 것을 준엄하게 경계시키고 있다. 불행 속에 있을 때 우리는 '자기 병의 원인을 모르는 환자'[10] 같을 때가 많다. 그리고 그릇된 방향에서 행복을 찾을 우려가 있는데 '그것은 값비싼 물건들이 우리가 잘 모르는 욕구들을 만족시켜 주는 것처럼 보일 수 있기 때문이다.' 따라서 에피쿠로스는 행복에 절대로 필요하거나 필요하지 않은 것의 목록을 작성하는 데 많은 정성을 쏟았다.

— 자연스럽고 불가피한 것: 친구들, 자유, 양식, 집, 옷, 생각.

— 자연스럽지만 불가피하지는 않은 것: 멋진 집, 하인들, 연회와 고급 요리들.

— 자연스럽지도 불가피하지도 않은 것: 명예, 권력.

열광적으로 쾌락을 추구하는 것과는 거리가 먼 에피쿠로스주의는 따라서 '최소의 쾌락주의'였다. 하지만 에피쿠로스의 시대에 광고는 아직 존재하지 않았다…….

있다. 그곳에는 긍정적인 것들이 넘쳐난다. 즐거운 음악, 미소짓는 공연, 넘치는 놀이와 장난감들. 때로는 가장 좋은 결과도 낳는다. 만화의 등장 인물들이 크고 다정한 털 인형의 형태로 '실제로 존재한다는 것'

---

10) A. 드 보통, 《철학의 위안 *Les Consolations de la philosophie*》, 파리, 메르퀴르 드 프랑스, 2001년.

(약간 바빠 보이긴 해도)을 발견한 아이들의 즐거운 놀람이 그것이다. 하지만 흔히는 가장 나쁜 일이 더 많이 벌어진다. 이런 과잉이 특히 아주 어린 아이들에게는 공격적으로 보이는 것이다. 공원은 과도한 자극에 넋이 빠진 아이들과 자식들을 실망시키거나 하루를 망치지 않기 위해 모든 것을 양보하는 부모들에게 여기저기서 구경거리를 제공한다.

오후가 끝날 때쯤 되면 투정이 터져 나오고 분노가 폭발하고 더 이상 아무도 웃지 않는다……. 그리고 행복 불평등의 차이는 한층 더 벌어지고, 가족들간의 차이가 식별되며, 놀이 공원은 하나의 누설자처럼 행동한다. 부모와 자신 간의 관계가 한쪽의 죄책감과 다른 쪽의 독재를 바탕으로 한 빈약한 것일 경우, 하루의 끝은 대개 갈등과 비난("너는 여기서 하루를 보냈는데도 우리를 성가시게 하는구나……")을 초래한다. 그리고 부모는 자식에게 행복을 안겨주려는 시도가 실패한 데에서 씁쓸함을 느낀다. 관계가 좋은 경우 그들은 웃고 떠들며 하루 중 즐거웠던 순간들을 떠올린다.

나는 지금 어떤 교훈을 던지려는 게 아니다. 나도 한 사람의 아버지로서 유로디즈니를 자주 갔고, 내 아이들과 즐거운 시간을 가졌다는 것도 고백하겠다. 하지만 그것은 우리가 미리 그날을 상상하면서 꿈꾼 만큼은 결코 아니었다. 그리고 나는 여전히 잘 모르겠다. 해마다 나는 내 아이들의 생일에는 생일을 맞은 녀석과 단둘이 하루를 보낸다. 일주일 간격을 두고 내 둘째딸과 함께 너무나 다른 이틀을 보낸 것이 기억난다. 하루는 유로디즈니에서, 하루는 뱅센의 숲에서 연날리기를 하면서. 하루는 소음과 이미지들에 질린, 즐겁지만 잘 소화되지 않는, 사건이 많은 날이었다. 다른 하루는 느리고 햇볕을 많이 쬔, 수다와 침묵 그리고 느낌으로 가득 찬 날이었다. 딸아이의 유년 시절의 행복한 추억들 속에서 어느 것이 더 크게 남을까?

■ 행복의 본질?

나도 이유는 잘 설명할 수 없지만 내가 치료한 알코올 중독자들의 상당수는 호감이 가는 편이었다. 그 중 일부는 술에 대한 의존도가 너무 심해서 도와주기가 무척 어려웠다. 너무나 불행하고 불안하거나 우울한 그들은 알코올 안에서 그들의 삶의 고통을 덜어주고, 때로는 일시적이나마 행복한 순간들을 맛보게까지 해주는 수단을 찾고 있었다. 다른 이들은 알코올과 친해졌다가 그들 자신의 힘으로 거기서 빠져나오는 데 성공했다.

플로랑

"매일 저녁 집에 오면 나는 기분을 띄우기 위해, 기분 좋아지기 위해 몇 잔씩 마시곤 했어요. 나를 불안하게 만든 건 그게 그다지 어렵지 않게 성공한다는 것이었죠. 나는 희미하게나마 행복함을 느꼈어요. 그건 비단 그날 받은 스트레스가 줄어들었기 때문만이 아니라 세상을 다른 눈으로 볼 수 있었기 때문이죠. 문제는 내가 저녁 때 술을 마시기 시작하는 시간이 점점 더 빨라지는 것이었어요. 처음에는 저녁 식사 전이었다가 차차 문을 열고 들어가기가 무섭게 한잔을 따르게 됐어요. 내가 집에 도착하기 전부터 뭘 마실까 생각하기 시작했을 때, 나는 사태가 악화되고 있다는 것을 알았어요. 그래서 나는 술 마시는 것을 중단하기로 결심했죠. 바로 그때, 내 판단으로 말이죠. 이후로 나는 혼자 마시는 것은 금하고 술은 파티 때를 위해 보관하죠."

지난날 우리는 온갖 종류의 마약 사용을 두고 '인공 낙원'(샤를 보들레르의 유명한 시집의 제목)을 운운했다. 하지만 합성된 행복——알코올, 약품, 마약――이 정말로 우리를 낙원으로 인도할까? 그것들은 대개 고통이나 궁핍을 은폐하는 것들이다. "행복한 마약 중독자는 존재하지 않는다." 마약 소비가 뜻밖의 아우라의 덕을 보았던 1970년대의 한 베스트 셀러[11]는 그렇게 주장했다. 그뒤로도 '행복의 알약들'은 좀처럼 우리의 믿음대로 되지 않았다. 그렇다면 편안함을 개선시키기 위해 사회적으로 허용된 마약의 '올바른 사용법'이 존재할 수 있을까?

술을 노래한 많은 시인들은 이렇듯 대취함 주변에서 발견되는 우애를 찬양했다. 쥘 르나르의 표현대로 이러한 '공감의 교접'은 그다지 경멸할 만한 대상은 아니다. 알코올이 자아의 걱정을 덜어준다는 것은 수많은 논문이 증명한 바이다. '건강한' 지원자들, 다시 말해 만성적으로 알코올에 의존하지 않는 사람들에게서 알코올을 마신 뒤에 '나'라는 말을 사용한 횟수, 또는 자신에게 집중된 의견들이 상당히 줄었다.[12] 취기는 때로 인생을 바라보는 자신의 시선을 변화시켜 준다. 단 여기에는 그로부터 교훈을 끌어낸다는 조건과, 나아가 행복에 접근하기 위해 술 없이 지낼 수 있다는 절대적인 조건이 붙는다.

이것은 알코올 중독이 아닌 다른 이유로 치료를 받고 있던 내 환자들 중 하나가 들려준 이야기이다. "난 알코올을 고맙게 여기고 있어요. 알코올은 세상이 내가 그것을 바라보는 시선에 달려 있다는 것을 알게 해줬죠. 날씨도 음산하고 모든 것이 우울할 때 저 멀리 몇 개의 유리창에서 우리는 잿빛 풍경의 매력을 발견하지만 그것은 더 이상 중요치 않

---

11) C. 올리방스텡, 《행복한 마약중독자는 없다 *Il n'y a pas de drogués heureux*》, 파리, LGF 출판사, 1978년.
12) J. G. 헐, 〈자각의 알코올 소비 감소 효과 The self-awareness reducing effect of alcohol consumption〉, 《성격과 사회심리학 저널 *Journal of Personality and Social Psychology*》, 1983년, 44: 461-473.

고, 그것들이 있던 바로 그 자리에서 걱정이 다시 싹트죠. 시시한 일 같
지만 이것을 깨달은 것이 내게 많은 도움이 됐어요. 중요한 건 알코올이
아닌 다른 편안함의 원천들을 갖고 있는 것이고, 그렇지 않다면 위험하
겠죠. 내게는 친구들, 가족, 일이 있었죠……. 결국 내가 생각하는 행복
의 이미지는 여름날 오후 친구들과 맛있는 식사를 마치고 큰 나무의 시
원한 그늘에 있는 거예요. 우리는 분홍빛 포도주를 마셨고, 세상사를 논
했고, 우리를 둘러싼 모든 것에 대해 관대하죠. 우리는 오후가 끝나면
이런 만남도 끝날 거라는 걸 알지만 그건 걱정할 일이 아니죠. 돌아오
는 어느 일요일에 다시 시작될 거라는 것도 알고 있으니까요……."

하지만 지금 우리는 의존적이지 않은 주체에게 알코올이 끼치는 영
향만을 말하려는 것이 아니다. 모든 학술 보고들은 폭음가들에게서는
전혀 다른 결과가 나타남을 강조하고 있다. 술집 카운터에서 관찰한
알코올 중독자들의 행동을 다룬 최근의 한 논문[13]은 이를테면 만성적
인 음주가들간에는 주고받는 말들이 심각하게 적어져 말보다 시선을
주고받는 수준에 이를 정도라는 것을 보여줬다. 관계맺기에 실패하고
틀에 박힌 말만 되풀이하는 것이다.

우리가 잘 지낼 때에만 술을 마시는 것을 규칙——이는 겉보기에
만 역설적일 뿐이다——으로 삼아야 할 것이다. 그렇지 않으면 음주
량에 대한 우리의 통제력이 부족하게 될 것이다. 이를테면 어떤 실패
를 겪은 뒤 자기 자신을 의심하는 사람들이, 이전의 실험에서 같은 방
식으로 실패를 겪었으나 긍정적인 자기 평가를 갖고 있는 사람들보다
술을 더 많이 마시는 경향이 있는 것으로 입증됐다(심리학 실험실에서

---

13) J. 모르농, F. 페레아, 〈카운터에 앉은 알코올 중독자, 음주가들의 충동적 언어
행동에 관한 연구 L'alcoolique au comptoir, étude sur le comportement verbal
spontané des buveurs〉, 《시냅스 *Synapse*》, 2002년, 190호, 23-28쪽.

준비된 가짜 시음 실험에서).[14]

행복의 알약이 존재할까?

1981년 유명한 프로작이 시장에 등장했다. 이것은 향정신성 의약품(정신현상에 영향을 끼치는 약품)의 세계에서는 일대 혁명과도 같은 사건이었다. 그때까지 항우울증 약품은 효과는 있었지만 성가신 부차적 효과들(몸의 떨림, 입술의 마름, 시각장애 등)이라는 대가를 치러야 했다. 프로작은 우울증에 탁월한 효과를 보이지는 못했지만 훨씬 더 많은 곳에서 인정받았고, 그런 점이 성공의 큰 요인이 됐다. 몇 달 만에 프로작은 세계의 의사들이 가장 많이 처방하는 우울증 치료제가 되었다. 같은 화학적 등급에 속하는 모든 약들(소위 '세로토닌계 의약품' 즉 뇌의 신경전달물질인 세로토닌에 작용하는 약들)처럼 프로작은 우울증을 억제하는 힘만 가진 것이 아니었다. 이 약은 대인공포, 공황장애, 강박장애(TOC) 같은 대부분의 불안장애에도 매우 효과적이었다. 그러나 분자의 다른 측면이 관심을 끌기 시작했는데, 그것은 일단 치유된 우울증 환자들의 일부가 프로작을 복용하고 나서는 그들의 우울증이 시작되기 전보다 상태가 더 좋아졌기 때문이다. 마치 이 약품이 그들의 어떤 성격적 특징들에 효과를 끼치기라도 한 것처럼. 《처방전에 따른 행복》이라는 프랑스 책의 제목처럼.[15] 사실 이 약은 다른 일반적인 세로토닌계 약들과 마찬가지로 어떤 사람들의 부정적 감정들과 기분을 조정해 줌으로써 그들의 성격적 특성에

---

14) J. G. 힐, R. D. 영, 〈자의식, 그리고 남성 사회적 음주가들에게서 나타나는 알코올 소비의 결정 요소들로서의 성공과 실패 Self-consciousness, and success-failure as determinants of alcohol consumption in male social drinkers〉, 《성격과 사회심리학 저널 *Journal of Personality and Social Psychology*》, 1983년, 44: 1097-1109.

15) P. 크라메르, 《프로작—처방전에 의한 행복? *Prozac-le bonheur sur ordonnance?*》, 파리, 퍼스트 출판사, 1994년.

어떤 효과를 발휘할 수 있다. 그들에게 정신적 장애가 있건[16] 없건.[17] 그렇다고 해서 기자들이 그러는 것처럼 '행복의 알약'이라는 표현을 사용해야 할까? 그보다는 때로는 '자신이 불행하다고 느끼는 경향을 막아 주는 알약'이라고 말하는 편이 더 정확할 것이다. 더군다나 우리의 추측과는 반대로 이런 효과의 덕을 보는 환자들(이런 효과가 모든 사람에게 나타나는 것은 아니다. 오히려 그 반대다)이 이것을 연장하는 데 항상 뜨거운 반응을 보이는 것은 아니다. 세로토닌계 약제들은 유쾌한 감정들도 무디게 할 수 있는 것으로 여겨진다. 그렇기 때문에 단기간의 치료는 허용할 수 있지만 장기 복용의 경우에는 용납하기 힘든 것이다. 하지만 앞으로 이런 단점들이 제거된 새로운 분자들이 의사들 손에 들어온다면 논쟁은 분명 다시 불붙을 것이다. 논쟁을 철학적 수준으로 이끌어, 자신의 고통에 의해 성장하는 인간이라는 니체의 세계관을 버려야 할까? 아니면 과학적 수준으로 이끌어, 인간의 기질을 화학에 의해 수정하는 것의 장점과 단점을 따져야 할까? 미래가 일러줄 것이다……

16) A. L. 브로디, 〈주요 우울증적 장애 또는 강박관념적 장애를 가진 성인 피실험자들이 파록세틴으로 치료받은 뒤 보인 개성의 변화들에게서 나타난 개성의 변화들 Personality changes in adults subjects with major depressive disorder or obsessive-compulsive disorder treated with paroxetine〉, 《임상 정신의학 저널 *Journal of Clinical Psychiatry*》, 2000년, 61: 349-355.

17) B. 크너트슨, 〈세로닌계 의약품 사용은 정상인들의 개성과 사회적 행동 양상에 선택적 변화를 가져온다 Serotonergic interventions selectively alters aspects of personality and social behavior in normal humans〉, 《미국 정신의학 저널 *American Journal of Psychiatry*》, 1998년, 155: 373-379.

행복의 겉모습

"행복은 행복한 것이지 행복한 척하려는 것이 아
니다."

쥘 르나르

드니

"몇 년 전 내 상황은 바닥까지 치달았죠. 나는 직장을 잃었고, 아내
는 나를 버렸고, 나는 병자처럼 술을 마시고 담배를 피워댔죠. 어느 날
아침 나는 파리 5구의 내 집 아래쪽에 있는 술집에서 구인 광고를 훑
어보고 있었죠. 11시쯤, 그러니까 내가 한두 잔의 커피를 마시면서 하
루의 절반을 낭비하고 있을 때 청년들 한 무리가 들어와 옆탁자에 앉
았죠. 그들은 그 동네 멋진 고등학교의 그랑제콜 준비반 학생들인 듯
했고, 모두 잘생기고 옷도 잘 차려입고 깔끔하고 명랑한 것이 부유하
고 건강한 아이들 같았어요. '모든 게 나랑 반대로군.' 나는 생각했죠.
내 인생의 그 시기에 나는 나를 누구와 비교하지 않아도 이미 비참하
게 느끼고 있었죠. 하지만 그 청년들에 비하면 나는 늙고 추하고 지적
이지도 섹시하지도 못한 사회의 낙오자였어요……. 나는 감히 더 이상
얼굴을 들고 그들을 바라볼 용기가 나지 않았어요. 혹시라도 나 같은
불쌍한 작자를 쳐다보는 경멸의 시선과 마주칠까 봐 두려워서였죠.

잠시 후, 나는 안 보이는 곳에서 나를 진정시키기 위해 화장실에 갔
죠. 나는 그들이 가버리기를 바라면서 그곳에서 잠시 시간을 때웠어요
(어쨌든 그들에게는 강의가 있을 테니까!). 나는 거울에 비친 내 모습을
보았죠. 그건 끔찍했죠. 주름, 잿빛 머리카락, 서서히 조짐이 보이는
대머리, 술 마시고 담배 피우고 운동은 하지 않는 자의 청록색 얼굴빛
이 보였어요. 나는 열등 인간이라는 느낌이 들었어요. 다시 올라갔을

때 그들은 떠나고 없었어요.

　이후 내 상황은 호전됐지만 그 순간만큼은 내 기억 속에 새겨졌죠. 그것은 내 인생에서 가장 불행하고 가장 막막하게 느껴진 순간이었어요."

　겉모습은 분명 믿을 수 없는 것이지만 눈으로 볼 수 있는 것은 겉모습이다……. 그리고 그것은 때로 고통스럽다. 이에 대해 프루스트는 이렇게 썼다. "타인의 행복 안에서 놀라운 것이 있다면 그것은 사람들이 그것을 믿는다는 것이다……."

■ 신분과 졸업증서

　행복할 목적으로 졸업증서들을 축적하지 말라. 그것은 아무짝에도 쓸모없다! 하나의 사회 계급에 대한 소속감은 돈과 같은 방식으로 행복에 영향을 미친다. 일단 가난을 벗어나고 나면 사회적 계급 안에서 급상승하는 것이 더 이상 행복을 안겨주지는 않는 것이다(그렇다고 행복을 앗아가는 것도 아니다!).

　우둔한 자들이 행복할까? 지능도 편안함과 행복에 뚜렷한 효과를 미치지는 않는다.[18] 정서적 지능에 관한 연구들이 이미 그것을 입증했다.[19] 다시 말해 우리는 매우 똑똑한데도 매우 불행할 수 있는 것이다. 인생의 모든 분야에서 똑똑하지는 않았던(특히 우생학에 관한 입장 표명으로 인해) 노벨상 수상자 알렉시스 카렐은 이에 대해 이렇게 지적

---

18) W. K. 캠벨, P. E. 콘버스, W. L. 로저스, 《미국인들의 삶의 질 *The Quality of American Life*》, 뉴욕, 세이지, 1976년.

19) D. 골르망, 《정서적 지능 *L'Intelligence émotionnelle*》, 파리, 로베르 라퐁 출판사, 1997년.

했다. "지능은 그것만 갖고 있는 사람에게는 거의 쓸모가 없다."

따라서 지능이 아주 높은 아이들은 그들의 '과도한 재능' 이 때로는 환경에 적응하는 것——특히 관계 면에서——을 어렵게 만드는 만큼 행복을 위한 지능도 아주 높다고는 할 수 없다.[20] 천재는 아니었고 다만 매우 지능이 높았던 안느라는 일곱 살짜리 소녀가 생각난다. 그녀는 또래들의 수준보다 분명히 높았기 때문에 교사로부터 월반을 권유받았다. 안느는 몇 주 동안이나 제안을 거절하면서 다음과 같은 진짜 지혜가 담긴 주장을 내세웠다. "나는 월반하고 싶지 않아요. 그러면 내 모든 친구들을 잃을 테니까요. 그들이 없으면 난 불행해질 테니까요……."

■ 젊음

행복을 반대하고 쾌락을 옹호한 오스카 와일드는 이렇게 썼다. "오직 쾌락만이 그것을 위해 살 가치가 있는 유일한 것이다. 아무것도 행복처럼 늙지는 않는다." 그런데 만일 사실은 정반대라면? 게다가 두 단어의 위치를 뒤바꿔도 금언은 여전히 유효하다는 것을 알 수 있다…….

얼마 동안 우리는 행복을 느낄 수 있는 능력은 나이와 함께 줄어든다고 생각했다. 하지만 이것은 단순히 편안함을 측정하기 위해 사용하던 질문들에 기인한 오류 때문이었다. 그 질문들은 즐거운 순간들에 특권을 부여했고, 평온이나 후퇴와 결부된 행복은 자세히 탐구하지 않았다.

실제로 몇몇 연구들은 반대되는 사실을 입증하고 있다.[21] 즉 행복은

---

20) J. 시오-파생, 《천재 *L'Enfant surdou*》, 파리, 오딜 자콥 출판사, 2002년.

나이와 함께 증가할 수 있으며, 우리는 이를 앞장에서 언급한 바 있다. 하지만 대개 나이는 행복할 수 있는 가능성에 직접적인 영향을 미치지 않는다. 기껏해야 우리가 추구하거나 애호하는 경향이 있는 행복의 유형에 영향을 끼칠 것이며, 흥분된 행복보다 조용한 행복에 대한 선호도가 점차 증가할 것이다.

■ 건강

프랑스어가 병(la maladie)이라는 한 단어로 표현하는 것을 가리키기 위해 영어에는 세 단어가 존재한다.
— disease, 의사가 진단을 내린 병("이 환자는 ……병에 걸렸다").
— illness, 사회와 주위 사람들에 의해 관찰된 병("내 누이는 아파").
— sickness, 환자에 의해 감지되는 병("나는 아프다").

행복과 편안함은 엄밀한 의미에서의 육체적 건강보다는 지각된 건강과 더 관계가 깊으며, 물론 세번째 의미의 영역에 속한다. 자신이 이름을 알 수 없는 치명적인 병을 앓고 있다고 확신하는 심기증 환자들은 객관적으로는 건강 상태가 양호한데도 불구하고 매우 불행하다.

그리고 고통스러운 만성 질환에 시달리는 환자들도 자신의 삶을 행복하게 느낄 수 있다. 그들 중 일부는 병과 관계된 장애를 그들에게 엄습한 불공평한 일이나 비극으로 인식하여 거기에 집중하는 것이 아

---

21) D. K. 므로크작, C. M. 콜랜즈, 〈나이가 긍정적·부정적 감정에 미치는 영향- 행복에 관한 발전적 시각 The effect of age on positive and negative affect: A developmental perspective on happiness〉, 《성격과 사회심리학 저널 *Journal of Personality and Social Psychology*》, 1998년, 75: 1333–1349.

니라 그것을 당당히 맞서야 할, 그리고 나서는 잊어야 할 문제로 인식하는 것으로 확인되고 있다.

■ 아름다움

아름다움은 행복과 무슨 관계가 있을까?

이론적으로는 아무 관계가 없지만 실천적으로는 두 가지 중요한 현상이 작용하게 된다. 우선 자신의 육체적 외모에 대한 주관적인 만족은 편안함의 한 요소——약한 강도의——이지만 그것의 영향력은 어김없이 발휘되며, 많은 것들 가운데 특히 자존(편안함에 영향을 끼치는 또 다른 요인)에 영향을 미치게 된다. 그리고 주위 사람들에 의해 보기 좋다고 판단된 육체적 외모는 많은 관심과 특권을 안겨줄 수 있다. 이것은 부당한 일이지만 많은 보고들에 의해 입증된 현실이다.[22] 우리는 매력적인 용모를 지닌 사람은 다른 사람들보다 더 호감 가고 지적이고 유능할 거라고 추측하는 경향이 있고, 그래서 그런 사람에게 자주 선험적인 호의를 베푼다(그 다음 그것을 확인하는 것은 그들의 몫이다……). 그렇다고 그들이 더 행복할까?

반드시 그런 것은 아니다. 왜냐하면 스탕달이 강조한 바와 같이 "아름다움은 행복에 대한 약속일 뿐"이기 때문이다. 그리고 많은 약속들이 지켜지지 않는다는 것을 인생은 우리에게 자주 가르쳐 주고 있기 때문이다……. 객관적인 아름다움은 행복에 도움은 줄 수 있을지 몰라도 절대로 행복을 보장하지는 못한다. 인정, 존중 또는 사랑을

---

22) J. F. 마아디외, 《외모의 영향력 *Le Poids des apparences*》, 파리, 오딜 자콥 출판사, 2002년.

받기 위해 자신의 아름다움과 유혹할 수 있는 능력에 기대는 습관은
흐르는 시간, 그리고 아름다움도 흘러가게 만드는 시간의 공격을 고
통스러운 것으로 만든다.

　　"나는 내가 늙은 모습으로 나온 첫번째 사진을 너무나 생생하게 기억
하고 있어요. 나는 너무나 싱싱한 아가씨들 옆에 있었고, 그들과의 비
교는 끔찍했죠. 나는 그들의 할머니처럼 보였어요. 하지만 그 중에서도
최악은 내가 그들과 똑같이 옷 입고 그들과 똑같이 웃고 있었다는 거예
요. 모든 것이 같았어요. 주름, 윤기 없는 피부, 지친 모습, 탄력 없는
몸매, 내게 고통을 안겨주는 수많은 사소한 것들만 제외하면…….
　　그날 나는 내 젊음이 영영 떠나 버렸다는 것을 알았죠. 마흔 살이면
그럴 때도 됐죠……. 그런데도 주름살 방지 크림 등의 유행과 광고의
모든 약속에 우리는 결국 그것을 믿게 되죠. 나는 사진을 찢고 몰래 필
름을 버렸어요. 그리고 그 충격에서 벗어나는 데 몇 달이 걸렸죠."

스스로 '사십대의 우울증' 이라고 부르는 것으로 고통을 겪는 한 환
자의 이 이야기는 아름다움, 어쨌든 오늘날 우리에게 강요되는 어떤
형태의 아름다움, 즉 '젊음의 아름다움' 이 행복에 가져다 줄 수 있는
것의 한계를 여실히 보여주고 있다. 이런 아름다움은 물론 (약간의)
행복을 가져올 수는 있지만 그것에 대한 강박관념은 (많은) 행복을 앗
아갈 수 있다…….

아름다움의 모든 불행…

소설 《도리안 그레이의 초상》에서 오스카 와일드는 매우 아름답지
만 늙음에 대한 두려움에 사로잡힌 한 청년의 이야기를 들려주고 있

다. "아름다움을 잃는 것은 모든 것을 잃는 거야…… 젊음은 유일하게 가치 있는 것이지. 내가 늙어가고 있다는 것을 깨닫게 되면 나는 자살해 버리겠어." 어느 날 그의 화가 친구들 중 하나가 그의 그림을 완성하는데 그것은 사실주의와 아름다움으로 인해 감동을 주는 그림이었다. "이 얼마나 슬픈 일인가!" 도리안 그레이는 자신의 초상화에서 눈을 떼지 못한 채 중얼거린다. "이 얼마나 슬픈 일이란 말인가! 나는 늙고 추해지고 끔찍해질 테지만 이 그림은 영원히 젊은 채로 남겠지. 6월의 이날보다 단 하루도 더 늙지 않겠지. 만일 그 반대로 될 수만 있다면! 만일 내가 영원히 젊은 채로 남고, 이 초상화가 늙는다면! 그렇게만 될 수 있다면, 그것을 얻기 위해서라면 나는 내가 가진 모든 것을 바치겠어!"

그 순간부터 초상화가 그 대신 늙고 그 자신은 영원한 젊음을 유지한다. 이 비극적인 이야기(왜냐하면 이야기는 물론 비극으로 끝나기 때문이다)가 와일드에게는 역설적으로 아름다움과 불행이 결부될 수 있다는 자신의 관점을 전개할 수 있는 기회가 됐다. "모든 육체적 또는 지적 차별성은 운명의 습격을 받는다……. 신들이 우리에게 준 것으로 인해 우리는 고통, 끔찍한 고통을 겪어야 한다."

행복은 유대 안에 있다

"행복은 잃게 될 누군가를 갖는 일이다."

필립 들레름

언젠가 아주 힘든 시기를 겪고 있는 한 여성과 행복에 관해 오랫동안 이야기를 나눈 일이 기억난다. 만일 그녀를 지지해 주기 위해 나타난 친구와 친지들이 없었다면 그녀는 아마 정신적으로 쓰러졌을 것이다. 상당히 냉정하고 폐쇄적이었던 그녀는 자신이 얼마나 많은 사람들에게 둘러싸여 있고 존중받고 있는지를 갑자기 깨닫게 되었다. "처음엔 아무 것도 나를 위로할 수 없었어요. 그 다음엔 나를 사랑하는 많은 사람들이 내가 그 일을 극복할 수 있도록 도와주었다는 것을 깨닫게 됐죠. 그때만 해도 나는 그 커다란 행복을 충분히 의식하지 못하고 있었어요. 시련은 나를 냉혹하게 만드는 대신 부드럽게 만들었어요. 그리고 나는 이미 상당히 냉정한 사람이었기 때문에 내게 필요한 것도 그것이었죠. 지금 나는 나 자신이 전보다는 연약하지만 행복해질 수 있는 능력은 더 많아진 것을 느낄 수 있어요……."

행복 안에서 사회적 유대가 차지하는 중요성에 관한 매우 확고한 학문적 자료들이 있다. 인간이라는 사회적 동물에게 이는 전혀 놀라운 일이 아니다. 이를테면 훌륭한 '사회적 능력,' 다른 사람들과 효과적으로 그리고 기분 좋게 소통할 수 있는 능력을 갖고 있다는 사실은 편안함이라는 더 중요한 상태와 결부된 것으로 보인다.[23]

그렇지만 행복과 사회적 유대의 관계는 두 가지 의미에서 복잡하다. 다시 말해 행복은 사회적 관계를 더 쉽게 만들어 주지만, 기분 좋은 사회적 관계는 더 큰 행복을 안겨주기 때문이다. 하지만 아쉽게도 반대의 경우 이것은 악순환이 된다. 불행은 나의 사회성을 떨어뜨리며, 관계라는 영양물의 이런 결핍은 나를 더 불행하게 만드는 것이다.

---

23) M. 아르길, L. 루, 〈외향적인 사람들의 행복 The happiness of extraverts〉, 《개성과 개인적 차이들 Personality and Individual Differences》, 1990년, 11: 1011-1017.

■커플

어떤 미국인 학자[24]의 표현대로 '산더미 같은 자료들'은 커플로서
의 생활이 행복감과 매우 강한 상관 관계가 있다는 것을 지적하는 듯
하다. 이번에도 역시 두 가지 가설이 우세할 수 있다. 즉 행복한 사람
들은 다른 사람들에 비해 더 매력적이고 파트너를 구하기도 더 쉽다.

또는 둘이 함께하는 삶이 행복할 수 있는 능력을 증가시켜 준다. 대
다수의 전문가들은 이 두번째 특권이 가장 빈번하게 나타나는 것으로
간주하고 있다.

따라서 커플은 행복을 위해 유리한 조건이다. 단 이때 두 가지 조건
을 갖추어야 한다.

• 평등(배우자의 행복에 대한 염려 안에서 진정한 상호성과 상호간의
존중).

• 친밀함(성, 대화, 공동 계획과 여가 등 만족감을 주는 교환을 토대로
한).

커플이 각자 혼자서도 도달할 수 있는 행복을 증대시키려면 이 두 가
지 조건이 필수적이다.

그런데 현대를 사는 커플의 배는 이미 너무 많은 짐을 실은 것이 아
닐까? 지난날에는 사람들이 인생의 불행들(가난, 고독, 독신자에 대해
부정적인 사회적 편견 등)을 피하기 위해 결혼한 반면, 오늘날 사람들
은 결혼 안에서 행복을 찾으려 한다. 물론 이것이 항상 성공하는 것은
아니며, 그래서 이혼율은 증가하고 있다. 그것은 오늘날의 배우자들

---

24) D. G. 마이어스, 〈친밀한 관계와 삶의 질 Close relationships and quality of life〉,
D. 케인만의 《웰빙-쾌락적 심리의 기초 *Well-Being: The Foundations of Hedonic
Psychology*》에서, 뉴욕, 러셀 세이지, 1999년, 378쪽.

이 과거의 배우자들보다 더 참을성이 없어서가 아니다. 사실은 아마 그 반대일 것이다. 서구 사회의 변화가 남성들을 덜 독재적으로 만들었고, 가정에 틀어박혀 사는 삶에 의해 욕구불만을 일으키는 여성들의 수도 줄었기 때문이다.

변한 것은 배우자들의 기대이다. 다시 말해 행복해지려는, 그리고 특히 결혼 또는 두 사람이 함께하는 삶에서 이 행복을 기대하는 개인들의 갈망과 함께 이혼 사유도 변하고 있다. 이혼의 유행을 설명하는 요인들은 물론 많지만(간통에 대한 사회적 관용의 증대, 늘어난 '유혹들,' 급속도로 번져 가는 개인주의……), 부부 안에서의 행복에 대한 기대는 충족될 때보다 실망할 때가 많으며 이것이 정신과 의사들이 자주 듣는 불평이다. 독신자들, 그리고 거리를 둔 부부 생활 또는 일부의 시간만을 함께하는 부부 생활의 옹호자들은 거기에서 위안을 찾는다…….

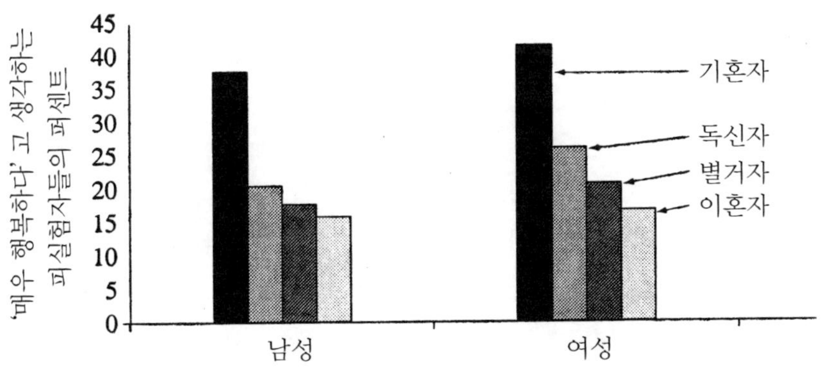

부부 생활은 행복해지는 데 유리한 조건이 될 수 있다.[25]

---

25) A. 마스테카사, 〈배우자의 유무, 우울증, 웰빙-국제적 비교 Marital status, distress, and well-being: An international comparison〉, 《비교 가족 구 저널 Journal of comparative Families Strudies》, 1994년, 25: 183-206.

그러면 이 모든 것 안에 사랑이 있을까?

대부분의 사람들에게 사랑에 빠지는 것은 행복을 안겨줄 수 있는 사건으로 머릿속에 그려진다. 이는 감정으로서의 행복(le bonheur-émotion)의 경우에는 사실일지 몰라도 건설하는 행복(le bonheur-construction)의 경우에는 불확실하다. 사랑만으로는 충분치 않다! 이는 몇 해 전 미국의 저명한 정신과 의사가 펴낸 부부 생활에 관한 책의 제목이다.[26] 그는 부부가 첫눈에 반한 그 시기에 행복할 뿐 아니라 지속적으로 행복하기 위해선 포기, 상대방에 대한 염려, 갈등의 효과적 관리와 같은 다른 현상들이 연이어 나타나야 한다고 보았다. 부부 문제를 다루는 정신과 병원의 대기실에는 서로 사랑하면서도 서로에게 상처를 주고 함께 사는 법을 모르는 사람들로 가득 차 있다. 게다가 만일 당신이 독신자로서 적당히 행복할 수 있는 능력이 없다면, 구속으로 가득 찬 부부 생활에서 어떻게 더 행복할 수 있으랴?

행복으로 가는 길 위에서의 남녀의 차이

대부분의 보고들에 따르면 여성들은 남성들보다 평균적으로 약간 더 행복하다고 말하고 있는데, 이는 약간 다른 이유들 때문이다. 여성들은 그들의 아이들과 그들 가족의 건강에 더 많은 관심을 가진 반면, 남성들은 그들의 일과 그들의 물질적 안정에 더 많은 관심을 기울였다.[27]

그렇다면 본질적으로 여성들의 행복은 더 이타적이고, 남성들의

---

26) A. T. 베크, 《사랑만으론 결코 충분치 않다 *Love is never enough*》, 런던, 펭귄 북스 출판사, 1989년.

27) W. 우드, 〈긍정적 웰빙 안에서의 성적 차이들 Sex-differences in positive well-being〉, 《심리학 보고서 *Psychological Bulletin*》, 1989년, 106: 249-264.

행복은 더 이기적일까? 어쨌든 코데를로 드 라클로는 그렇게 생각했다. 그는 저서 《위험한 관계》에서 이렇게 썼다. "남자는 자기가 느끼는 행복을 누리고, 여자는 자기가 만드는 행복을 누린다."

그래도 조심해야 한다. 선의로 이 원칙을 적용하는 남편은 자신의 아내가 다른 유형의 행복을 찾으러 다른 곳으로 가더라도 놀라서는 안 될 것이다.

■ 아이들

나타샤

"내가 제일 행복한 순간이 언제냐고요? 그건 잠자리에 들기 전 잠든 아이들을 보러 갈 때죠. 그 무엇을 준다 해도 그것만은 놓치고 싶지 않아요. 내가 지치거나 우울할 때도 그건 내게 필요한 일이고, 나를 행복하게 만들어 주는 일이죠. 그때 나는 동물적인 전율처럼 행복이 몸으로 밀려오는 것을 느껴요. 그리고 때로는 정말로 뜨거운 감동에 젖죠. 하루는 잠옷 위에 공주 옷을 입고 머리에는 플라스틱 왕관을 쓴 채 침대에서 자고 있는 막내딸을 봤어요. 딸아이의 장난감 곰과 인형들이 침대 머리맡에 가지런히 정리돼 있었죠. 마치 그 애의 모습을 더 잘 지켜보고, 그 애의 소리를 더 잘 들으려는 듯이 말이죠. 딸아이는 아마도 엄마의 잘 자라는 뽀뽀 뒤에 다시 일어나 인형들을 상대로 공주 학교 같은 놀이를 했던 모양이에요.

이유는 모르겠지만 나는 감동해서 눈물이 나왔어요. 그건 단순히 귀여운 게 아니었어요. 가슴이 아팠어요. 감동의 회오리였죠. 딸아이가 혼자 즐긴 그 작고 은밀한 행복의 순간, 유년기의 그 연약함, 언젠가는 이 모든 마술이 사라지리라는 것을 안다는 사실이 뒤섞인…… 잠자

리에 들었을 때 나는 한없이 눈물을 흘리고 있었죠. 그건 행복의 눈물
이었어요…….”

아이들의 존재는 아마 긍정적인 것이든 부정적인 것이든, 스트레스
의 원인이 되거나 행복의 원천이 되는 일상의 모든 감정들의 놀라운
증폭을 의미할 것이다. 하지만 사랑과 마찬가지로 아이들은 이미 그들
자신이 행복할 능력이 있는 부모들에게만 지속적인 행복을 안겨줄 것
이다. 그렇지 않을 경우 ‘임무를 맡은’ 아이[28]는 모든 임무들 가운데
가장 힘든 것, 즉 자신의 부모를 행복하게 만드는 것을 수행하기 어
려울 것이다. 그렇지만 너무나 많은 부부들이 함께 사는 삶의 행복을
되찾으려는 희망 속에 아이를 낳고 있다. 게다가 이것은 광고나 영화
에 의해 제시된 이상적인 아이들과 완전한 부모의 행복에 의해 제기
된 문제이다. 이 거대한 사기들은 완벽한 아이들만을 보여준다. 그들
에 비하면 우리 아이들은 대조적으로 형편없게 보일 것이다. 우리와
마찬가지로 우리 아이들도 그저 정상일 뿐인데도 말이다.

중년의 위기로 힘들어하는 사십대 가장의 이야기를 담은 마뉘엘 푸
아리에의 영화 《여자와 아이들 먼저》(2002)에서, 우리는 영화에서는
극히 보기 힘들지만 모든 부모는 속속들이 잘 알고 있는 한 장면을 보
게 되니 생일 히스테리가 그것이다. 생일을 맞은 아이는 행복한 순간
이 되어야 할 것에 대한 압박감에 짓눌려 신경질을 내고 터무니없는
투정을 부리고 바닥에 구르고 결국은 화가 난 부모에 의해 야단 맞고
(“우리는 너를 행복하게 해주려고 무진 애를 썼는데 너는 그 모양이구
나”), 그 부모는 그뒤 죄책감을 갖게 된다(“생일날 애를 야단치다니 이

---

28) B. 시륄니크, 《관계의 별 아래 *Sous le signe du lien*》, 파리, 아셰트 출판사,
1989년.

딱한 인간아……").

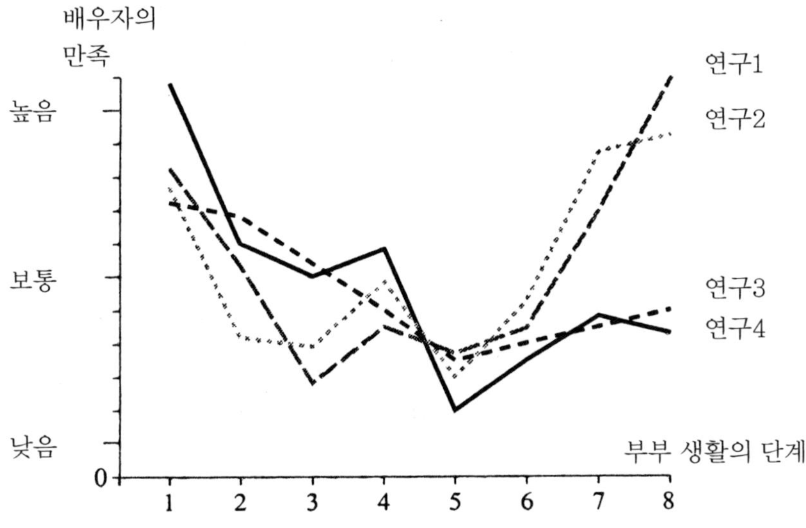

부부의 만족은 생활 주기와 자녀의 나이에 따라 변한다.[29]
1: 신혼기, 아이 없음
3: 5세 이하의 아이가 하나 또는 여러 명 있음
5: 사춘기 아이들이 하나 또는 여러 명 있음
8: 집에 아이들이 없음

가족의 생활 주기에 따라 부모의 편안함을 평가하는 연구들은 모든 게 완벽하게 분홍빛은 아니라는 것을 확인해 준다. 이것들은 흔히 W 자형 곡선 형태로 나타난다. 일상의 편안함은 돌보아야 할 어린아이들이 있다는 사실에 의해 우선 악화되다가 이 아이들이 크면 약간 올라가고, 사춘기 때 다시 줄어들다가 마침내 부모가 다시 둘만 남게 되면 다시 올라가기에 이른다……. 그렇지만 부모는 자신이 아이가 없는 사

---

29) C. 워커, 〈배우자에 대한 만족도에서 나타난 몇 가지 변화들 Some variations in marital satisfactions〉, R. 체스터, J. 필스의 《가정 생활 안에서의 평등과 불평등 Equalities and Inequalities in Family Life》, 런던, 아카데믹 프레스 출판부, 1977년, 127-139쪽.

람들보다는 평균적으로 더 행복하다고 말하고 있다. 아이들은 아마도 부모들에게 그들의 삶이 의미가 있다는 느낌을 줌으로써 행복감을 선사하는(부모에게 스트레스를 주지 않는 순간에는) 모양이다.[30]

■ 부모들

나는 '유해한 부모'[31]라 불리는 부모를 둠으로써 고통을 겪은 사람들을 자주 치료하고 있다. 행복을 느낄 수 있는 능력이 그런 부모에 의해 상처입은 유년기를 견디고 살아남을 수 있을까?

마리안

"내 부모는 그들 인생의 대부분을 내 인생을 망치는 데 소비했어요. 그리고 지금도 계속 그러고 있어요. 내가 어렸을 때는 그들이 아마도 서툴러서, 그리고 아마도 그들 자신도 불행했기 때문에 그랬던 것 같아요. 하지만 그들은 지금도 계속 그러고 있어요. 그게 습관이 돼서, 그리고 나를 비난하고 낮게 평가하고 공격하는 것 말고 다른 방식으로 나를 대할 줄을 모르기 때문에 독살스럽게 그렇게 하고 있죠.

그들은 내게 많은 피해를 입혔어요. 어릴 때 나는 내가 나쁜 아이인 줄 알았어요. 사춘기 이후 나는 부모를 원망하고 증오하기 시작했지만 이 증오 역시 고통이었고 그들에 대한 의존이었어요.

이제 오랜 세월을 낭비하고 여러 차례의 심리치료를 받은 뒤 나는 그들을 더 이상 미워하지 않는 법을 배웠어요. 그들을 용서하기조차

---

30) R. F. 보마이스터, 《인생의 의미 *Meanings of Life*》, 뉴욕, 길포드 출판사, 1991년.
31) S. 포워드, 《중독에 빠진 부모들 *Toxic Parents*》, 뉴욕, 밴텀 북스, 1989.

했죠. 하지만 그들이 내게 한 그 모든 행위는 하나도 잊어버리지 않았어요. 그리고 그들과 거리를 두고 있어요. 그렇게 하지 않으면 모든 게 다시 시작될 수 있기 때문이죠."

부모들이 우리 인생에서 차지하는 비중은 점점 더 커지고 있고, 그들의 수명과 자유도 점점 더 늘어나고 있다. 그들과 관련된 행복과 불행도 따라서 계속 현실로 남을 것이다……. 유독한 부모에 대한 용서는 심리치료의 고전적 과정들의 하나이며,[32] 흔히 몇 년간의 작업을 요구한다. 그렇지만 이 과정은 중요하며, 상처받은 어린 시절을 보낸 성인의 행복에서 중요한 역할을 한다. "용서하는 것은 잊는 것도, 지우는 것도 아니다. 그것은 경우에 따라 벌하거나 증오하기를 중단하는 것, 심지어 때로는 판단하기를 중단하는 것이다."[33]

원한은 감옥이고, 용서는 해방이다. 그리고 용서는 망각을 내포하지 않는다. "나는 항상 용서하지만 절대 잊지는 않는다." 프랑수아 모리악은 그렇게 고백했다.

■ 친구들

"사계절의 친구들, 그들이 없다면 나는 살 수 없다." 기욤 아폴리네르는 그의 시집(《동물 우화집》)에서 그렇게 썼다. 그보다 더 산문적으로는 학자들이 멋진 곡선(다음을 보라)을 통해 친구 관계가 심지어 가

---

32) R. D. 인라이트, 〈감정 조절 방식으로서의 용서 Le pardon comme mode de régulation émotionnelle, 《행동과 인지 요법 저널 *Journal de thérapie comportementale et cognitive*》, 2001년, 11: 123-135.

33) A. 콩트-스퐁빌, 《철학 사전 *Dictionnaire philosophique*》, 앞에서 언급한 책, 425쪽.

족 생활보다 앞서는, 긍정적 감정의 일상적인 주요 원천임을 보여주고 있다.

우정이 행복에 작용하는 기제는 다양하지만, 이것은 주로 우리가 대개는 지속적인 동거의 구속이나 상대방의 자아에 지나치게 양보함 없이 기분 좋은 활동들을 함께하려고 친구들을 만난다는 사실에 기인한다.

언젠가 나는 휴가에 관한 주제로 일반 청취자와 함께하는 라디오 프로그램에 참여한 적이 있다. 그 제목은 '가족과 떠날 것인가, 친구들과 떠날 것인가?' 이던가 아무튼 그 비슷한 것이었다. 청취자들의 전화와 증언들은 왜 친구들과의 휴가가 가족과의 휴가보다 더 유쾌하고 행복할 경우가 많은지를 분명히 이해하게 해주었다. 그것은 우리가 양보와 수고를 하는 것을 감수하고, 아무것도 빚지거나 얻었다고 생각하지 않으며, 어떤 비밀이나 잠재적인 지배의 관계 또는 오래전부터 지속된 말하지 않는 관계도 없기 때문이다······.

우정 안에서 행복을 야기하는 것에 관한 한 남녀간에는 거의 풍자화된 차이가 존재한다.[34] 즉 남자에게는 운동을 하고 술을 마시는 것이 중요하고, 하나의 친구 집단을 갖는 것이 기분 좋은 일이다. 반면 여자에게는 특히 아주 가까운 몇몇 친구를 갖는 것이 중요하다. 목적은 말, 말, 말하기이다.

우정의 행복은 흔히 아주 사소한 것들에서 생긴다. 내 외국 친구들 중 하나가 언젠가 자신의 대학에 와서 강의를 해달라고 나를 초대한 적이 있었다. 그런데 우리는 모든 사람에게 적합한 날짜를 잡기가 너무나 힘들었다. 잠시 후 나는 그의 제안을 거절한 데 당황하여 그의

---

34) L. 휠러, 〈고독, 사회적 상호 작용과 사회적 역할 Loneliness, social interaction and social roles〉, 《성격과 사회심리학 저널 *Journal of Personality and Social Psychology*》, 1983년, 45: 943-953.

인생을 복잡하게 만든 것에 대한 나의 당혹스러움을 설명하는 내용의
이메일을 보냄으로써 그 일을 사과했다. 그는 즉시 다음과 같은 우정
어린 사면서를 답장으로 보냈다. "친구, 내 인생을 복잡하게 만든 건
자네가 아닐세. 복잡한 건 인생 자체야." 그리고 마침내 강의는 성사
되었다…….

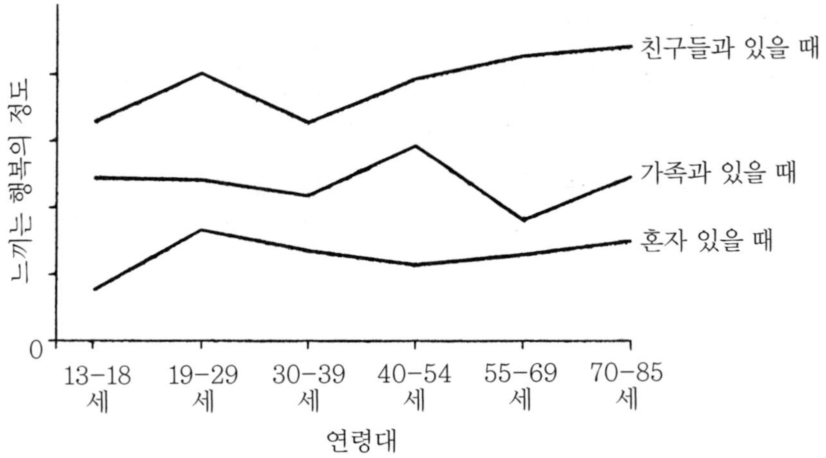

행복에는 친구들이 이롭다(R. W. 라슨[35]).

---

35) R. W. 라슨, 〈삶의 고독한 측면—사람들이 어린 시절부터 노년기까지 홀로 지
내는 시간에 대한 조사 The solitary side of life: an examination of the time people
spend alone from childhood to old age〉, 《발전 논평 Developmental Review》, 1990
년, 10: 155-183.

행복은 행동 속에 있다

"행복에는 행동이 반드시 필요하다."
아르투어 쇼펜하우어

행복은 때로 과잉행동증이 있는 사람들을 염려하는데, 왜냐하면 그들은 행복을 공허한 억지웃음 같은 정적이고 지루한 상태로 인식하기 때문이다. 쥘 르나르는 그의 《일기》에서 다음과 같은 일화를 들려주고 있다. 그는 알프레드 카퓌(많은 사람들에게 잊혀진 프랑스의 작가)와 대화하는 중이었다. "이러이러한 자들은 행복하죠." 그러자 그는 내 말을 바로잡았다. "그들은 행복한 게 아니라 굳어 버린 거요."

그렇다면 행복과 움직임 사이에는 어떤 관계가 있을까?

■ 일

에티엔

"어렸을 때 나는 역사를, 그 중에서도 특히 역사의 주인공들을 좋아했죠. 한 인물이 내게 특별한 감동을 준 것이 기억나는군요. 그것은 루이 14세의 재상이었던 콜베르입니다. 물론 나는 내 또래의 다른 모든 소년들처럼 뒤 게스클랭, 바야르, 보나파르트와 모든 전쟁 영웅들을 숭배했죠. 하지만 콜베르는 어떤 한 가지 면에서 나를 매료시켰어요. 선생님은 그가 일을 사랑했다고, 매일 아침 사무실에 들어갈 때면 기뻐서 두 손을 비볐다고 말씀해 주셨죠. 나 자신도 이미 그때부터 그와 비슷한 행동을 하고 있었거든요.

　어느 날 우리는 ‘우리 집에서 내가 가장 좋아하는 방’이라는 제목으로 프랑스어 작문을 하게 됐죠. 어떤 아이들은 온 가족이 모여 앉아 식사를 하는 주방을 꼽았고, 또 어떤 아이들은 자기만의 공간인 그들의 방을 들었죠. 학급의 열등생 아이는 만화를 읽을 수 있는 화장실을 찬양했고요…….그런데 나는 아버지의 서재라고 말했어요. 나는 아버지가 안 계실 때 거기서 시간을 보내면서 그곳을 지배하는 학구적인 분위기에 젖는 것, 그리고 서류를 정리하는 캐비닛, 서가, 타자기 등을 너무나 좋아했거든요. 나는 공부에는 전혀 소질이 없었지만 공부하기를 좋아했고, 공부하는 것이 행복했죠. 그러나 어른이 됐을 때는 상황이 천천히 악화되어 사람들이 ‘일중독자’라고 부르는 사람이 되었죠. 미국인들이 말하는 워커홀릭(workaholic) 말이에요. 일은 항상 다른 모든 것보다 우선되었죠. 그리고 나는 중책을 맡고 있었던지라 일에는 끝이 없었어요…….

　일에서 나를 구한 것은 결혼과 아이들이었어요. 그것은 내게 행복을 느끼는 다른 방법이 있다는 것을 가르쳐 주었어요. 이 과정에서 아픔이 없지는 않았지만. 아내의 비난(“당신은 항상 집에 없군요!”), 아이들의 말 한마디(“아빠, 또 나가?”)와 점점 무거워지는 나의 죄의식 사이에서 나는 변해야 했어요. 그리고 지금의 나는 전보다 백 배는 더 좋아졌어요. 결코 하나의 행복에만 머물러서는 안 돼요. 하나의 행복만을 경작하는 것, 그건 건강에 좋지 않아요…….”

일에서의 만족의 정도와 삶에 대한 전반적인 만족 사이에는 상당히 분명한 관계가 존재한다.* 하지만 사실은 두번째 요소가 첫번째 요소

---

* 330쪽에 당신이 행복, 편안함, 직업적 삶에 관해 생각해 볼 수 있게 도와주기 위한 질문들이 소개되어 있다.

에 영향을 끼친다. 다시 말해 자신의 삶에 대해 전반적으로 만족한다
는 사실이 자신의 일에서 만족하게 만드는 것이다.[36) 일과 관련된 만
족감의 원천은 다양하다. 봉급, 경력 발전의 가능성, 일의 종류, 좋은
환경 등. 일에 대한 관심과 그 일이 우리의 성숙에 기여하는 느낌 역시
중요하다.[37)

하지만 모든 연구 결과 가장 큰 비중을 차지하는 요인은 동료들간
의 좋은 관계와 관련된 것이다. 다시 말해 모든 게 똑같다면 주어진
일에서 자신의 능력을 꽃피우게 해주는 것은 좋은 관계에서 비롯되는
분위기인 것이다.[38)

■ 여가 활동

행복과 여가 활동 사이에는 어떤 관계가 존재하지만, 이는 원하지
않거나 계획되지 않은 자유 시간의 경우에는 해당되지 않는다. 실업
자들, 퇴직자들, 직업이 없는 사람들에게는 시간이 많다는 것이 원기
회복의 필연적인 원천이 아님은 분명하다(일에 지쳐서 한숨 돌리고 싶
어하는 사람들이 생각하는 것처럼).

많은 연구들 중에서 텔레비전——가장 널리 퍼진 여가 활동 형태가

36) T. A. 저지, S. 와타나베, 〈일에 대한 만족과 인생에 대한 만족간의 관계에 관
한 또하나의 개관 Another look at the job satisfaction-life satisfactionrelationship〉,
《응용심리학 저널 Journal of Applied Psychology》, 1993년, 78: 939-948.
37) K. M. 셸던, L. 하우저-마르코, 〈자기 조화, 목표 달성, 행복 추구——거기에
위를 향한 나선이 있을까 Self-concordance, goal attainment, and the pursuit of
happiness: Can there be an upward spiral?〉, 《성격과 사회심리학 저널 Journal of
Personality and Social Psychology》, 2001년. 80: 152-156.
38) M. 아르길, 《행복의 심리학 The Psychology of Happiness》, 호브, 러틀레지
출판사, 2001년, 93쪽.

될 가망이 있는——이 시청자들의 전반적인 편안함에 끼친 영향을 다룬 연구들을 한번 인용해 보자. 전반적으로 텔레비전 시청과 행복 간의 관계는 부정적인 것으로 나타났다.[39] 텔레비전은 많은 피해를 끼치지만, 그 중에서도 특히 친구들과의 만남에 할애되는 시간을 확실히 깎아먹는 것으로 보인다![40]

왜 전통적 사회, 현대적 사회를 불문하고 모든 사회는 일에 시간을 할애하는 것과 별도로 여가에도 많은 시간을 바칠까? 이는 우리가 언급한 사회적 유대를 보존하기 위해서임이 확실하다. 하지만 이는 행동하면서 긍정적인 감정을 기르는 편이 생각하면서 긍정적인 감정을 기르는 것보다 쉬운 것으로 여겨지기 때문이기도 하다![41] 스포츠, 일, 자잘한 집안일 등의 (상대적인) '우울증 억제' 효과들이 거기서 나오는 것이다. 돈이 행복에 미치는 현실적이지만 제한된 효과는 아마도 돈의 순수하고 단순한 소유로 인한 만족(은행에 거액의 구좌를 갖고 있다는 사실이 어떤 행복을 안겨줄 수 있겠는가?)보다는 그것이 시작하게 할 수 있는 활동들(여행, 선물주기)이나 그것이 제공하는 안전(결핍으로 인한 불행으로부터 보호되는)에서 많이 나오는 듯하다.

---

39) L. 루, M. 아르길, 〈TV 시청, 연속극, 그리고 행복 TV watching, soap opera and happiness〉, 《카오슝 의학 저널 *Kaoshiung Journal of Medical Sciences*》, 1993년, 9: 501-507.
40) J. P. 로빈슨, 〈텔레비전이 가정에서의 시간 사용에 끼치는 영향 Television's effects on families'use of time〉, J. 브라이언트의 《텔레비전과 미국의 가정 *Television and The American Family*》에서, 힐스데일, 얼바움 출판사, 1990년, 195-209쪽.
41) D. 왓슨, 《기분과 기질 *Mood and Temperament*》, 앞에서 언급한 책.

■활동과 행복: 약간의 이론

혹시 당신은 미할리 크식스젠트미할리를 아는가? (만일 그렇다면 그의 성을 발음하는 법을 아는가?) 시카고대학의 심리학과 교수인 그는 동료들과 함께 그의 플로우(flow) 이론으로 유명해진 사람이다.[42]

플로우(프랑스어로는 'flux' 'courant'에 해당되며, 흐름을 의미한다)는 우리를 열광시키는 어떤 활동에 몹시 기쁜 마음으로 집중하고 제어하는 상태, 우리가 깊이 열중한 나머지 시간의 흐름도 잊는 상태, 우리를 살찌워 주고 충만한 만족감을 주는 상태를 말한다.[43] 자신의 경기에 몰두한 달리기 선수, 놀이에 열중한 아이, 연구에 몰두한 학자 등에게서 우리는 이것을 찾아볼 수 있다. 하지만 더 간단하게는 우리가 행하는 모든 기분 좋은 활동, 우리가 행복한 기분으로 잠기는 모든 활동 안에서도 찾아볼 수 있다. 잔일이 취미인 사람은 일에서, 요리사는 요리법에서.

플로우, 즉 활동에서 오는 행복을 언급하려면 두 가지 요소가 모여야 한다. 사람을 열중시키고 만족감을 주는 풍부한 내용의 활동과 이 활동을 자유자재로 구사할 수 있는 높은 단계가 그것이다. 두 가지 요소 중 하나가 없다면 그림은 완전히 달라진다. 높은 능력을 요구하는 하나의 활동, 하지만 우리가 그것을 제한되게 다룰 수밖에 없다면 그것은 즐거움보다는 스트레스를 더 많이 유발할 것이다(이를테면 복잡한 운동을 초심자가 할 경우처럼). 지나치게 쉬운 활동에 높은 기량은

---

42) M. 크식스젠트미할리, 《잘사는 것 *Living Well*》, 런던, 피닉스 출판사, 1997년.
43) J. 나카무라, M. 크식스젠트미할리, 〈플로의 개념 The concept of flow〉, C. R. 스타이더, S. J. 로페스의 《긍정적 심리 안내서 *Handbook of Positive Psychology*》, 옥스퍼드, 옥스퍼드대학출판부, 2002년, 89-105쪽.

지루함을 유발한다(지능이 매우 높은 학생들이 그런 경우이다). 별로 흥분시키지 않는 활동에 기량도 별로 없다면(당신의 마음에 들지도 않고 아는 바도 전혀 없는 어떤 일) 당신은 곧 무기력, 수동적 상태와 함께 완전한 박탈감에 이를 것이다.

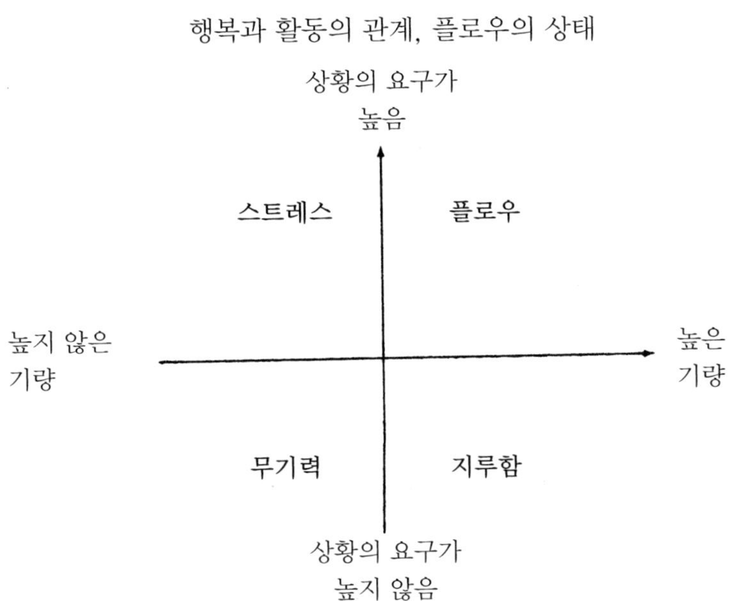

■ 마지막으로 휴식은?

과잉행동증이 생리에 맞지 않는 사람들은 안심하라. 행복은 때로 '즐거운 휴식' [44]으로 정의돼 왔기 때문이다. 휴!

---

44) 아베 트루블레, **R**. 모지가 인용함, 《18세기 프랑스 문학과 사상에 나타난 행복의 개념 *L'Idée de bonheur dans la littérature et la pensée française au 18 siècle*》, 파리, 콜랭 출판사, 1979년, 330쪽.

그의 저서 《고독한 산책자의 몽상》에서 장-자크 루소는 휴식을 가장 참된 사도들 중 하나로 만들었다. "이 행복은 무엇이었으며, 그것의 즐거움은 어디에 있었을까? 소중한 파르 니엔테〔이탈리아어로 무위안일이라는 뜻〕는 내가 그 부드러움을 음미하고 싶어한 즐거움들 중 첫번째이고 주된 것이었다…….."

정신과 의사로서 나는 과잉행동증이 얼마나 행복에 장애가 되는가를 자주 목격해 왔다. 그것은 걱정(결핍이나 공백에 대한 두려움), 완벽주의(모든 것이 완벽할 때에만 중지하는 것, 다시 말해 절대로 중지하지 않는 것), 과도한 억제나 강렬한 느낌의 추구와 결부된다. 행동과 휴식이 번갈아 일어나는 것이 이상적인 것으로 여겨지며, 이것은 결국 너무나 당연한 것이다.

행복은 풀밭에 있다

> "봄의 신선한 바람에 내 온몸에는 작은 구멍이 송송 뚫린다. 몸의 구석구석이 끝없이 세분되고, 몸의 구석구석이 만족스럽다……. ——나는 어제, 오늘, 내일로 인해 행복하며, 나 자신이 시작도 끝도 없는 신이 된 것만 같다."
>
> 폴 포르

세키 나투람: 고대의 모든 철학가들은 인간들이 불행해진 첫번째 이유가 자연으로부터 멀어졌기 때문이라고 생각했다. 대부분 인간들의 자연에 대한 잠재적인 애착은 이런 사실의 또 다른 표현이다. 다시 말해 도시인들 대부분은 자연과 가까워지려는 욕망을 갖고 있다. 창가에

식물을 키운다든지 가축을 소유한다든지 하는 조촐한 방식으로라도. 모든 신화에서 천국은 멋진 정원(성서의 에덴 동산), 목가적인 전원(고대 그리스의 아르카디아) 또는 평화로운 지방들(중세의 부유한 섬들)로 표현 또는 묘사된다. 이는 아마도 우리 안에 있는 어떤 동물적인 의식과 결부된 것으로 보인다. 우리의 자리와 우리의 근원은 자연에 있고, 따라서 우리의 행복도 거기에 있다고 보는(환경 보호 운동 차원에서 보면 중요한 것은 우리의 행복보다 우리의 생존이다).

모든 인간은 자신의 삶 속에서 이런 형태의 충만함과 자명함을 경험한 적이 있고, 그것은 대개 자연을 대했을 때에만 느낄 수 있는 감정들이다. 우리는 시오랑의 작품의 많은 구절에서 이에 대한 묘사를 발견할 수 있다——그럼에도 불구하고 그는 대단한 비관주의자이다.

"이 가로수 길을 늦은 시각에 산책하고 있을 때 밤송이 하나가 내 발치에 떨어졌다. 그것이 터지면서 내는 소리, 그것이 내게 불러일으킨 메아리, 그리고 이 사소한 사건과는 어울리지 않는 어떤 감동은 나를 기적 속에, 결정적인 일의 흥분 속에 빠뜨렸다. 마치 오직 대답만 있을 뿐 더 이상의 질문은 없다는 듯이. 나는 기대치 않았던 수많은 자명한 사실들에 도취돼 있었고, 그것을 어떻게 해야 할지 알지 못했다……. 그리하여 하마터면 나는 최고의 행복을 만질 뻔했다. 하지만 나는 산책을 계속하는 편이 낫다고 생각했다."[45]

또는 "가을이 변모시킨 두 줄의 풀 사이로 숲길을 걷는 것, 그것은 하나의 개선기념식과도 같다. 환호와 갈채에 무엇을 더하리오?"

루소로 말하면 그는 자연이 어떻게 망각과 자의식이라는 이중적 행동을 허락하는지를 보여주고 있다. 망각과 자의식은 행복에 필요한 것

---

45) E. M. 시오랑, 《태어난 것의 단점에 관하여 *De l'inconvénient d'être né*》, 파리, 갈리마르 출판사, 1973년.

이다. "사람들이 책상 앞에 앉아 있을 동안 나는 용케 빠져나가 배에 올라타고, 수면이 잔잔할 때는 호수 한가운데까지 배를 몰고 나가 거기서 배 안에 길게 누워 하늘을 바라보며 물이 흐르는 대로 천천히 떠내려가도록 내버려둔다. 때로는 혼란스럽지만 감미로운 수만 가지 몽상에 잠겨 몇 시간씩 그렇게 하기도 했다……."[46]

폴 포르의 시가 암시하는 것처럼 '행복은 풀밭에 있는' 이유가 거기 있다. 하지만 행복은 또한 정원사들 곁에 있을 수도 있다……. 에릭 오르세나는 그의 소설 《어떤 행복한 남자의 초상》에서 루이 14세의 정원사였고 베르사유 궁전의 호화로운 정원의 건축가였던 앙드레 르 노트르의 인생을 들려주고 있다.[47] 태양왕의 측근들 중에서 그는 한번도 총애를 잃지 않은 몇 안 되는 사람들 가운데 하나였다(극작가 장 라신의 예와는 달리). 루이 14세는 무엇보다도 그의 정원을 사랑했으며, 르 노트르와는 거의 매일같이 우호적인 관계를 유지하면서 특별히 예우하였다. "르 노트르, 당신은 행복한 사람이오." 군주조차 어느 날 그렇게 말했을 정도로…….

행복은 숲 속에 있다…

"내가 이 글, 어쨌든 이 책의 가장 큰 부분을 쓰고 있었을 당시 나는 반경 1마일 안에 인가 한 채 없는 숲 한가운데에서, 매사추세츠 주 콩코드의 월든 호숫가에 나 자신이 직접 지은 집에서, 오직 내 손의 노동에 의해서만 연명할 것을 얻어 가면서 혼자 살고 있었다. 그곳에

---

46) J. J. 루소, 《고독한 산책자의 몽상 *Les Rêveries du promeneur solitaire*》, 파리, 가르니에-플라마리옹 출판사, 1964년.

47) E. 오르세나, 《행복한 사람의 초상 *Portrait d'un homme heureux*》, 파리, 파야르 출판사, 2000년.

서 나는 2년 2개월을 살았다. 지금 나는 도시 생활로 돌아왔다."[48]

1854년 미국에서 출판된 《월든, 또는 숲 속에서의 생활》은 이렇게 시작된다. 이 책의 저자는 특히 간디와 러시아 혁명가들의 애독서 가운데 하나였던 《시민의 반항》을 쓴 것으로 유명하다. 《월든》은 미국인의 집단적 상상의 세계 안에서 중요한 작품의 하나이다. 하지만 이 책은 세계적으로 영향력을 끼쳤고, 특히 프루스트와 지드에 의해 당대에 유명해졌다. 이것은 자연에 가장 가깝게 살기 위해 돌아간 한 인간의 활동을 아주 느린 속도로 묘사한 자서전적 이야기이다. 뉴잉글랜드의 한 청교도 가정에서 태어난 소로우는 몽상은 좋아했지만 게으름은 좋아하지 않았다. 집짓고 씨 뿌리고 수확하고 걷고 관찰하고 들으면서 월든에서 보낸 하루하루를 통해 소박하고 자연스런 행복을 추구한다는 생각이 그 윤곽을 드러내고 있다.

인생의 여러 가지 것들…

행복을 위한 역설 하나를 더 소개하자면 다음과 같다. 감정은 비물질적인 것이지만 그럼에도 불구하고 그것은 비물질적으로 존재하지 않으며 '어떤 것'을 통해서만 도달할 수 있다. 하지만 그 어떤 것은 행복의 발판, 약속에 불과하며, 행복은 곧 모든 측면을 초월한다. 그렇지만 이 모든 '인생의 여러 가지 것들'이 없이는 행복도 이룰 수 없다……

---

48) H. D. 토로, 《월든, 또는 숲 속에서의 생활 *Walden ou La vie dans le bois*》, 파리, 오비에 출판사, 1967년.

제5장

우리는 행복에 관해
무엇을 알고 있나?

"우리는 우리가 이해할 수 있는 행복만 누린다."

모리스 메테를링크

어린 사촌들 중 몇 명은 내가 이 주제로 질문을 했을 때 "행복이란 너무 많은 질문을 자신에게 하지 않는 것, 고민하지 않는 것"이라고 웃으며 그들의 생각을 밝혔다. 태평함은 행복의 비결 중 하나일까? 그리고 행복해지려면 지나치게 생각하지 말아야 할까? 이렇게 생각하는 전통은 오래전부터 있었는데, 왜냐하면 《성서》의 〈전도서〉는 이렇게 무겁게 주장하고 있기 때문이다. "아는 것이 늘어나면 괴로움도 늘어난다." 어떤 이들에게는 행복해지는 데 이론이 필요하지 않은 것이 사실이다. 하지만 다른 이들에게는 행복이 어떻게 '진행되는가'를 이해하는 것이 절대적으로 필요하다.

내가 학생이었을 때, 당시의 많은 정신과 의사들처럼 학술 용어를 좋아하던 한 교수님이 하루는 우리에게 '인식하기를 좋아하는 욕구'에 대해 들려주었다. 그것은 '진행 과정'을 이해하려는 인간의 욕구를 가리키는 것이었다(네 살난 당신의 어린 조카가 부모가 산 DVD의 재생

장치를 분해하는 것이 인식하기를 좋아하는 충동이다). 철학에서 인식론은 인간의 지식에 관한 이론의 총체를 가리킨다. 두려워하지 마라. 이 장이 행복의 인식론에 할애된 것은 아니다(나도 그것을 쓸 수 있는 능력이 안 될 것이다). 다만 당신은 여기서 이 주제에 관한 과학자들의 몇 가지 확신들을 발견하게 될 것이다. 행복이 우리의 세계관, 가치관, 믿음과 어느 정도로 불가분의 관련이 있는지를 알게 될 것이다. 그리고 어째서 그것이 인간의 근본적인 욕구인지도.

행복학?

1970-1980년대에 미국의 정신분석학자 토머스 스자즈는 반정신병학 운동의 선두에 선 인물들의 하나였다. 이것은 정신병은 존재하지 않는다고 보고 그것을 순전히 사회 문제들의 산물로 간주하는 운동이었다. 스자즈는 행복 또한 존재하지 않으며, 그것을 "옛날에는 산 자들이 죽은 자들에게 부여했고 오늘날에는 일반적으로 어른들은 아이들에게, 아이들은 어른들에게 부여하는 어떤 상상의 상태"[1]라고 주장하였다. 이후 반정신병학 운동은 영향력을 많이 잃어버렸고, 그러는 동안 정신과 의사들과 심리학자들이 어떤 길을 열심히 달려온 결과 열정적이지는 않지만 대신 과학적인 관점에서 행복에 접근할 수 있게 되었다……

---

1) F.와 L. 카발리-스포르자에 의해 인용됨, 《행복학 *La Science du bonheur*》, 앞에서 언급한 작품, 1998년, 25쪽.

■ 행복의 측량

행복이오? 얼마나 클까요? 3미터쯤 될까요? 아니면 2킬로쯤 될까요?

우리는 '작은' 행복, '큰' 행복이라는 말을 자주 쓰지만 아직은 행복을 측량할 수 있는 어떤 단위도 존재하지 않는다. 그리고 우리는 이성적이게도 이런 상황이 절대 변하지 않을 거라고 생각하고 있다……. 한 짓궂은 미국 작가[2]는 어떤 행복의 측정 단위, 즉 HAP(영어로 '행복'을 의미하는 Happiness의 약어)를 제시하면서 우리의 모든 활동과 모든 순간을 평가해 보자고 권했다. 숲길 산책의 HAP는 얼마이고 아이들과 노는 것, 친구들과의 식사, 일을 끝냈을 때의 HAP는 얼마라는 식으로. 이 아이디어는 우리로 하여금 행복의 강도를 생각해 보게 만드는 장점은 있지만 과학적으로 실현성이 없음은 물론이다. 동일한 활동이 피에르에게는 많은 HAP를 안겨줄 수 있지만, 폴에게는 전혀 그렇지 못할 수도 있다(스트레스도 같은 문제를 안고 있다). 행복도 햇빛의 아름다움과 다를 것이 없다. 정오의 햇살이 황혼이나 새벽의 햇살보다 더 기분 좋은가? 부드러운 빛과 같은 은은한 행복도 있고, 여름 햇살처럼 강렬한 행복도 있다. 하지만 다 같은 행복이다.

실천적인 면에서 과학자들은 행복의 측량을 포기하고(다행스럽게도?) 그것의 성분들, 그리고 그것과 결부된 표현들의 연구에만 매달림으로써 문제를 우회했는데 우리는 지금부터 그에 대해 말해 보고자 한다.

---

2) D. 리켄, 《행복—기쁨, 만족의 본질과 양육 *Happiness: The Nature and Nurture of Joy and Contentment*》, 뉴욕, 세인트 마틴스 그리핀 출판사, 2000년.

■ 행복에 관한 앙케이트

행복에 관한 대부분의 앙케이트들에서 대다수의 사람들은 '자신의 삶이 대체로 행복하다고' 말하고 있다. 미국에서는 자신이 행복하다, 또는 매우 행복하다고 밝힌 사람들의 수가 66%에 이르렀다.[3] 그렇지만 많은 심리학자들은 이 숫자 앞에서 당황해하고 있으니, 그것은 이 숫자들이 그들의 눈에는 유난히 낙관적인 것으로 보이기 때문이다! 이것을 이해하는 데에는 많은 가능성이 있을 수 있다.

• 우선 이 수치를 사회학자들이 '바람직함의 관점'이라고 부르는 것에 복종하는, 신뢰할 수 없는 것으로 간주하는 것이다. 이것은 사람들이 사회적으로 바람직해 보이는 대답을 더욱 기꺼이 내놓기 때문이다(그렇기 때문에 여론 조사에 따르면 납세고지서를 거짓으로 작성하거나 배우자를 속이고 바람을 피우는 사람은 거의 없다. 하지만……). 그리고 익명의 조사원과 마주했을 때 자신이 행복하다고 말하는 것이 불행하다고 고백하는 것보다 자신을 더 돋보이게 하기 때문이다.

• 또는 문화적인 영향들이 대답들을 교란하기 때문이다. 이를테면 국제적인 연구에서 미국인들이 유럽인들보다 평균적으로 더 행복하고, 북유럽인들이 남유럽인들보다 훨씬 더 행복한 것으로 나타나는 까닭도 여기 있을 것이다. 민족들간의 심리적 차이로도 이 현상을 설명할 수 있을지 모르지만[4] 이것은 투덜거리고 불평하는 것이 자신의

---

3) F. M. 앤드류, S. B. 위티, 《웰빙의 사회적 지표들—미국인들의 삶의 질에 관한 인식 Social Indicators of Well-Being: American's Perceptions of Life Quality》, 뉴욕, 플레넘 출판사, 1976년.

4) P. 스틸, D. S. 월스, 〈개성과 행복—국가 차원의 분석 Personality and happiness: A national-level analysis〉, 《성격과 사회심리학 저널 *Journal of Personality and Social Psychology*》, 2002년, 83: 767-781.

가치를 떨어뜨리는 문화도 있고, 그런 것이 하나의 정체성이고 생활 방식인 문화도 있다는 설명도 가능하다.[5] 거의 모든 세계인들의 부러움을 사는 삶의 질을 누리면서도 투덜대기 잘하는 골족으로서 스스로 기꺼이 불평하기를 즐기는 프랑스인들이 그런 경우라 하겠다. '프랑스에서 하느님처럼 행복하다'라는 독일어 표현이 그것을 상기시킨다. 자 모두 프랑스로 가서 그 말뜻을 알아보자…….

 • 또는 이 숫자들이 하루하루의 감정적 체험보다는 삶에 대한 전반적인 심리적 이해를 더 많이 나타내기 때문이다. 일상 생활에서는 자신과 가까운 사람들에게 불평을 늘어놓지만, 어느 한 시점에 우리에게 행복에 관해 질문하는 낯선 사람들 앞에서 자신의 삶에 관해 생각할 때는 자신의 삶이 그다지 나쁘게 흐르고 있지는 않다고 생각하는 것이다……. 그리고 실제로 행복에 관한 큰 앙케이트들과 여론 조사들은 대개 일상 생활에서의 편안함(감정적 체험)보다는 삶에 대한 만족(심리적 차원)을 더 많이 평가하고 있다.

마지막으로 결론은 무엇인가? 그렇다, 사람들은 앙케이트에서 밝히는 것보다는 약간 덜 행복할지 모른다. 하지만 자신과 가까운 사람들에게 말하는 것보다는 약간 더 행복한 것으로 보인다(특히 기분 나쁜 날)…….

동물원에서의 행복…

여러 가지 관점에서 인간과 가장 가까운 사촌인 침팬지는 우리와 많이 흡사하다(그 반대가 아니라면). 그들은 우리처럼 언어 능력, 도

---

5) **R**. 잉글하트, 《선진 산업 사회에서의 문화 변동 *Culture Shift in Advanced Industrial Society*》, 프린스턴, 프린스턴대학출판부, 1990년.

덕 의식, 그리고 우리가 '논리적 사고'라 부르는 것을 갖추고 있다. 다시 말해 다른 사람이 생각하는 것을 정신적으로 상상할 수 있는 것이다.[6] 따라서 학자들이 정신적 편안함에 대한 그들의 소질을 평가하려고 노력한 것도 놀라운 일이 아니다(감히 나는 행복이란 말은 쓰지 않겠다). 과학자들은 어쨌든 인간들과 마찬가지로 침팬지들 사이에도 큰 차이가 있다는 것을 재빨리 알아차렸다. 어떤 침팬지들은 불평이 많은 반면, 다른 침팬지들은 커다란 삶의 기쁨을 타고난 듯이 보였다. 침팬지들의 인터뷰 절차가 아직 정리되지 않은 이상, 우리는 그들이 사는 동물원과 사육장의 직원들에게 침팬지들의 행복을 평가해 달라고 청하였다.

이것이 그들에게 한 네 개의 질문이다. 이는 학자들에 의해 가장 많이 사용된 질문들 가운데 하나이다.[7]

"하루 중

— 얼마나 많은 시간 동안 침팬지는 행복하고, 만족스럽고, 즐겁거나 긍정적인 기분 속에 있는 것으로 보이는가?

— 침팬지는 얼마나 많은 기분 좋은 교환과 상호 작용에 몰두하나?

— 침팬지는 몇 번이나 자기가 원하는 것을 얻는가(장소, 양식, 물건, 다른 침팬지들과의 의사 소통 등)?

— 만일 당신이 당신의 침팬지들 중 하나가 되어야 한다면 어떤 침팬지가 되고 싶은가? 1번부터 7번까지 각각의 침팬지에게, 당신이 보기에 가장 부러운 생활 방식을 적으시오."

과학도 유머를 배제하지 않는다…….

---

6) F. 드 왈, 《착한 원숭이 *Le Bon Singe*》, 파리, 바야르 출판사, 1997년.

7) A. 웨이스, 〈침팬지에게서 주관적 웰빙은 물려줄 수 있으며 유전학적으로 우월성과 상호 관계를 갖고 있다 Subjective well-being is heritable and genetically correlated with dominance in chimpanzees〉, 《성격과 사회심리학 저널 *Journal of Personality and Social psychology*》, 2002년, 83: 1141-1149.

■ 행복을 평가할 수 있는 두 가지 차원

연구 결과 그 존재가 알려진 두 개의 차원 이야기로 돌아가자. 그것들은 모두 하루하루 우리의 행복을 주관적으로 지각하는 데 유용하다.[8] 그리고 중요한 것은 두 차원의 조화로운 혼합이다.

• 하나는 순수하게 **심리적**인 차원으로 자신의 삶에 대한 만족을 나타내는 주관적 감정이다('내 인생은 내 마음에 들어').*

• 다른 하나는 **감정적** 본질의 것으로 긍정적인 기분의 빈도에 달려 있다('나는 자주 기분이 좋아').

이 두 차원은 자연발생적일 수도 있고, 일체의 자발적인 과정 밖에 존재할 수도 있다. 이것들은 또한 의식적인 노력의 산물로 밝혀질 수도 있다. 다시 말해 우리는 이를테면 불만족스런 **생각**들로부터 멀어지려고 노력함으로써 행복의 심리적 차원을 개선할 수도 있고, 부정적인 **감정들**에 사로잡히지 않으려고 주의함으로써 감정의 차원에서 발전할 수도 있다. 우리는 이 책의 마지막 두 장에서 자신의 행복을 건설하는 것이 우리의 세계관과 관련된 하나의 심리적 과정인 동시에 우리 '마음'의 조정에 관한 일련의 전략들을 전제로 한다는 것을 알게 될 것이다.

---

8) J. P. 롤랑, 〈주관적 행복. 문제 점검Le bien-être subjectif. Revue de questions〉, 《심리학적 실천 *Pratique psychologique*》, 2000년 1월.

* 이 책 332쪽에서 삶에 대한 이러한 전반적인 만족을 평가할 수 있는 질문들을 발견할 수 있을 것이다.

높은 곳의 행복, 낮은 곳의 행복?

1980년 나는 정신과 인턴이었고, 응급실에서 처음으로 당직을 서고 있었다. 오래지 않아 나는 그곳에 들어오는 이유들의 대부분이 우리가 전문 용어로 'TS'라 부르는 것, 즉 자살 시도라는 것을 알게 되었다. 그리고 미리 쓰여진 시나리오처럼 항상 거의 똑같은 장면이 전개된다는 것도. 자살을 시도한 사람이 실려온 직후 가족이나 친지가 도착한다. 그리고 매번 같은 질문을 한다. 왜죠? 그런 다음엔 같은 초현실주의적인 공정 증명. "그(녀)는 행복할 수 있는 모든 조건을 갖추고 있었어요." 그 또는 그녀는 적어도 주위 사람들의 눈에는 모든 걸 갖춘 사람으로 보였다. 그렇지만 행복은 기약돼 있지 않았다.

우리는 우리의 욕구를 만족시킨다고 반드시 행복해지지는 않는다는 것을 알았다. 우리는 또 행복과 편안함을 촉진할 수 있는 모든 것, 다시 말해 돈·배우자·아이들·일 등이 스트레스도 촉진할 수 있다는 것을 알았다. 행복의 이 모든 '원천들'이 사실은 흔히 필요하기는 하지만 이것만으로는 결코 충분치 않은, 행복의 전제 **조건**에 불과하다는 것이 밝혀졌다. 이것들은 **제안**들로서 어떤 주춧돌을 놓음으로써 행복에 접근하는 것을 용이하게 해줄 수는 있지만, 행복을 만들어 내거나 보장하지는 못한다. 그렇다면 무엇이 부족한 것일까?

■ 행복의 엘리베이터

우리는 행복과 그것의 외적 조건들의 관계를 두 개의 시선으로 바라볼 수 있다.[9]

• 바텀-업(bottom-up; 바닥에서 꼭대기로, 아래에서 위로)이라 불리는 첫번째 시선은 행복은 '아래에서 나온다'고 암시한다. 즉 행복은 그것의 돌발을 조장하는 조건들, 즉 돈·건강·친구 등의 축적에서 발생하며, 그렇게 함으로써 행복을 느낄 수 있는 확률도 늘어난다고 본다. 이런 구체적인 기반이 없으면 행복도 가능하지 않다고 보는 것이다……*

• 탑-다운(top-down; 위에서 아래로)이라 불리는 두번째 시선은 행복은 '위로부터 출발하며' 우리에게 정신적인 여유가 있어 우리에게 닥친 일이나 우리가 갖고 있는 것을 기뻐할 수 있을 때에만 비로소 행복이 존재한다는 것을 가정한다. 이런 정신적 여유가 없다면 행복은 가능하지 않다고 보는 것이다…….

우리는 앞장에서 행복의 외적 조건들, 행복의 발판에 해당하는 이 '인생의 여러 가지 것들'에 대해 폭넓게 다루었다. 우리는 또한 그것들의 한계도 언급했다. 돈이 행복에 아주 조금 보탬이 될 수는 있지만 그럼에도 불구하고 가장 부유한 미국인의 37%는 정신적 편안함이라는 면에서 국민의 평균 수준 이하인 것으로 나타났다.[10] 부부 생활이 행복을 증가시켜 줄 수 있음에도 불구하고 대부분의 서방 국가들에서 거의 두 쌍 중 한 쌍의 부부가 이혼에 이르고 있다. 그리고 사정은 앞으로도 별로 달라질 것 같지 않다…….

---

9) B. 헤디, 〈주관적 웰빙의 탑-다운 대 바텀-업 이론 Top-down versus bottom-up theories of subjective well-being〉, 《사회 지표 연구 Social Indicators Research》, 1991년, 24: 81-100.

10) E. 다이너, E. 서, 〈삶의 질 평가하기—경제, 사회, 주관적 지표들 Mearsuring quality of life: economic, social and subjective indicators〉, 《사회 지표 연구 Social In-dicators Research》, 1997년, 40: 189-216.

* 이 책 334쪽에서 행복을 조장할 수 있는 일상의 구체적인 조건들에 할애된 질문들을 발견할 수 있을 것이다.

지금부터는 행복의 심리적 조건들, 따라서 주관적인 조건들에 대해 좀더 길게 말해 보자.

우선 탑-다운부터.

■ 행복의 몇 가지 심리적 조건

스탕달은 이렇게 썼다. "나는 행복을 추구하는 습관적인 방식을 한 사람의 성격이라 부른다."[11] 물론 행복의 실천에 관한 심리적 차원의 연구들은 수없이 많았다. 독자는 이 책의 마지막 두 장에서 이에 관한 주된 교훈들을 발견할 수 있을 것이다. 하지만 이론적인 관점에서 우리는 무엇을 취할 수 있을까?

특히 우리는 행복을 일련의 심리적 · 행동적 적성으로 분해할 수 있다.[12]

자기 수용과 자기 존중

어떤 이들은 자기 자신과 반목하며 살고, 발전하기 위해서, 그리고 무능해지지 않기 위해서라는 구실로 끊임없이 자신을 비판하고 깎아 내린다. 최소한의 자기 존중이 없다면 행복하다고 자부하기 힘들 것이다.[13] 그런데 우리가 펴낸 책들 중 한 권이 상기시켰듯이[14] 적절한 자

---

11) G. 라노, 〈스탕달—행복 사냥 Stendhal—la chasse du bonheur〉, 《마가진 리테레르 *Magazine littéraire*》, 2000년, 389호, 49-52쪽.

12) C. D. 리프, 〈행복은 모든 것인가, 그것인가? 심리적 웰빙의 의미 탐구 Happiness is everything, or is it? Explorations of the meaning of psychological well-being〉, 《성격과 사회 심리학 저널 *Journla of Personality and Social Psychology*》, 1989년, 57: 1069-1081.

기 존중은 '무결점' 이라는 신조와는 아무런 관계가 없다. 이것은 물론 자신의 자질에 대한 자각을 토대로 하고 있지만, 또한 자신의 한계와 결점의 수용도 바탕으로 하고 있다(그렇다고 해서 그것들을 승인하는 것은 아니며, 변화시키고자 하는 욕망을 배제하는 것도 아니다). 적절한 자기 존중을 위한 계획은 겉보기에는 간단하다. 그것은 자기 자신과 사이좋게 지내는 것, 다시 말해 불완전함을 받아들이고 배우려고 시도하는 것(왜냐하면 포기하면 아무것도 얻을 수 없기 때문이다), 자신의 잘못을 가지고 자기를 벌하지 않고 다만 거기서 교훈을 이끌어 내는 것, 자신에게 실패할 권리를 주는 것 등이다.

적절한 자기 존중은 '자기 안의 비평가,' 우리가 우리 자신에게 던질 수 있는 이 해로운 목소리를 입 다물게 하는 것을 전제로 한다. 당신은 실패하거나 난관에 봉착한 친구에게 무슨 말을 하겠는가? 그가 무능하다고, 절대 성공하지 못할 거라고, 포기하는 편이 나을 거라고, 더 이상은 절대 시도하지 말라고 말하겠는가? 물론 그렇지 않다. 왜냐하면 그것은 부당하고 효과 없는 일이기 때문이다. 하지만 흔히 어려움을 겪고 있는 많은 사람들이 자기 자신에게는 그렇게 말한다.

행복을 자주 느끼려면 **자기 자신과 의좋게 살려고** 노력해야 한다. 자신을 사랑하면 할수록 자신의 가장 좋은 친구가 되어야 한다. 자신을 존중하고 자신을 격려하고 자기 자신에게 관대함과 요구를 동시에 드러내야 한다.

---

13) E. 다이너, M. 다이너, 〈삶의 만족과 자기 존중에 관한 다른 문화간의 상호 관계 Cross-cultural correlates of life satisfaction and self-esteem〉, 《성격과 사회심리학 저널 Journal of Personality and Social Psychology》, 1995년, 5687: 653-663.
14) C. 앙드레, F. 플로르, 《자기 평가 L'Estime de soi》, 오딜 자콥 출판사, 1999년.

타인과의 긍정적 관계

우리는 특히 앞장에서 행복과 편안함 안에서 '사회적 지지'의 중요
성에 대해 이미 많이 언급했다. 여기서는 이 사회적 지지의 바탕이
되는 가족과 친구들 간의 유대의 망을 건설하고 유지하는 일의 중요
성을 간단히 언급하고 넘어가겠다. 많은 사람들이 남들이 자신에게
다가오기를 기다리는 것으로(나아가 요구하는 것으로) 만족하고, 호감
이나 관심의 증거를 기다리고, 타인의 애정이나 애정의 상실을 나타
내는 것으로 여겨지는 세부 사항들을 기재한다……. 인간 관계에서 오
는 행복에 이보다 더 비효과적인 짓은 없다.

온갖 형태를 띨 수 있는 사회적 지지의 다양성을 받아들이는 것도
중요해 보인다. 이는 다시 말해 '진정한' 우정을 과대평가하고, 다른
형태의 사회적 유대를 소홀히 할 필요가 없다는 말이다. 우리에게는
이웃 또는 상인들과 날씨를 이야기하는 가장 피상적인 관계들에서부
터 최고의 친구와 함께 세상을 개혁하는 가장 심오한 문제를 논하는
것까지 모든 관계가 필요하다. 이 모든 교환이 크고 작은 행복들을 가
져다 주기(그리고 제공하기) 위한 것이다. 사회적 유대로부터 발생하는
일상의 편안함들의 서열을 매기고자 하는 것은 쓸데없는 짓이다…….

자율성

행복은 종속에 만족하지 않는다. 우리가 개보다는 고양이의 특징에
서 행복을 더 잘 상상할 수 있는 것도 아마 그 때문일 것이다. 자신의
행복을 다른 사람들, 어떤 지위, 물질적인 부에 지나치게 종속되게 만
들다가는 고통과 실망을 겪게 된다. 우리는 이를테면 자식들을 중심

으로 자신의 모든 삶을 건설하다가 그들이 집을 떠날 때 때로 심한 우울증에 빠지는 주부들에게 나타나는 '빈 둥지' 증후군(또는 어머니의 병적인 향수)[15] 또는 휴가 때나 퇴직할 때가 됐을 때 과잉행동증인 사람들이 겪는 심리적인 어려움을 묘사한 바 있다. 경우에 따라 퇴직자들은 그들의 직업적 활동을 취미에 맹렬히 매달리는 것으로 대체할 수 있다. 그런데 만일 그들이 의존한 것이 활동이 아니라 권위였다면 그들은 지위의 상실을 절대 이해하지 못할 것이다…….

따라서 사교성을 잃지 않으면서도 자신의 자율성을 기르는 것이 행복에 유용하다. 한편 우리는 지나치게 의존적이지 않으려고 노력해야 한다는 것도 알게 될 것이다. 어디에? 행복 자체에!

자신의 환경에 대한 통제감

우리는 통제된 행동(플로우)이 행복의 한 형태라는 것을 알았다. 더 폭넓게 말하면 통제 심리를 대상으로 하는 일련의 연구들이 존재하는데,[16] 이는 즉 일상의 사소한 것들부터 실존적인 중대 선택에 이르기까지 자신의 삶의 전개를 통제할 수 있거나 없는 느낌을 의미한다. 통제감이 높을수록(어떤 사람이 자신에게 일어나는 일이 자신과 자신의 행동에 달렸다고 생각하는 경향이 클수록) 스트레스에 대한 저항력도 강해지고, 감정의 안정성도 커지며, 편안함을 느낄 가능성도 커진다.[17]

---

15) L. 밀레, 〈병적인 모성애적 향수 La nostalgie maternelle pathologique〉, 《의학 심리학 연보 Annales médico-psychologiques》, 1980년, 138: 587-594.

16) N. 뒤부아, 《통제의 심리학 La Psychologie du contrôle》, 그르노블, 그르노블 대학출판부, 1987년.

17) R. 라센, 〈통제하에 있다는 느낌은 일상 생활에서의 행복과 관계가 있을까? Is feeling 'in control' related to happiness in daily life?〉, 《심리학 보고서 Psychological Reports》, 1989년, 64: 775-784.

응용심리학 연구들은 이런 가설들을 구체적으로 확인할 수 있게 해 주었다. 따라서 우리는 다양한 작은 조처들을 통해 노인들 또는 장애인들의 일상 생활에서의 통제감을 증가시킴으로써(메뉴, 일정의 선택, 이동의 편의 등) 그들의 편안함을 상당히 높일 수 있다.[18]

이러한 현상은 보다 폭넓은 의미의 사회 여건들, 이를테면 정치적으로 압박하는 체제에서 산다는 사실과도 관계가 있다. 여러 해 전 베를린이 둘로, 즉 민주주의의 혜택을 입는 한쪽(서독)과 가장 엄격한 체제들 중에 속하는 공산주의 체제를 따르는 한쪽(동독)으로 나뉘어 있을 때, 독일 노동자들의 '신체 언어'에 관한 한 연구가 진행됐다. 이 연구는 동베를린의 노동자들이 훨씬 덜 자주 웃고, 자주 허리를 구부린 상태로 있다는 등의 사실을 증명했다. 이는 당연히 그들이 서독의 동료들에 비해 편안함의 질이 낮지 않은가를 의심하게 만들었다.[19] 내가 알기로 이 연구는 독일 통일 이후로는 다시 행해지지 않았다……

그렇지만 지나침은 행복의 적이다. 이런 통제감은 가능한 선택과 특권이 많아짐으로써 악화될 수 있다. 실제로 최근의 연구들은 어떤 개인들에게는 지나치게 많은 결정권이 주어질 때 편안함이 줄어든다는 것을 증명했다.[20] 모든 선택에 대해 '가능한 최고의 선택'을 추구하는 사람들은 실제로 하나의 '수용할 수 있는 선택'을 목표로 하는 사람들보다 많은 고통을 겪는다. 망설임 · 비교 · 결정에 따르는 스트레스, 그

---

18) J. 로딘, 〈나이 먹음과 건강—통제감의 효과 Aging and health: Effects of the sense of control〉, 《사이언스 *Science*》, 1986년, 233: 1271-1276.

19) G. 웨팅젠, M. E. P. 셀리그만, 〈동베를린 대 서베를린에서의 비관주의와 우울증의 행동 신호 Pessimism and behavioral signs of depression in East versus West Berlin〉, 《사회심리학의 유럽 저널 *European Journal of Social Psychology*》, 1990년, 20: 207-220.

20) B. 슈워츠, 〈최대화 대 만족시키기—행복은 선택의 문제 Maximizing versus satisficing: happiness is a matter of choice〉, 《성격과 사회심리학 저널 *Journal of Personality and Social Psychology*》, 2002년, 83: 1178-1197.

리고 결정하고 난 뒤의 후회는 사실 그들의 운명이다. 철학자 키에르케고르는 '(극도의) 불안은 자유의 현기증' [21]이라고 주장했다. 우리의 일상 생활에 관한 어떤 진부한 관찰이 이러한 견해를 확인시켜 주고 있다…….

> "나는 이제 남편과는 장을 보지 않을 거예요. 우리는 완전히 상반되는 태도를 갖고 있고, 그래서 상대방에게 신경질을 내죠. 남편은 선택해야 한다는 생각, 특히 좋은 선택을 하지 못할 수 있다는 위험에 너무나 불안해해요. 그는 관찰하고 음미하고 비교하고 망설이고 선택하고 제품을 제자리에 놓고 다른 것을 집는 일로 몇 시간씩 보낼 수 있는 사람이에요. 한참 뒤에도 그는 자기가 산 것이 가능한 최선의 선택이었는지를 계속 자문하고 있어요. 그에게는 모든 형태의 장보기가 걱정거리이고, 그도 자신에게 '장보기공포증'이 있다고 말해요. 나로 말하면 정반대죠. 나는 직감으로 즉시 선택하죠. 왜냐하면 나는 모두 별 차이 없으며, 완전히 적합하지 않거나 질이 나쁜 것만 피하면 된다고 생각하거든요. 그리고 내 생각에 내가 남편보다 더 자주 실수하는 것 같지는 않아요……."

우리의 소비 사회에 의해 제공된 과다한 제품들이 우리들 중 어떤 이들의 행복에 해를 끼칠 수 있을까? 우리는 중세 철학자 뷔리당의 당나귀의 우화를 알고 있다. 같은 거리에 물 한 통과 건초 한 단을 둔 당나귀가 어느쪽부터 먹기 시작할지를 결정하지 못하여 결국은 굶어(스

---

21) S. 키에르케고르, 《불안 개념 *Le Concept de l'angoisse*》, 파리, 갈리마르 출판사, 1977년.

트레스 때문도 있을 것이다) 죽고 말았다는 이야기 말이다……. 이 또
한 상업적 행복의 과잉을 경계해야 하는 좋은 이유가 아닐까?

인생의 목표들

우리는 이 장에서 우리들 각자가 정한 인생의 (물질적 · 정신적 · 심
리적) 목표와 이상의 역할과 그것들이 우리의 행복감에 끼친 증명된
영향에 대해 좀더 많이 이야기해 볼 것이다.[22]

이상은 발동기 또는 포탄이 될 수 있다. 많은 연구들이 인생의 목표
들에 적용된 완벽주의 개념에 관심을 가졌는데,[23] 그 결과 추구하는
목표가 지나치게 높은 요구들은 당사자들(그리고 식욕부진, 병적 기아
증 같은 정신병리학적 소양이 있는 사람들)의 편안함에 철저히 해로운
것으로 나타나는 것이 확인되었다.

대부분의 연구들은 또한 이런 인생 계획들을 관리하는 효과적인 방
법과 덜 효과적인 방법이 존재한다는 것을 증명했다. 수백 명의 독일
과 미국의 대학생들을 대상으로 실시된 최근의 어떤 미래 조망적인
연구는 앞으로 다가올 2년간의 시험의 성공에서 성공에 대한 이미지
와 환각(우리는 이를 '공상'이라 부르겠다)에 비해, 긍정적이고 구체적
인 예상과 사고(우리는 이를 '낙관적 사고'라 부르겠다)가 어떤 이득을
가져올 수 있는지를 평가했다. 특히 낙관적 사고에 의지하는 학생들

---

22) K. M. 셸던, L. 하우저-마르코, 〈자기 조화, 목표 달성, 행복 추구―거기에
위를 향한 나선이 있을까? Self-concordance, goal attainment and the pursuit of
happiness: Can there be an upward spiral?〉, 《성격과 사회심리학 저널 *Journal of
Personality and Social Psychology*》, 2001년, 80: 152-165.
23) R. 샤프란, 〈임상의 완벽주의―인지행동적 분석 Clinical perfectionism: A
cognitive-behavioral analysis〉, 《행동 연구와 치료 *Behaviour Research and
Therapy*》, 2002년, 40: 773-791.

이 환각(비록 긍정적 환각이라 해도)에 빠지는 학생들보다 성공률이 높았다. 그리고 환각에 빠지는 학생들은 훨씬 큰 실패율을 맛보았다.[24] 상상의 세계에서조차 계획들은 현실적이고 행동으로 변화되는 편이 이로운 것이다. 성공을 꿈꾸는 것은 어떤 면에서도 성공을 용이하게 해주지 못하며, 심지어는 성공의 돌발 가능성도 감소시킬 수 있는 것으로 보인다. 행복에 관해서도 사정은 거의 마찬가지일 것으로 생각된다. 다시 말해 행복의 돌발을 조장하기 위해 구체적으로 아무것도 하지 않으면서 꿈만 꾸는 것은 쓸데없는 짓인 것이다……

개인적 발전

마지막으로 우리의 행복은 삶의 체험에 따라 우리가 정신적·감정적으로 풍부해지는 것을 알 수 있는 느낌과 관련이 있다. 흐르는 시간은 우리를 씁쓸하게, 환멸을 느끼게 만드는 것이 아니라 우리가 점점 인간적으로 더 풍부해지고 있다는 확신을 안겨줄 수 있다. 개인적 발전은 그것을 의미한다. "항상 삶에서 배우죠." 내 환자들 중 한 여성은 그렇게 말하곤 했다.

육체적 편안함(의학과 위생의 발전으로 가능해진)에 대한 갈망 이후, 우리는 지금 그에 필적할 만한 수준의 정신적인 편안함을 갈망하고 있다(대중매체에 실린 수많은 기사와 방송들이 이를 증언하고 있다). 따라서 개인적 발전의 전략들은 우리 서구 문화에서 매우 커다란 인기를 누리고 있다.[25] 개인적 발전이라는 명칭은 한편으로는 한 개인의 심

---

24) G. 웨팅젠, D. 메이어, 〈미래에 관한 생각의 동기유발 기능—기대 대 환상 The motivating function of thinking about the future: Expectation versus fantasies〉, 《성격과 사회심리학 저널 *Journal of Personality and Social Psychology*》, 2002년, 83: 1198-1212.

리적·행동적 능력을 증대시키고(영어권에서 **임파워먼트**, 글자 그대로 '힘의 증대'라 부르는 것), 한편으로는 자신과 세상을 이해하고 수용할 수 있는 그의 시선과 능력을 확장시키기(**마인드풀니스**, '충만한 의식') 위해 마련된 과정 전체를 가리키는 것이다.

개인적 발전 과정들은 오랫동안 심리치료에서 푸대접을 받아왔다. 하지만 이것들, 즉 개인적 발전과 심리치료는 목표가 같지 않다.

치료는 정신 건강 영역에 속하며, 고통받는 사람을 보살피는 도구이다. 개인적 발전 과정들은 '정상적인'(혹은 자신이 정상이라고 느끼는) 사람과 관계된 것으로 그의 인격의 다양한 측면들을 풍부하게 하거나 깊이 있게 하는 것을 목표로 한다. 실제로 둘의 경계는 표면적인 것에 불과하다. 개인적 발전의 전략들은 과거에 우울증을 앓았던 사람들에게서 병이 재발하는 것을 예방하는 데 도움을 줄 수 있다. 이는 치료에서 나온 기술들——자기 주장 같은 것——이 개인적 발전에 유용할 수 있는 것과 마찬가지이다.

현재 개인적 발전 전략들에 영향을 끼치는 주요 단점들은 그것들의 효과에 관한 유효한 학문적 연구의 부족, 그리고 새로운 추종자들을 끌어모으기 위해 최근 학파들이 그것들을 사용한다는 사실이다.

하지만 점점 더 많은 숫자의 연구들이 이 유망 분야에 할애되고 있다.[26] 개인적 발전(자신의 심리적 원천을 가장 잘 활용한 것, 자기 수용)이라는 개념을 편안함의 정의에 통합시키는 것이 바람직해 보인다. 정지 상태의 편안함(안락함)에서 역동적인 편안함(성장)으로 옮아가는 것이 지각된 행복감을 증대시켜 준다.[27]

---

25) M. 라크루아, 《개인의 발전 *Le Développement personnel*》, 파리, 플라마리옹, 2000.

26) C. R. 스나이더, S. J. 로페스, 《긍정적 심리 안내서 *Handbook of Positive Psychology*》, 옥스퍼드, 옥스퍼드대학출판부, 2002년.

치료와 개인적 발전의 몇 가지 차이점

치 료	개인적 발전
개인의 안정을 회복하는 것을 목표로 한다.	개인의 안정을 증대시키는 것을 목표로 한다.
'잘 되지 않는' 것을 고친다.	새 방법을 배운다.
확실한 증상들에 집중하는 편.	전체적인 인격에 관심을 기울이는 편.

행복의 조건들

정신적 조건들

↓

행 복

↑

물질적 조건들

■ 그렇다면 탑-다운인가, 바텀-업인가?

그렇다면 이 두 개의 물질적 또는 정신적 개념들 가운데 어느것을 가장 중시해야 할까?

정치적으로 옳은 대답은 행복은 물질적 조건들에 종속되어서는 안 된다는 것이다. 그렇지만 자신의 물질적·육체적·사회적 조건을 무시할 수 있는 예외적인 재능을 가진 사람을 제외하곤 행복은 물질적 조건에도 일부분은 종속된다고 보는 것이 학자들의 확신이다. 따라서 논리적인 결론은 두 모델이 행복의 추구와 획득에서 가장 많이 문제된다는 것이다. 행복의 초석은 물질이지만 이 초석도 정신적인 감수

---

27) C. L. M. 켄이스, 〈행복을 최대한 활용하기―두 가지 전통의 경험적 만남 Optimizing well-being: The empirical encounter of two traditions〉, 《성격과 사회심리학 저널 *Journal of Personality and Social Psychology*》, 2002년, 82: 1007-1022.

성이 없다면 쓸모가 없다.

상상력이 부족한 가수들, 소설가들, 또는 시인들이 애용하는 그 유명한 '행복의 집'을 건설하기 위해서는 단단한 벽돌(아기돼지 삼형제의 유명한 이야기가 이것을 증명한다)과 넓은 대문(행복이 갇혀 있는 것을 피하기 위해)이 필요하다.

하지만 행복의 주체를 전적으로 심리학적으로 보는 관점에 조심하라. 우리가 기대고 있는 연구와 관찰들의 대부분은 물질적인 측면에서 특권을 누리는 나라들(유럽과 미국의 민주주의 국가들)에 관계된 것이다. 어쩌면 그것이 행복의 분야에서 서구인들이 보기에 정신적 요소들도 마찬가지로 중요하다고 보는 이유들 중 하나일지 모른다. 왜냐하면 우리들 중 대다수는 대단히 운이 좋게도 생존의 문제를 해결했고, 그래서 삶의 질에 관한 문제를 우리 자신에게 제기할 수 있기 때문이다. 행복의 심리적·주관적 요인들은 흔히 독재와 압제가 점점 더 맹위를 떨치는 매우 가난한 나라들에서는 아마 그 영향력이 덜할 것이다.

행복으로 가는 네 갈래 길

마틸드

"나의 세 아이들이 각자 행복과 갖는 관계는 서로 무척이나 달라요. 큰아들은 외향적이고 보기에는 명랑한 편이지만 보기보다는 상황이 복잡해요. 큰애는 유물론의 선두자예요. 그 애는 좋은 물건은 가장 먼저 손에 넣고 싶어하고, 말이나 감정에 만족하지 않고 모든 것의 증거를 원하죠. 그 애는 **사랑받기**보다는 **선호되기**를 원해요. 그 애는 다국적 대기업의 마케팅 이사가 됐죠. 큰애의 행복은 갖고 소유하고 건설하는 거예요.

둘째아들은 그보다는 신중하고 감정적으로도 더 안정돼 있고 정신적으로도 아마 더 강할 거예요. 하지만 그 애는 더 과묵해서 세 아들 중에서 가장 드러나지 않는 편이죠. 어렸을 때 다른 형제들은 둘째를 '만들기를 광적으로 좋아하는 아이'로 불렀죠. 그 애는 쌓기놀이, 모형만들기, 전자기계들 속에 파묻혀 몇 시간씩 보내곤 했거든요. 그 애는 아마 집에 있는 거의 모든 가전제품들을 분해했을 거예요. 지금 그 애는 엔지니어가 됐어요. 둘째의 행복은 만드는 거예요.

셋째아들은 가장 복잡해요. 그 애는 아마도 자기 자신이 되는 데 많은 고통을 겪었을 거예요. 왜냐하면 그 애는 동성연애자이기 때문이죠. 그렇기 때문에 그 애의 애정 생활은 좀더 복잡한 모양으로 구축됐죠. 하지만 그건 그 애가 기준을 매우 높게 잡았기 때문이기도 해요. 그 애는 집안의 지성인이에요. 다른 두 형제들이 그의 '두통'을 두고 놀리면 그 애는 흔히 이렇게 대꾸하곤 했죠. "재 브주앵 데상스 에 드 상스(나는 본질과 감각이 필요해)." 셋째는 심리학을 공부했죠. 셋째의 행복은 자신을 건설하는 것, 존재하는 것이에요. 소유하고, 만들고, 존재하고. 각자 자기 길을 가고 있죠……."

■ '한 가지 크기'의 행복은 없다

물론 다양한 양식의 행복이 존재한다. 행동이나 뒤로 물러섬 안에서 더 쉽게 느껴지는 행복, 외적 사건들이나 내적 상태와 관련된 행복, 유대 안에서 또는 고독 속에서 느끼는 행복 등등. 그런데 우리가 행복에 대한 질문을 던지면 사람들은 무슨 이야기를 할까? 어떤 이들은 커다란 기쁨들을 묘사할 테고, 어떤 이들은 성취감과 만족감을 말할 테

고, 또 어떤 이들은 어떤 활동을 할 때 자신을 망각하는 것을 이야기
할 테고, 또 어떤 이들은 뒤로 물러섬, 초연함을 언급할 것이다…….

이렇듯 행복은 행동·만족·통제·평정*이라는 네 가지 양식으로
서술될 수 있다.[28]

■ 행복의 네 얼굴

	외적 원인들과 관련된 행복, 세상과의 유대에서 오는 행복	내적 원인들과 관련된 행복, 내면화에서 오는 행복
움직임 속에서 느끼는 행복	행동의 행복	통제의 행복
물러섬 속에서 느끼는 행복	만족의 행복	평정의 행복

행동의 행복

리오넬

"내가 가진 행복에 관한 커다란 추억은 대학생 때 학교 친구들 여러
명과 함께 포도 수확을 하던 거예요. 낮 동안의 고된 일, 함께 식사를
하면서 생기는 우애, 저녁 식사 후 잠들기 전까지의 농담들 속에는 완
벽한 행복에 속하는 뭔가가 들어 있었어요."

---

28) F. 를로르, C. 앙드레, 《감정의 힘 *La Force des émotions*》, 파리, 오딜 자콥 출
판사, 2001년.
  * 이 책 340쪽에서 이 네 가지 행복의 특징 면에서 당신의 위치를 알 수 있게 해
줄 질문들을 발견할 수 있을 것이다.

이 첫번째 유형의 행복은 외적인 사건들에 참가함으로써 느끼는 충만감과 결부돼 있다. 우리가 축제 때, 즉 축제를 준비하거나 축제에 참가해서 즐길 때, 또는 공동으로 어떤 과업을 수행했을 때, 이를테면 친구가 구입한 낡은 집을 수리하거나 친구가 이사하는 것을 도와줄 때 느낄 수 있는 행복이다. 이것은 행동에서 오는 행복이지만 유대와 나눔에서 오는 행복이기도 하다. 이것은 또한 공동 행동을 할 때 가장 많이 느껴지는, 소속감에서 오는 행복이기도 하다. 우리가 무작위로 아무에게나 행복한 순간들에 관해 질문하면(나도 이 책을 준비하면서 그렇게 했다) 가장 많이 듣게 되는 대답들 가운데 하나는 '친구들과 보낸 즐거운 순간'이었다. 그것이 한가로운 순간이었든 힘든 순간이었든 상관없이.

만족과 결과의 행복

실비

"행복이오? 그건 내가 시작한 일을 끝내는 거죠. 더 폭넓게 말하면 내가 시도한 일이 성공하는 것을 보는 것이죠. 일이든 공부든 자식들의 교육이든…… 나는 일을 마쳤을 때, 완수했을 때에만 행복해요. 그럴 땐 스스로에게 그것을 음미하고 여유를 갖는 것을 허락하죠. 그리고 그럴 때 가끔은 행복함을 느껴요."

이 두번째 유형의 행복은 어떤 목표에 도달한 덕분에 느끼는 여유와 만족, 이를테면 소유(물질적인 부)나 지위(직업적·사회적)와 결부돼 있다. 임무를 훌륭하게 수행한 한 해의 성과나 어떤 성공들을 평가할 때 느낄 수 있는 행복이다. 이것은 유물론자의 행복이 아니다. 이것은 다른 사람이 행복해지도록 도와주었을 때의 느낌에서 올 수도 있다. 이

를테면 이것은 우리가 자식들이 노는 것을 보거나, 우리가 준비한 파
티에서 친구들이 즐거운 시간을 보내는 것을 볼 때 느끼는 행복이다.
앞의 유형과 마찬가지로 이것은 세상과의 유대에서 오는 행복이지만
행동이 아닌 물러섬에서 느끼는 좀더 정신화된 행복이다.

통제의 행복

로이크

"내게 행복은 요트를 타고 항해하는 것이죠. 그건 말로 표현할 수 없
는 어떤 거예요. 물론 바다 풍경, 바람 소리, 해안이나 수평선의 아름
다움도 있지만 특히 배와 한 몸이 될 때, 돛을 정확히 조종했을 때, 이
상적인 진로에 가장 가깝게 다가갈 때 그런 느낌이 들어요. 그럴 때 나
는 돛을 가득 채우는 바람의 윙윙거리는 소리, 파도를 때리는 이물의
둔탁한 소리를 들으면서 이보다 더 만족할 수 없다는 느낌이 들어요.
그게 행복이죠."

이 세번째 유형의 행복이 바로 우리가 앞장에서 말한 **플로우**의 상태
이다. 이것은 어떤 행동, 특히 내면화에서 오는 행복이요, 자기 자신과
자신의 느낌에 집중된 행복이다. 책을 읽는 것, 음악을 듣는 것, 운동
을 하는 것, 뭔가를 만드는 것, 심지어 일하는 것까지 우리가 뛰어나게
잘하는 모든 활동이 이 확실한 행복에 접근할 수 있게 해준다.

평정의 행복

도미니크

"나는 아무것도 하지 않을 때, 남들이 내게 아무것도 요구하지 않을

때, 아무 일도 일어나지 않을 때 가장 쉽게 행복을 느낄 수 있어요. 그렇기 때문에 가끔씩 나는 갑자기 행복감을 느껴요. 지는 해, 또는 모든 사람이 아직 자고 있을 때 여명을 바라보면서도 행복감을 느낄 수 있어요. 음악을 들을 때도 느낄 수 있는데, 그건 반드시 대단한 음악일 필요는 없고 사소한 것을 다룬 짧은 유행가도 나를 무중력 상태에 빠뜨릴 수 있죠……. 이것은 민감성, 휴식, 세상의 흐름과의 거리 문제예요. 세상에 의해 흡수되지 않고 세상을 살짝 비켜나 있을 때 나는 행복감을 느끼죠."

이 네번째 유형의 행복은 우리를 둘러싼 세상과 어떤 거리를 두고 뒤로 물러서는 것과 결부돼 있다. 이것은 주변에 대한 상대적인 초연함을 전제로 하며, 무관심과는 다르다. 언젠가 어떤 환자는 그것을 이렇게 묘사했다. "그것은 자신이 살아 있음을 느끼고 삶에 만족하는, 하지만 죽음을 두려워하지 않는 행복의 형태죠……." 이것 역시 가장 작은 것에서 행복을 느끼는 순간, 유대보다는 내면화에서 오는 행복이다.

탈선과 표류

여러 가지 좋은 것들을 남용하거나 한 가지만을 실천해서는 안 된다……. 어떤 한계를 넘어서까지 추진될 경우, 특히 집중적·단독적으로 실천될 경우 이 네 가지 행복의 이익은 그것들 자체 안에 표류 가능성을 내포하고 있다.

• 행동에 주로 근거하는 행복은 어떤 피상성·외향성의 쾌락과 자극들에 대한 뚜렷한 의존, 자신의 존재감을 느끼기 위해 타인에게 의존하는 행위로 이끌 수도 있다.

• 집중된 목표의 달성을 바탕으로 하는 만족의 행복은 유물론을 이

끌어낼 수도 있고(목표에 도달했을 경우), 불만을 유도할 수도 있다(목표에 도달하지 못했을 경우).

• 어떤 강도 높은 활동으로부터 개인이 얻는 이익에 집중된 통제의 행복은 최선의 경우 적극적 행동주의, 일 또는 행동에의 종속에 이를 수 있고 최악의 경우 이기주의에 빠질 수 있다.

• 마지막으로 평정의 행복은 어떤 형태의 수동성, 숙명론, 인생의 필요한 투쟁으로부터의 이탈을 낳을 수 있다.

네 가지 행복 외에는 아무것도 없다

우리가 살면서 느끼는 행복은 이 네 가지 유형의 행복의 혼합 또는 교체로 구성되는 만큼 더욱 깊어질 것이다. 그것들을 확인하고 실천하고 맛보는 것은 행복을 느낄 수 있는 우리의 능력을 강화시켜 준다.

행복이 상대적인 불안정과 지속적인 움직임 속에 있다고 생각한 몽테스키외는 이렇게 썼다. "우리는 우리 자신을 지속적으로 계승하고 있다." 행복에 접근하는 다양한 방법들을 교체하고 교대하다 보면 아마도 행복의 빈도가 올라갈 것이다. 따라서 영양 섭취와 마찬가지로 행복의 분야에서도 변화와 배합이 필요하다.

행복과 인생의 의미

미국의 사회심리학자들은 행복에 관한 광범위한 조사를 할 때 사람들로 하여금 행복에 관해 말하게 한다는 것이 무척 어렵다는 것을 알았다. 이 주제에 관해 집단에게 물으면 그들은 농담하고 평범한 말들을 늘어놓거나 그들의 감정을 진부한 것으로 만드는 경향을 보였다. 일 대 일로 질문을 하면 그들은 좀더 진지한 태도를 보였지만, 그래도 여전히 별로 생산적이지는 못했다. 빈약한 결과에 화가 난 학자들은 사람들의 성생활에 관해 인터뷰하는 편이 훨씬 쉬웠을 것 같다는 결론을 내리고 있다…….[29]

행복에 관해 말하게 하는 데 따르는 이 어려움은 사실 그것이 언뜻 보기보다는 훨씬 더 사적인 주제라는 데 기인한다. 행복은 항상 한 개인의 역사와 결부돼 있고, 그에 관해 말한다는 것은 자신을 드러내는 것, 비판적인 판단 또는 심지어 웃음거리가 될 위험까지 무릅쓰는 것을 의미한다. 행복은 또 매우 개인적이고 복잡한 가치 체계와 결부돼 있고 존재의 의미, 자신의 이상에 도달했느냐 못했느냐, 개인의 능력과 소질 같은 중요한 문제들에 관한 생각을 내포하고 있다. 행복이란 주제가 많은 사람들을 불편하게 만드는 까닭이 여기 있다…….

■ 생물학, 심리학, 사회학: 행복의 세 주춧돌

최근 정신병학에서는 인간심리의 발현을 연구하기 위해 '생물심리사회학적 모델' 이라 부르는 것을 많이 활용하는 추세이다. 따라서 우울증 같은 심리적 장애의 돌발을 설명하려면 생물학적 자료(유전적 소질과 신경전달물질의 교란), 심리학적 자료(우울증 환자의 사적인 삶의 궤도), 사회학적 자료(그가 사는 시대와 문화의 사회적 압력)에 도움을 청해야 한다.

행복도 마찬가지로 '생물심리사회학적 모델' 이라는 전세계적으로

---

29) J. L. 프리드만, 《행복한 사람들 *Happy People*》, 뉴욕, 하커트 출판사, 1978년.

유행하는 학문의 혼합 과정을 거쳤고, 그 결과 학자들은 행복을 다음과 같은 세 차원에 근거하는 복잡하고 서열이 뚜렷한 하나의 총체로 개념화할 것을 제안했다.[30]

• 기본적 차원은 생물학으로, 이는 근본적 욕망의 만족을 바탕으로 한다. 행복은 무엇보다도 정도의 차이는 있지만 필수적인 욕구들(영양, 따뜻함, 애정, 안전, 성욕 등)의 만족을 토대로 한다. 일단 이 기본적 욕구들이 충족된 뒤에도 여전히 이 차원을 통해서만 행복을 추구하려고 하는 사람은 쾌락주의자로 규정될 수 있을 것이다.

• 두번째는 심리학적 차원으로 자아 실현의 욕구에 복종한다. 최소한의 자기 존중 없이는 행복하다고 느끼기 어려운데, 정신요법을 사용하는 의사들은 이러한 차원의 성격이 행복에 접근하는 데 중요하다는 것을 확인하기 좋은 위치에 있다.[31] 하지만 이러한 차원을 통해서만 행복을 추구하는 주체는 개인주의자로 규정될 수 있을 것이며, 그것은 정당한 견해이다.

• 세번째는 사회학적 차원으로 타인에 대한 관심과 미덕의 실천에 해당한다. 볼테르의 애인이었던 뒤 샤틀레 부인은 그의 저서 《행복론》[32]에서 미덕을 '사회의 행복에 기여하는 것'이라 정의했다. 우리는 행복과 이타주의 간의 관계가 수많은 입장 선택의 목표라는 것을 알게 될 것이다. 이 차원의 영향을 많이 받은 주체는 시민으로 규정될 수 있을 것이며, 성인이나 애국자가 그 표본이다.

---

30) J. R. 아브릴, T. A. 모어, 〈행복 Happiness〉, M. 루이스, J. M. 하빌랜드, 《감정들의 안내서 *Handbook of Emotions*》에서, 뉴욕, 길포드 출판사, 1993년, 617-629쪽.
31) K. M. 셸던, 〈납득할 수 있는 사건들에서 만족스러운 것은 무엇인가? 10개의 심리적 결핍 후보들을 시험하기 What is satisfying about satisfying events? Testing 10 candidate psychological needs〉, 《성격과 사회심리학 저널 *Journal of Personality and Social Psychology*》, 2001년, 80: 325-339.
32) 마담 뒤 샤틀레, 《행복론 *Discours sur le bonheur*》, 파리, 파요 출판사, 1997년.

충만한 행복은 이 세 차원, 즉 생물학적·심리학적·사회학적 만족의 활성화를 요구한다. 그것도 가능한 최대 수준으로. 이 차원들 중 어느 한 가지가 다른 것들을 희생시키고 우세할 경우 쾌락(자신의 욕망을 충족시키는 쾌락주의자), 성공(자신의 목적을 달성하는 개인주의자), 위대함(자신의 신념에 따라 행동하는 시민)을 가져다 줄 수는 있지만 그것이 항상 행복을 가져다 주는 것은 아니다.

이 차원들 가운데 하나를 지나치게 추구하는 것은 다른 두 차원을 불안하게 만드는 행위이다. 위대함의 경우는 행복의 이론가들에게 가장 관심을 불러일으키는 경우인데, 그것은 삶의 몇몇 이상들과 행복 추구 간의 모순이라는 두려운 문제를 제기하기 때문이다. 나폴레옹의 미움을 사 국외로 추방된 스타엘 부인은 "영광은 행복의 빛나는 죽음이다"라고 썼다. 영광을 추구하는 것은 아니지만 많은 정치적 투사들, 대의명분에 참여한 사람들, 독재와 맞서 싸우는 애국자들은 반드시 행복의 길과 마주치는 것은 아닌, 나아가 그들을 행복으로부터 멀어지게 할 수도 있는 어떤 길을 감으로써 자신의 삶에 어떤 의미를 부여하는 선택을 한다……. 생텍쥐페리의 이런 문구는 거기서 나온 것이다. "인간은 자신의 행복을 추구하는 것이 아니라 자기 자신의 밀도를 추구한다." ('자기 자신의 진실'이라는 말로도 바꿀 수 있을 것이다…….)

자신의 삶에 어떤 의미를 부여하는 것만으로는 행복에 도달하는 데 충분치 않지만, 반대로 자신의 인생에 의미를 부여하지 않는 것은 행복을 열망하는 것을 방해한다. 고대 그리스인들이 행복한 삶보다 '올바른 삶'에 부여한 특권은 사사로운 이익이 공익과 양립할 수 있다는 염려의 증거였다. 그래서 그들은 살아 있을 때 자신을 행복하다고 간주할 수 없었고, 그러한 판단은 후대에 유보했다. "죽기 전에는 아무도 행복한 사람으로 불릴 수 없다." 고대 아테네인들이 가장 위대한 현자로 간주한 솔론은 그렇게 확신했다. 당시에는 행복의 사회적 차원이 으뜸가는 것으로 간주되고 있었다.

삶의 의미와 성공한 삶

"충만한 인생을 살려면 이렇게 해야 한다."	대답의 퍼센티지(두 가지 대답이 가능했다)
다른 사람들을 행복하게 만든다.	44%
삶이 자신에게 베푸는 것에 만족한다.	38%
이상을 갖고 그것을 충실히 따른다.	23%
자연과 조화롭게 지낸다.	18%
자기 자신을 아는 법을 배운다.	18%
물질적인 부를 중시하지 않는다.	15%
자신의 운명을 믿는다.	11%
죽음에 대한 공포를 극복한다.	7%

(이는 2002년 프랑스 여론조사협회가 〈심리학〉 잡지를 위해 1천 명의 개인을 대상으로 실시한 여론 조사에 의거한 것이다.)[33]

■ 시시포스와 행복

만일 우리가 인생에서 추구하려고 노력하는 의미가 하나의 환상으로 드러나면 어떻게 하겠는가? 만일 인생이 의미도 없고 하나의 부조리에 불과하다면? 그렇다면 행복이라는 개념 자체를 포기해야 할까? 반드시 그렇지만은 아니다. 이것은 특히 알베르 카뮈의 입장이기도 하다. 그는 1957년 노벨문학상 수상작인 그의 저서 《시시포스의 신화》[34]

---

33) 《심리학 매거진 *Psychologies Magazine*》, 213호, 2002년, 98–102쪽.
34) A. 카뮈, 《시시포스의 신화 *Le Mythe de Sisyphe*》, 파리, 갈리마르, 1942년.

에서 부조리와 희망에 관한 하나의 견해를 제안하고 있다. 시시포스는 신들에 의해 커다란 바위를 산꼭대기까지 밀어올리는 벌을 받았다. 그러면 바위는 그 무게로 인해 계속 다시 굴러떨어진다. "그때 시시포스는 순식간에 다시 아래 세상으로 굴러떨어지는 돌을 본다. 그러면 다시 그것을 꼭대기에 올려놓아야 한다. 그는 벌판으로 다시 내려온다."

시시포스가 우리의 관심을 끄는 것은 이 회귀의 순간, 이 짧은 휴식 동안이다. 카뮈는 시시포스의 운명의 표면적인 공포를 피할 수 있는 것으로 보았다. "나는 이 남자가 끝을 알지 못하는 고통을 향해 무겁지만 한결같은 걸음걸이로 다시 내려가는 것을 본다. 한번의 호흡 같은 이 시간, 그의 불행만큼이나 확실하게 되돌아오는 이 시간은 그의 자각의 시간이다."

왜냐하면 이 신화가 비극인 것은 신화의 주인공이 깨어 있기 때문이지만, 이 자각은 또한 신화의 의미, 시시포스의 고통스런 삶의 의미를 바꿀 수 있는 것이기도 하기 때문이다. "그도 모든 것이 좋다고 판단한다. 이제 이 주인 없는 세상이 그에게는 메마르고 하찮게 보이지 않는다. 정상을 향한 투쟁 자체만으로도 인간의 마음을 채우기에 족하다. 행복한 시시포스를 상상해야 한다."

카뮈는 부조리한 인간, 모든 것의 무의미를 자각한 인간은 그렇지 않은 사람보다 치열하게 살고 행복을 경험하기에 더 유리할 거라고 보았다.[35] "행복과 부조리는 같은 땅의 두 아들이다. 그것들은 불가분의 관계에 있다. 행복이 반드시 부조리의 발견에서 싹튼다고 말하는 것은 잘못이겠지만, 부조리의 느낌이 행복에서 싹트는 경우도 많은 것이다 ……." 약간의 아스피린이 되었는가?

---

35) P. H. 시몽, 《인간의 증거 *Témoins de l'homme*》, 파리, 파요 출판사, 1968년.

■산을 오르는 사람의 행복관

가톨릭 사상가 테야르 드 샤르댕은 이 문제가 해결될 수 없는 것이어서든(이 세상에 진정한 행복은 없다), 무수히 많은 개별적인 해결책을 갖고 있어서이든(각자 자신만의 비결을 갖고 있다) 행복을 추구하는 것은 헛되다고 말하는 것이 고작인 이 무기력한 합의(이는 행복을 대하는 우리 시대의 특색이다)에 결코 찬성하지 않았다.

테야르 드 샤르댕은 행복에는 고요함의 행복, 기쁨의 행복, 발전의 행복 이렇게 세 가지 형태가 있다고 보았다.[36] 한 유명한 비유에서 그는 인간을 산에 오르기 위해 출발하는 사람들, 그래서 몇 시간 뒤에는 꼭대기에 도착하려면 비탈길을 올라야 하고 그것이 고된 일이라는 것을 알게 된 사람들에 비유했다. 그럴 때 어떤 사람들은 산장으로 돌아가서 쉬거나 배불리 먹는 편을 선호한다(고요함의 행복). 어떤 사람들은 그들이 상당히 높이 올라왔고 경치도 충분히 아름다우니 햇볕을 쬐며 풀밭에 누워 있는 편이 훨씬 더 좋겠다고 평가한다(기쁨의 행복). 그리고 또 어떤 사람들은 그들의 자리는 저 위에 있다고 확신하고 정상에 도달하기 위해 계속 피땀을 흘리기로 하는데(발전의 행복) 저자는 그들에게 명백한 호의를 표하고 있다.

테야르 드 샤르댕에게 이러한 발전과 내적 성장의 행복은 우리가 가장 많이 갈망해야 하는 행복이다. 이제 그것은 세 가지 단계, 세 가지 움직임을 따른다. 첫번째가 자신을 존중하고 발견하는 것으로 이것이 통합과 '집중'이다. 그 다음은 자기로부터 벗어나 타인에게 자신을 개

---

36) P. 테야르 드 샤르댕, 《행복에 관하여 *Sur le bonheur*》, 파리, 쇠유 출판사, 1966년.

방하는 것으로 이것이 결합이고 '탈집중' 이다. 마지막은 우리 인생을 우리의 힘보다 더 큰 어떤 힘에 복종시키는 것으로 이것이 복종이고 '초월자로의 집중' 이다.

비록 오늘날 우리가 도덕적으로 매우 수용의 폭이 넓은 듯이 보이지만 테야르 드 샤르댕의 견해는 당시 교회의 권위자들에 의해 인정받지 못했으며, 그들은 1962년 가톨릭 교직자들을 소환하여 젊은이들이 그의 책으로부터 등을 돌리게 하도록 촉구했다……. 그의 견해는 저자 자신이 '기독교적 휴머니즘' 이라고 명명한 것으로부터 적잖은 영향을 받은 것이었다. 흔히 행복의 길이 신앙의 길을 가로막는 것은 그 때문이다…….

신앙과 행복

"어떤 것을 사랑하고 그것이 존재한다고 믿는 것."[37] 신앙에 대한 이런 정의는 우리의 화제를 위해서도 매우 적절한 것으로 확인된다. 언젠가 내가 한 친구에게 질문을 했더니 그녀는 이렇게 대답했다. "행복이라구? 난 행복을 절대 믿지 않아……." 따라서 그녀와 다른 많은 사람들에게 행복은 하나의 믿음의 문제이며, 그보다는 차라리 편안함에 대해 말하는 편이 나을지 모른다. 그것이 행복이라는 종교를 믿지 않는 사람의 관점일 것이다.

---

37) A. 콩트-스퐁빌, 《철학 사전 *Dictionnaire philosophique*》, 앞에서 언급한 책, 252쪽.

■ 행복을 발견하려면 그것을 믿어야 한다…

곰곰이 생각해 보면 행복의 신비는 결국 신앙의 신비와 상당히 흡사하다. 자 '작은 행복들'을 생각해 보라. 이에 대해선 마지막장에서 다시 좀더 오래 다룰 것이다. 행복이 누군가에게 뜻하지 않게 나타나는 그 순간들이 때로는 기독교인들이 은총이라 부르는 것, 때로 신자에게 뜻하지 않게 나타나는 그 '이유 없고 조건 없고 공로 없는 선물'[38]의 영역에 속하지 않는가 말이다.

또 다른 대비가 있다. 만일 클로드 누가로가 그의 노래 〈천사의 깃털〉에서 단언한 것처럼 '믿음이 하느님보다 더 아름답다면' 행복에 대한 기대·준비·추구도 마찬가지로 행복을 만들어 주지 않을까? 따라서 행복의 출현을 용이하게 해주지 않을까? 이러한 질문들 중 상당수는 이미 입증됐다…….

■ 종교와 행복

하지만 '진정한' 신앙과 행복의 관계 안에서 진정한 신앙은 무엇일까? 종교와 행복의 관계는 상당히 폭넓게 연구되어 왔다. 신앙은 신자들이 느끼는 행복의 정도를 증대시켜 주는 것으로 여겨진다. 그런데 이런 유리한 효과는 사회적 상황에 달려 있다. 그것은 유럽보다는 미국에서 크며, 노인들·여성들·신교도들에게 더 강하게 나타나는 것으로 보인다…….[39]

---

38) 같은 책, 264쪽.

이런 관계를 설명하기 위해 세 가지 장치가 언급됐다. 사회적 지지, 하느님과의 관계, 믿음과 확신이 그것이다.

• 사회적 지지란 호의적인 사람들로 이루어진 어떤 집단이나 망, 즉 가족, 친구들, 지식, 직장의 동료들, 이웃들 등에 속해 있다는 것과 결부된 특혜의 총체를 가리킨다. 어떤 종교적 공동체에 속해 있다는 사실은 대개 어떤 강력한 사회적 지지를 나타낸다. 우리는 이 구성원들로부터 감정적 지지(애정, 공감, 공모), 물질적 지지(증여, 대여, 도움), 정보적 지지(충고, 설명) 등을 얻을 수 있을 것이다. 아마도 그래서 신자들, 그들의 신앙의 동무들을 만나는 기회인 종교 의식에 참례하는 사람들 중에서 자신이 다른 사람들보다 훨씬 더 행복하고 만족스럽다고 말하는 사람이 더 많을 것이다.[40]

• 하느님과의 직접적인 관계가 또 하나의 설명이 될 것이다. 이것은 대부분의 기도의 바탕에 깔려 있다.

> "야훼여, 아뢰옵나니 귀를 기울이소서.
> 내 한숨짓는 까닭을 알아 주소서.
> 나의 왕, 나의 하느님이여!
> 살려달라 애원하는 이 소리 모르는 체 마소서."(〈시편〉 5편)

하느님이 우리의 삶을 살피고 계신다는 확신, 세심하고 강력하고 호의를 가진 어떤 존재(설사 그 존재를 항상 예측할 수는 없다 해도)에 대

---

39) M. 아르길, 《행복의 심리학 *The Psychology of Happiness*》, 뉴욕, 테일러 & 프란시스 출판사, 2001년, 164쪽.

40) R. A. 위터, 〈성인의 종교와 주관적 웰빙—양적 통합 Religion and subjective well-being in adulthood: A quantitative synthesis〉, 《종교 연구 리뷰 *Review of Religious Research*》, 1985년, 26: 332–342.

한 신념은 신자들의 행복에서 하나의 중요한 장치로 나타나는 듯하다. 그리고 거기에 또 행동은 믿음 하나만 있을 때보다 한 가지를 더 갖다 준다. 왜냐하면 기도의 빈도는 편안한 느낌과 상관 관계가 있기 때문이다.[41] 어떤 유형의 기도가 다른 유형의 기도보다 더 이로운지를 알려주거나, 또는 '기도를 많이 하는 신자가 행복한가, 또는 기도가 신자를 행복하게 만들어 주는 것인가?' 라는 질문에 대답할 수 있게 해줄 만한 연구 결과는 아직 없다. 시오랑으로 말하면 그는 항상 그렇듯 회의적인 견해를 갖고 있었다. "슬픈 인간의 기도는 하느님에게까지 올라갈 힘이 없다." 달리 말하면 행복한 사람들의 기도만이 하느님의 귀에 들린다는 것이다. 사실 기도란 요구하는 것만이 아니라 감사하는 것이기도 하다는 것을 종교는 우리에게 상기시킨다……

• 마지막으로 종교적 신앙에 내재된 믿음은 행복감 안에 내포돼 있다.[42] 종교는 몇 가지 실존적 확신을 제공한다. 종교는 특히 신자들로 하여금 삶은 그것이 부과하는 고통과 시련 속에서도 어떤 의미가 있다고 생각하게 해준다. 심리적 장애를 겪고 있는 4백6명의 환자를 대상으로 한 어떤 연구는 기도와 종교적 활동이 그들의 편안함에 미치는 특혜를 강조했다.[43] 신자들은 그들의 일상 생활에 대한 통제력이 증대되는 느낌, 좀더 큰 낙관주의(구어에서는 남을 잘 믿는 사람을 가리킬 때

---

41) J. 말트비, 〈종교의 결정과 심리적 웰빙—개인 기도의 횟수가 하는 역할 Religious orientation and psychological well-being: The role of the frequency of personal prayer〉, 《영국 심리건강 저널 British Journal of Health Psychology》, 1994년, 4: 363-378.

42) C. G. 엘리슨, 〈종교적 연루와 주관적 웰빙 Religious involvement and subjective well-being〉, 《건강과 사회적 행동 저널 Journal of Health and Social Behavior》, 1991년, 32: 80-99.

43) L. 테퍼스, 〈지속적인 정신 질환을 앓는 사람들간 종교적 모방의 유행 The prevalence of religious coping among persons with persistent mental illness〉, 《정신의학과 Psychiatric Services》, 2001년, 52: 660-665.

'신앙을 가졌다고' 말한다), 좀더 큰 자신감을 가진 것으로 여겨진다
....[44]

신앙은 특히 내세가 존재한다는 신념 속에 죽음의 공포와 맞서 싸우는 데 효과적인 도움을 주며, 사랑과 정의의 법칙을 따른다는 점에도 유의하자. "의인들의 영혼은 하느님의 손안에 있어서 아무런 고통도 받지 않을 것이다."(지혜서 3장 1절)

■ 신앙과 행복: 처방된 용량을 넘지 말 것?

주의하라, 신앙과 행복의 관계에서도 모든 것이 장밋빛인 것은 아니다. 역사는 우리에게 종교가 만병통치약이 아니며, 집단적 고통(교조주의, 배척, 종교 전쟁)이나 개인적 고통(죄의식, 엄격함, 고지식함, 폭력, 증오)을 야기할 수 있다는 것을 보여주고 있다.

종교에 의지할 때에는 최적의 용량이라는 문제가 존재하는 듯하다. 일례로 네덜란드에서 노인들을 대상으로 실시한 우울증의 위험에 관한 한 연구는 신앙과 정신적 편안함의 관계는 종 모양의 곡선 형태를 띰을 보여주고 있다.[45] 독실한 신자들이 비신자들보다 더 많은 특혜를 누리는 것은 아니며, 최적의 편안함은 '절제된 신자'가 되기 위해 조심하는 것이다.

두 가지 지적으로 종교의 세계에 관한 이 짧은 개관을 마칠까 한다.

---

44) V. T. 덜, L. A. 스코칸, 〈종교가 건강에 미치는 영향의 인지적 표본 A cognitive model of religion's influence on health〉, 《사회적 이슈들의 저널 *Journal of Social issues*》, 1995년, 51: 49–64.

45) A. W. 브라암, 〈네덜란드 노인들의 종교적 환경과 우울증 증상의 지리적 분포 Religious climate and geographical distribution of depressive symptoms in older dutch citizens〉, 《정서장애 저널 *Journal of Affective Disorders*》, 1999년, 54: 149–159.

우선 우리는 자신의 행복을 증진시키려는 목적으로 어떤 위생적인 행위를 하듯이 신을 믿는 것은 아니다. 신앙은 편안함의 수단이 될 수 없다. 그리고 신앙을 갖는 것이 신으로부터 모든 것을 기대하거나 요구하는 것을 의미하지는 않는다. 마찬가지로 행복을 믿는다고 해서 그것의 탐색을 통해서만 세상을 보라고 부추겨서도 안 된다.

하지만 그래도 여전히 우리에게는 해결해야 할 한 가지 문제——근본적인——가 남으니 '행복은 왜 존재하는가?' 하는 것이 그것이다.

행복은 무슨 소용이 있는가?

마르셀 프루스트는 《되찾은 시간》에서 높이가 같지 않은 두 개의 포장 도로에서 발부리를 부딪친 그 유명한 마들렌〔둥근 카스텔라〕의 에피소드에서처럼 무척이나 당황스러움을 느꼈다. "다시 한번 눈부시게 아름답고 몽롱한 환영이 나를 스쳐 지나갔다. 그 환영은 내게 이렇게 말하는 듯했다. 만일 네게 그럴 힘이 있다면 지나는 길에 나를 붙잡아 보렴. 그리고 내가 제안하는 행복의 수수께끼를 풀어 보렴."

그때 프루스트는 불규칙한 지면이 마치 과거의 소생처럼 어떤 추억, 베네치아의 산마르코 성당의 불규칙한 포석을 상기시키는 것을 알았다. "이는 작은 마들렌의 맛이 내게 콩브레를 상기시킨 것과 같은 현상이었다. 그런데 그때도 그렇고 지금도 그렇고 왜 콩브레와 베네치아의 이미지들은 어떤 확신과도 같은, 그리고 다른 근거 없이 나를 죽음에 개의치 않게 만들기에 충분한 어떤 기쁨을 내게 안겨 주었을까?"

■ '나를 죽음에 개의치 않게 만들다…'

인간은 언젠가 자신이 죽을 거라는 걸 아는 유일한 동물이다. 우리들 중 일부에게 그것은 현기증나는 지속적인 불안의 원천이다. 우리가 태어나는 순간부터, 심지어 우리가 잉태되는 순간부터 흘러가는 일분 일초마다 우리는 죽음과 가까워지고 있다. 우리의 인생은 한번의 카운트다운에 불과하다……. 죽음과 친숙한 고대 로마인들은 거꾸로 갈 수 없는 시간의 흐름을 환기시키기 위해 그들의 해시계 위에 불네란트 옴네스, 울티마 네카트(모든 것이 우리에게 상처를 입히고, 최후의 것은 우리를 죽인다)라고 새기는 습관을 갖고 있었다. 스타일은 다르지만 우디 앨런은 이에 관해 이렇게 기록했다. "인간은 자신이 죽을 거라는 걸 알게 된 이후로 완전히 긴장을 풀기가 어려워졌다……."

우리에게 행복이 필요한 까닭은 다음과 같다. 불행과 죽음이 존재하기 때문이다. 특히 심사숙고된 지식이나 체험된 경험에 의해 우리 모두 그것을 의식하고 있기 때문이다. 그 위협적인 괴물들을 대면했을 때 편안함만으로는 더 이상 커다란 영향력을 끼치지 못한다. 하지만 우리가 언젠가 죽을 것임을 알아야 하는 괴로움을 강요하는 우리의 의식은 또한 우리의 편안함을 행복으로 전환시킬 수 있는 가능성도 제공해 주고 있다.

프루스트가 우리에게 보여주고 있듯이 행복이란 죽음을 잊게 하기 위해, 또는 죽음이 닥치리라는 것을 아는 채로 삶을 지탱하기 위해 우리에게 제공된 수단일 뿐이다. 폴 클로델도 그래서 다음과 같은 구절을 남겼을 것이다. "행복은 목적이 아니라 삶의 수단이다."

세실

"내 인생에서 행복한 순간들은 항상 놀라움, 사람들이 말하듯 멋진 놀라움의 순간들이죠. 내가 예상하지 못한, 또는 그것이 나를 그토록 행복하게 만들어 주리라고 생각지 못한 사건들, 상황들, 성공들 말이에요. 그런 순간들은 나를 만족시키고——그것이 나의 행복의 분량이에요——희망과 동기로 가득 채우지만, 또는 나를 당황하게도 만들어요. 행복의 돌발은 인생의 즐거운 신비예요. 그것은 자살에 대한 생각이 들 때 나로 하여금 항상 이렇게 생각하게 만들죠. 호기심을 갖고 좀더 살아 보자, 행복한 일은 언제라도 닥칠 수 있어, 넌 그걸 알고 있고 그걸 믿어야 해……."

죽음에도 불구하고 행복하게 산다?

"나는 아무 생각 없이 살았네,
자연의 가르침에
순응하면서,
그런데 죽음이 나를 생각해 준 까닭에
나는 무척 놀랐네,
나는 그것에 대해 생각하지 않았는데."

마튀랭 레니에

"죽음은 너무나 불가피하기 때문에 하나의 수속 절차라 할 수 있다."

마르셀 파뇰

"죽음의 긍정적인 면은 우리가 누운 채로 맞이할 수 있다는 점이다."

우디 앨런

■ '죽음을 기다리며 행복하게 살자'

익살꾼 피에르 데스프로주의 이 유명한 문구[46]는 하나의 재담이 아니다(게다가 이 문구의 저자는 이런 제목의 작품을 쓸 때 자신이 암에 걸린 것을 알고 있었던 것으로 보인다). 우리가 몰두할 가치가 있는 유일한 큰 문제는 바로 이것이다. 우리는 언젠가 죽을 텐데 어떻게 행복할 수 있을까?

행복이 심사숙고할 수 있는 보편적 주제라면 죽음은 분명히 다른 것이다……. 죽음은 물론 모든 인류를 괴롭히는 문제이고, 죽음에 대한 공포는 생을 누리려면 반드시 부딪치게 되는 주된 어려움이다. 우리는 주변에서 다양한 심리적 전략들을 관찰할 수 있다.

어떤 전략들은 죽음을 가능한 한 가장 적게 생각하고, 죽음에 대해 생각하게 만드는 모든 것을 치워 버리는 방법을 선택한다. 우리는 그것을 거부라 부른다……. 게다가 우리들의 현대 사회는 이런 방향으로 가고 있다. 즉 죽음은 더 이상 인생의 일부를 이루어서는 안 되며, 우리는 이제 거의 항상 병원에서 죽음을 맞이한다. 한편 사람들은 '젊음을 유지하기' 위해 모두들 알아서 손을 쓰고 있다. 마치 나이를 먹는 것이 타인이나 자기 자신에게 하나의 모욕이고, 참을 수 없는 위협이라도 된다는 듯이. 이것이 우리가 '젊음주의'라 부르는 것으로, 그래서 퇴직자들을 대상으로 한 잡지 사진에 나온 사람들이 이제 겨우 사십대로밖에 보이지 않는 것이다.

또 어떤 전략들은 죽음을 항상 생각한다. 그럼으로써 불안에 떠는 이

---

46) P. 데스프로주, 《죽음을 기다리며 행복하게 삽시다 *Vivons heureux en attendant la mort*》, 파리, 쇠유 출판사, 1983년.

들과 심기증 환자들을 만들어 낸다. 죽음이라는 강박관념에 사로잡힌 이들은 적에게서 잠시도 눈을 떼지 않고 한 발짝도 물러서지 않는 것이 적을 물리치는 방법이라고 확신하는 사람들이다. 따라서 이런 환자들은 그들의 뱃속을 검진하고, 정기적으로 의사에게 진찰을 받는 데 많은 정력을 쏟는다. 그리고 의사들은 심기증 환자들이 치유되는 것(그렇게 되면 의사들로부터 너무 멀어지게 될 테고, 그렇게 되면 그들은 위기감을 느낄 것이다)보다는 지속적인 감시를 받기를 원한다는 것을 알고 있다.

마지막으로 또 어떤 전략들은 문제를 깊이 생각하고, 이것을 인생을 더 잘 이용하기 위한 동기를 부여하는 데 사용한다. 지상에서의 짧은 체류를 망칠 필요는 없다고 보는 것이다. 우리들 가운데 가장 현명한 자들에게는 죽음과 불행이 존재하는 것을 알고 있는 만큼 더욱더 자신의 행복을 강하게 느낄 수 있는 가능성이 주어진다.

이 마지막 방법은 철학자들의 방법이다. 하지만 그들의 목소리는 때로, 적어도 겉보기에는 일치하지 않는다. 몽테뉴는 이렇게 썼다. "철학을 하는 것, 그것은 죽는 법을 배우는 것이다." 이에 반해 스피노자는 이렇게 주장했다. "지혜란 죽음이 아니라 삶에 대한 사색이다." 하지만 곰곰이 생각해 보면 두 가지 관점은 서로 그렇게 동떨어진 것이 아니다.

"철학하기에 너무 이르거나 너무 늦는 경우란 결코 있을 수 없다. 왜냐하면 행복해지는 데 너무 이르거나 너무 늦는 경우란 결코 있을 수 없기 때문이다." 철학자 에피쿠로스는 그렇게 단언했다. 그렇다면 행복해지기 위해선 지혜가 필요할까? 그럴지도 모른다. 왜냐하면 지혜는 어쩌면 한 사람의 성인이 유년기의 자발성을 잃어버린 뒤 행복을 찾을 수 있는 유일한 수단일지 모르기 때문이다. 지드는 이상적인 인간에 대해 말하곤 했다. 그것은 '자신이 행복하다고 말하고 생각하는 사람'이다. 두 가지는 서로 모순되지 않으며, 오히려 그 반대이다.

그래서 사람들은 지혜를 "최대한의 명민함 속에 들어 있는 최대한의 행복"[47]으로 정의하지 않았던가?

■ 항상 프루스트를 다시 읽을 필요가 있다…

우리는 이 단락의 시작 부분에 분주하고 냉담한 거리에서 고집스럽게 자신의 기억의 단편들을 고체화시키려고 노력하는 마르셀 프루스트를 남겨두었다. 그를 다시 만나 보자.

"짙푸른 빛이 내 눈을 도취시키고 신선한 느낌들, 눈부신 빛들이 내 주위를 맴돌고 있었다. 그리고 그것들을 잡고 싶은 마음에 나는 마들렌의 맛을 음미하면서 그것이 내게 상기시키는 것에 도달하려고 애썼을 때처럼 더 이상 움직일 엄두를 내지 못한 채, 거리의 수많은 운전사 무리들을 웃게 만들 우려를 무릅쓰고 내가 조금 전에 한 것처럼 한쪽 발은 높은 포석 위에 다른 한쪽 발은 낮은 포석 위에 놓은 채로 계속 뒤뚱거리고 있었다."

프루스트는 행복을 기다리지 않는다. 그는 행복을 찾아다니고, 행복이 자기 안에서 나타나게 하려고 자신과 투쟁한다. 그에게는 지나가는 사람들 눈에 자신이 우습게 또는 이상하게 보이는 것은 별로 중요치 않다. 그는 어떤 핑계, 어떤 구실이 있어도 자신의 탐색을 포기하지 않을 것이다.

자신의 행복권을 주장하고, 자신의 탐구가 우회되도록 내버려두지 않고, 그것을 건설할 줄 아는 것, 우리는 지금부터 이 모든 것에 관해 말하려 한다.

---

47) A. 콩트-스퐁빌, 《철학 사전 *Dictionnaire philosophique*》, 앞에서 언급한 책.

제6장

행복, 괴로운 주제

> "우리가 다른 것을 목적으로 추구하는 여타의 선
> 들과 달리 행복은 그것 자체를 위해 추구된다. 행복
> 은 최고의 선이다. 하지만 그것의 본질과 성분의 정
> 의에 관해선 일치된 견해가 없다."
>
> 아리스토텔레스

아리스토텔레스가 토론을 시작한 것이 2천5백 년 가까이 되었는데도 행복에 관한 담론들은 아직도 진행중이다.

물론 아무것도 해결되지 않은 것은 아니다. 의견들은 양분된 상태인데, 우선 "세상을 만들기 위해 모든 것이 필요하지는 않다. 오직 행복만이 필요할 뿐이다"라고 말한 시인 폴 엘뤼아르처럼 그것을 하나의 현실——나아가 필요성——로, 그리고 접근할 수 있는 것으로 간주하는 사람들이 있다. 그리고 그렇게 생각하지 않는 사람들이 있다. 행복을 '이성이 아닌 상상력에서 나온 하나의 이상'이라고 생각한 철학자 이마누엘 칸트처럼.

아마 사랑을 제외하고 다른 어떤 주제를 다룬 책도 행복을 다룬 책보다 많지는 않을 것이다. 그리고 행복은 맹렬한 토론과 단정적인 의견들을 사랑보다 훨씬 더 많이 야기하고 있다…….

서양에서의 행복의 짧은 역사

행복은 아마도 철학자들의 첫번째 주제였던 듯하다.[1] 그리고 고대 그리스와 로마의 대부분의 철학자들에게 행복은 정말로 숨품 보눔, '최고의 선'이었다. 오늘날엔 폐지됐지만 행복에 관한 철학을 일컫는 단어도 존재했으니 외데모니슴(행복설)이 그것이다. 그렇지만 수세기 동안 지속돼 온 이 유구한 철학의 전통도 이제는 잊혀질 처지에 놓이게 됐다…….

■ 행복과 기독교

서기 386년, 이제 막 개종한 아우구스티누스(훗날 성인이 된)는 그의 초기작들 중 하나인 《De beata vita》(행복한 삶)[2]을 쓴다. 391년 기독교는 로마 제국의 국교가 된다…….

초기 기독교에서는 행복은 오직 하느님에게서만 유래할 수 있다고 보았다. 그리고 인간은 행복해지려고 노력하면 안 되며, 다만 내세에 행복해질 수 있는 자격을 갖춰야 한다고 보았다. "행복을 정복할 것이 아니라 행복에 이를 수 있는 권리를 정복하라. 그것이 인생의 의미이다."[3] 기독교는 행복의 개념을 구원의 개념으로 대체하고 싶어했다.

---

1) P. 반 덴 보쉬, 〈철학에서의 행복 Le bonheur en philosophie〉, 《인문학 *Sciences humaines*》, 1997년, 75호, 20-25쪽.
2) 아우구스티누스, 《행복한 삶 *La Vie heureuse*》, 파리, 파요 출판사, 2000년.
3) M. 콩쉬, 《몽테뉴 또는 행복한 의식 *Montaigne ou la conscience heureuse*》, 파리, PUF 출판사, 2002년, 28쪽.

따라서 상상할 수 있는 유일한 천국은 생전에는 존재할 수 없었다. 그것은 반드시 전에(avant), 후에(après), 또는 다른 곳에(ailleurs)('3A'의 법칙) 있었다…….

전에: 이것은 황금기와 에덴 동산의 신비로서, 성인 아우구스티누스는 행복에 관한 자신의 성찰에서 여러 번 이것을 재치 있게 다시 다루었다. "우리는 이 행복이란 개념을 어디에서 얻었을까? 우리가 그것을 기억하고 있다면 그것은 우리가 예전에 행복했다는 의미가 된다."

후에: 어쨌든 행동과 기도로 그것을 얻는 법을 아는 사람들에게 이것은 천국의 약속이다. 우리는 19세기의 유토피아주의자들과 실증주의 철학자들(생-시몽은 '황금기가 우리 앞에 있다'고 주장했다), 그 다음엔 카를 마르크스 자신도 이렇게 주장하는 미래의 토대를 다시 취한 것뿐이라는 것을 알아차릴 수 있다. "과거의 부르주아 사회는 각자의 자유로운 성숙이 모두의 자유로운 성숙의 조건이 되는 어떤 결사로 대체될 것이다."[4]

다른 곳에: 장 들뤼모[5]는 그의 열정적인 걸작 《천국의 역사》에서 중세가 어떻게 오랜 세월 동안 지상 낙원은 사라진 것이 아니라 동양 어딘가에 여전히 존재한다고 확신해 왔는지를 보여주고 있다. 16세기까지 기독교 세계에서는 인도나 중국쯤에 위치한 전설상의 '프레스터 존의 왕국'의 존재를 믿었다. 많은 글들이 이 경이로운 땅의 존재와 그곳에 넘치는 행복의 존재를 확인했다. "우리는 모든 외국 손님들과 나그네들을 환대하는 관용이 있다. 우리들 중에는 가난한 자들이 없다. 우리는 도둑질도 아첨도 탐욕도 이간질도 모른다. 어떤 악도 이곳을 지배하지 못한다."[6] 하지만 대발견으로 인한 진보의 결과 차차 환상을

---

4) J. 들뤼모, 〈황금기 L'âge d'or〉, 《르 누벨 옵세르바퇴르 *Le Nouvel Observateur*》, 별책 36호, 《행복의 용법》, 1999년, 82-83쪽.
5) J. 들뤼모, 《천국 이야기 *Une histoire du paradis*》, 파리, 파야르 출판사, 1992년.

버리고 체념해야만 했다. 천국은 지상의 어떤 곳이 아니었다. 또는 어쨌든 그것을 발견하기 위해 반드시 여행을 할 필요는 없었다…….

그때부터 사람들은 행복은 개인의 탐색으로 남는다는 것을 재발견하기 시작했다. 자신이 제시하는 세계관과 인간관에 따르는 다소 헛된 탐색으로…….

파스칼의 세계관과 인간관은 우울하다. "우리는 진리를 희망하지만 우리 자신에게서는 의혹만을 발견할 뿐이다. 우리는 행복을 추구하지만 비참함과 죽음만을 발견할 뿐이다. 우리는 진리와 행복을 희망하지 않을 수 없지만 확신도 행복도 가질 자격이 없다."[7]

몽테뉴의 세계관은 행복하다. "나는 살고 기뻐하는 것 외에 다른 목적이 없다."

어쨌든 16세기까지는 행복이라는 문제가 존재했더라도 도덕가들은 그것을 품위 면에서 명예의 추구나 영혼의 구원 문제 같은 다른 많은 문제들보다 열등하게 보았다.[8]

■ 행복의 혁명

18세기는 행복의 문제가 예외적으로 비등한 시기였다. 미셸 푸코와 롤랑 바르트의 친구였던 로베르 모지는 이 주제를 다룬 그의 주목할 만한 작품 《18세기 프랑스 문학과 사상에 나타난 행복의 개념》에서 어떻게 '도덕적 가치들의 등급에서 행복이 최후의 사면과 같은 중대

---

6) 같은 책 106쪽.

7) D. 라부앵이 인용함, 〈기성 관념으로서의 행복에 관하여 Du bonheur comme idée reçue〉, 《마가진 리테레르 *Magazine littéraire*》, 2000년, 389호, 29–30쪽.

8) R. 모지, 위에서 언급한 책 15쪽.

한 자리를 차지하게' 되었는지, 그리고 어떻게 행복이 '거의 강박 관념적인 가치'가 되었는지를 잘 보여주고 있다.

행복이 이렇듯 힘을 얻게 된 것에 대해 많은 설명들이 제기됐다. 도덕적·종교적 제약의 약화, 경제적 활력도 있지만, 여기에는 또한 각자의 개인적 책임과 자유 의지에 높은 가치를 부여한 종교 개혁[9]의 역할도 있었다.

특히 18세기는 전 세계, 특히 미국과 프랑스에 영향을 끼친 커다란 혁명들의 시기였는데, 우리는 이 두 나라 모두 행복에 관심을 갖게 된 것을 보게 될 것이다.

결국 18세기는 놀라운 철학적·지적 활동을 겪은 계몽주의 시대였고, 그 활동 중 일부는 행복에 관한 사색에 사용됐다. 당대의 모든 위대한 지성들은 거기에 자신의 관점을 더했다. 볼테르("우리의 유일하고도 위대한 본분은 행복하게 사는 것이다"), 루소("자연은 인간을 행복하고 착하게 만들었지만, 사회가 그를 타락시키고 비참하게 만들었다"), 디드로("오직 한 가지 의무밖에 없으니 그것은 행복한 것이다")처럼. 유명한 작가들이 덜 유명한 사상가들의 무리와 동행했고, 행복론들은 전에 없이 마구 쏟아져 나왔다.

"내가 있는 곳이 지상 천국이다." 1736년 장시 〈속인〉의 마지막 구절에서 볼테르는 그렇게 썼다. 이 작품은 지금은 더 이상 읽히고 있지 않지만 이 인용구는 전세계에 알려졌다.

미국의 혁명은 독립 선언 안에 기록됨으로써 영원히 망각되지 않게 된다. "모든 사람은 평등하게 창조되었다. 그들은 절대적 권리들을 창조주로부터 받았다. 그 권리들 중에는 생명·자유·행복의 추구가 들

---

9) A. 뷔르기에르, 〈새로운 개념 Une idéd neuve〉, 《르 누벨 옵세르바퇴르 *Le Nouvel Observateur*》, 별책 36호, 《행복의 용법 *Le Bonheur, mode d'emploi*》, 1999년, 25-26쪽.

어 있다."

프랑스에서는 1794년 생-쥐스트가 국민의회에서 발표한 보고의 결론 안에 유명한 말이 들어 있다. "행복은 유럽의 새로운 사상이다." 만인의 행복권이라는 혁명적인 시각이 분명히 드러난다. "여러분들이 프랑스 영토상에 불행한 사람이나 압제자가 나타나기를 더 이상 원치 않는다는 것을 전유럽인들이 알게 되기를. 이러한 예가 지상에서 열매를 맺기를. 이것이 미덕에 대한 사랑과 행복을 지상에 퍼뜨리기를."[10] 이런 멋진 생각들은 단두대 처형의 미친 가속화와 나폴레옹 전쟁의 소란 속에 사라지고 말았다…….

■ 불행의 낭만주의…

"행복해지기 위해 무엇을 기대하는가? 대답은 다음과 같다. 우리는 행복이 불행만큼 흥미로워지기를 기다린다."[11]

19세기에 낭만주의는 불행의 멋을 강요했다. "그때 불행은 하나의 정신 상태이기를 멈추고 하나의 역사가 되었다."[12] 그리고 그런 식으로 불행의 신화가 형성되어 그 결과가 지금까지 이어지고 있다. 그리하여 우울함과 슬픔은 차츰 영혼의 위대함과 도덕적 고상함의 증거로 간주되기 시작했다. 나아가 미국인들이 그들의 낙관주의적·'긍정적' 문화로 때로 우리를 짜증나게 하는 이유들 중 하나도 아마 이런 유산의 차이에 기인하는 듯싶다. 미국은 낭만주의의 물결을 구대륙과 같

---

10) M. 들롱이 인용함, 〈사드 대 루소—빛의 가장자리에서 Sade contre Rousseau: en marge lumière〉, 《마가진 리테레르 Magazine littéraire》, 2000년, 389호, 39-43쪽.
11) D. 노게, 《삶의 기쁨들 Les Plaisirs de la vie》, 파리, 파요 출판사, 2000년.
12) R. 모지, 앞에서 언급한 책, 24쪽.

은 강도로 겪지 않은 것이다.

그래서 한쪽에는 피상적이고 공허한 행복이, 다른 한쪽에는 충만하고 깊은 불행이 있게 된 것이다…….

하지만 필립 들레름의 말처럼 이보다 더 심한 거짓말은 없다. 그는 행복을 그저 가벼운 것으로만 여기는데, 그것은 '무거움의 반의어이지 깊음의 반의어가 아니다.' 이것은 행복에 대한 증오가 행복을 출현시킨 19세기에도 마찬가지이다. 행복에 대한 증오를 구체화하는 데 니체보다 뛰어난 사람은 없었다. 행복을 '허약한 인간의 비속한 목표'로 만든 것도 그이다. 그를 변호하자면 니체라는 위대한 철학자도 극도로 고통을 당하고 불행을 겪은 인간이었다.

그래도 행복의 접목은 받아들여졌다. 우리는 혁명의 거대한 흐름이 밀려온 것을 보았다. 설령 마르크스로 인해 인간은 정치적 해방, 즉 혁명 이후에만 행복을 맛볼 수 있는 것으로 간주하게 되었더라도.

이후로 행복은 오늘에 이르기까지 항상 우리의 주요 관심사가 되어 왔다. 하지만 이것은 혹독한 대가를 치른 결과이다…….

행복에 관한 토론들: 나는 '행복'이란 단어를 들으면 권총을 꺼내게 된다…

> "지금 당신이 행복하다면 당신은 과오를 범하고 있는 것이다."
>
> 필립 들레름

"행복: 공격하기." 이는 플로베르의 《기성관념사전》에 등장할 법한 어휘 항목이다. 앞으로 보게 되겠지만 플로베르가 실제로 행복과의 관계가 좋지 않았던 만큼 더욱더.

행복이라는 주제는 열렬한 반응이나 단호한 반응들을 많이 불러일으킨다. 최근 내가 행복에 관한 책을 쓸 것이라고 내 친구들에게 알렸을 때 그들 중 몇 명과 불화가 있었음을 고백하는 바이다. 다른 친구들은 너무나 통속적이면서도 잘난 체하는 이러한 주제 위에서 나를 위태롭게 만들기 위해 축출하려 했다.

행복은 심지어, 그리고 특히 이것을 경계하는 사람들에게도 이성적이라기보다는 감정적 주제이다. 왜냐하면 항상 불만의 소지가 있기 때문이다. 그리고 나 자신도 목차를 작성하는 것이 재미있었다. 자 여기 행복의 일곱 가지 주요 죄를 소개하겠다…….

■ 첫번째 죄: 행복은 무기력하고 무능하게 만든다

쥘 자냉이라는 사람에게 보낸 어떤 편지에서 보들레르는 이렇게 흥분하고 있다. "당신은 행복합니다. 그토록 쉽게 행복하다니 참 안되셨군요. 자신의 행복을 믿으려면 낮은 데까지 떨어져 봐야 합니다…! 나는 당신이 참 안됐습니다. 그리고 나는 당신의 기쁨보다 나의 이 언짢은 기분이 더 품위 있다고 생각합니다."[13]

플로베르도 보들레르의 편에서 부담을 나눠 가졌다. "혐오감을 불러일으키는 부르주아들의 만족이 있는가 하면, 그 속됨이 내게 혐오감을 일으키는 평범한 행복들이 있다."

무능함에 대한 강박관념적 불안은 행복에 가해진 이런 비평가들 집

---

13) Y. 르클레르가 인용함, 〈플로베르―어리석음 속의 행복 Flaubert: le bonheur dans la b tise〉, 《마가진 리테레르 *Magazine littéraire*》, 2000년, 389호, 52-55쪽.

단의 주요 원동력으로 보인다. 우리는 어떤 이들에게서는 이런 태도
가 무능함('나는 행복하다고 느낄 수가 없어')과 거만함('나는 남들보다
뛰어나')이라는 이중적인 감정의 움직임을 드러내고, 이런 가치 판단
('따라서 자신이 행복하다고 말하는 사람들은 하찮은 이유들 때문에 그
런 거야')을 유도하는 것이 아닌지 자문해 볼 수 있다.

하지만 좀더 꼼꼼히 살펴보면 이런 비판은 사실 세 개의 뚜렷한 문
제를 제기한다. 자기 만족, 미온적 태도, 창조성과 행복과의 관계가
그것이다.

행복은 자기 만족을 낳을까? 물론 그럴 수도 있다. 그렇다면 그 까
닭은 무엇일까? 그 점에 관해서 고통과 우울은 편안함과 행복보다 어
떤 우월함을 갖고 있을까? 초라함과 자기 만족은 불평불만이 많은 사
람들에게서도 발견되는 것인데…….

"내 보기에 행복과 열의 없음 사이에는 어떤 관계가 있는 것 같다."
수필가 파스칼 브뤼크네르는 그의 비평서 《영원한 황홀》[14]에 그렇게 썼
다. 실제로 행복은 몰두와 망상, 집중과 개방 사이에 위치하는 중용
의 문제이다……. 하지만 모든 것이 중용, 무능한 해이, 또는 미묘한
균형에 대한 우리의 견해에 달려 있다. "중용 또한 하나의 극단이지
만, 이는 높은 곳을 향한 극단이다. 두 개의 심연, 또는 두 개의 늪을
연결하는 정점처럼 그것은 꼭대기이고 완벽함이다."[15] 행복의 기술은
무능함의 기술이 아니라 바로 절도의 기술인 것이다.

마지막으로 행복과 창조성의 문제. 마르셀 프루스트는 행복이 "육신
에는 이롭지만, 영혼의 힘을 길러주는 것은 슬픔"이라고 했다. 창조의
고통, 반면에 불모의 상태 또는 무기력에까지 이르게 하는 편안함의

---

14) P. 브뤼크네르, 《영원한 황홀 *L'Euphorie perp tuelle*》, 파리, 그라세 출판사,
2000년.

15) A. 콩트-스퐁빌, 《철학 사전 *Dictionnaire philosophique*》, 앞에서 언급한 책.

이미지는 고전적인 것이 되었다. "사방에서 나는 만족할 이유들밖에 찾아볼 수 없어요. 그런데 나는 만족하지 못하고 있어요……. 나는 지나치게 행복해요. 그리고 그 행복은 나를 지루하게 만들어요." 장 자크-루소는 《신 엘로이즈》에서 여주인공 쥘리의 입을 통해 그렇게 말하고 있다.

하지만 아무런 뉘앙스도 달지 않고 이런 관점을 수용하기에 나는 정신과 의사로서 너무나 많은 사람들이 고통을 겪지만 그 고통이 그들의 창조성에는 전혀 보탬을 주지 못하는 것을 보았다(반대로 창조성은 고통이 극복된 뒤에야 돌아왔다). 내가 보기에 그것은 평화(결핍의 고통을 당하지 않는 것)와 포만(더 이상 욕구도 동기도 없는 것) 간의 혼동에서 오는 듯하다. 평화는 동기 박탈이 아니라 오히려 분별이다. 그리고 인간에게는 결핍과 고통 말고도 행동으로 이끄는 다른 동기들이 존재한다.

■ 두번째 죄: 행복은 이기주의자로 만든다

"따라서 그는 행복했고, 세상 아무것도 염려하지 않았다." 귀스타브 플로베르는 무능하지만 자신의 아내를 진심으로 사랑하는 남자 샤를 보바리를 그렇게 묘사했다. 하지만 그의 아내 엠마는 불행했고 불만족스러웠다.

어느 정도의 자의식이 필요하다는 것, 그리고 자의식은 평화로운 느낌을 가져온다는 것, 이것이 행복이 이기주의라는 비난을 받는 이유이다. 루소의 말처럼 "행복은 자신에게 다가가게 만든다." 하지만 자신에게로의 이런 접근에 이기주의적인 요소는 하나도 없다.

이 주제를 다룬 학문적 작업들의 대부분은 이와는 정반대되는 결과를 얻고 있다.[16] 다시 말해 긍정적인 기분은 주변에 대한 관심('외적 초점' 상태)을 증가시키는 반면 부정적인 기분은 그 반대, 자기 자신에 대한 관심('내적 초점' 상태)을 증가시키는 것이다.

이렇듯 우리는 대개의 경우 편안함은 매우 다양한 분야에서 이타적 행동을 증가시킨다는 것을 증명했다. 다시 말해 좋은 추억들을 떠올리거나, 어떤 게임에서 이김으로써 편안함이 증대된 자발적 주체들은 곧이어 더 자발적으로 헌혈하거나[17] 자선 단체에 더 많은 기증을 하게 된다.[18] 편안함과 결부된 이 이타적 행동들이 '희생적인' 것이 아니라 그 어떤 죄의식에서 나온다는 것은 흥미로운 일이다. 그런 행동들은 자신에 대한 배려와 함께 증가한다. 자신이 행복하다고 느끼면 느낄수록 우리는 더욱더 남을 돕고 싶어하지만, 그와 동시에 자신에게도 더 많은 관심을 쏟고 존중심을 갖게 된다.[19]

이런 자료들에도 불구하고 행복을 반대하는 상당히 강한 어떤 전통이 지속되고 있다. "세상에 존재하는 그 모든 불행과 함께 어떻게 행복해질 수 있을까?" 하는 것이 그것이다. 장 아누이 연극의 여주인공이 말한 것도 바로 이것이다. "내가 아무리 속임수를 쓰고 두 눈을 질끈 감아도 소용없을 거예요, 언제나 어딘가에 주인 잃은 개가 있어서

---

16) C. 세디키즈, 〈주의 중심점의 결정 요소로서의 기분 Mood as a determinant of attentional focus〉, 《인지와 감정 Cognition and Emotion》, 1992년, 6: 129-148.

17) M. N. 오말리, L. 앤드류, 〈기분과 격려가 도움에 미치는 영향 The effects of mood and incentives on helping〉, 《동기와 감정 Motivation and Emotion》, 1983년, 7: 179-189.

18) A. M. 아이센, P. F. 메빈, 〈좋은 기분이 도움에 미치는 영향―쿠키와 친절 Effects on feeling good on helping: Cookies and kindness〉, 《성격과 사회심리학 저널 Journal of Personality and Social Psychology》, 1972년, 21: 384-388.

19) K. J. 바우만, 〈쾌락주의로서의 이타주의―대등한 반응으로서의 돕기와 자기 희열 Altruism as hedonism: Helping and self-gratification as equivalent responses〉, 《성격과 사회심리학 저널 Journal of Personality and Social Psychology》, 1981년, 40: 1039-1946.

나의 행복을 방해할 거예요."[20] 이런 유형의 비판들은 많은 질문을 야기한다. 행복에 다가가는 데 따르는 이런 어려움은 그렇게도 명백하게, 그리고 오직 과도한 이타적 의식하고만 관련이 있는 것일까? 혹때로 그것은 행복할 수 없음에 대한 변명에 불과하진 않을까? 그리고 그 원인은 보편적인 것이라기보다는 개인적인 것이 아닐까?

하지만 또 다른 근본적인 질문도 있다. 행복에 변명이 필요한가 하는 것이 그것이다. 여기서는 신의 존재에 의해 제기되는 문제를 연상시키는 어떤 질문이 문제된다. 그것은 만일 신이 존재한다면, 그가 불행과 고통, 참혹함과 불의를 묵인하는 것을 어떻게 설명하겠느냐 하는 것이다. 기독교의 전통은 물론 이 점에 관해 많이 토론해 왔고, 철학자 라이프니츠에 의해 만들어진 '신의론(神義論, théodicée)' 이라는 특수한 단어에도 호소해 보았다. 이것은 세상의 악에 맞서 신의 존재와 선함을 증명하는 것을 목적으로 하는 일체의 논거를 말한다. 그렇다면 현실과 행복의 이득을 변호하기 위해 '행의론(幸義論, eudémonodicée)' (그리스어로 eudémonia는 '행복,' diké는 '정의'를 뜻한다) 같은 또 하나의 단어를 만들어 내야 할까?

■ 세번째 죄: 행복은 불안하고 불행하게 만든다

이러한 비판의 옹호자들을 위해 우리는 권리로서의 행복에서 의무로서의 행복으로 건너간 듯하다. 그리고 전에는 소망이었던 것이 교묘하게 의무로 되면서 지금은 새로운 구속, 전보다 더한 독재가 되어 버렸다. 외모와 능력의 할당에 '행복감의 할당' [21]이 추가된 듯하다.

---

20) J. 아누이, 《야만적인 여인 *La Sauvage*》, 파리, 갈리마르 출판사, 1972.

이번에도 역시 플로베르를 인용하자면 그는 이렇게 확인했다. "행복. 너는 이 끔찍한 단어가 얼마나 많은 눈물을 흐르게 했는지 생각해봤니? 그 단어가 없었다면 우리는 더 편히 자고 편히 살았을 거야." 모리스 메테를링크는 더 침울하게 이렇게 기록했다. "행복, 그것은 행복에 대한 걱정을 이겨낸 것이다."

그리고 행복은 간헐적으로밖에 나타나지 않는다는 것을 받아들이는 것, 그리고 행복을 우리 삶의 중심으로 만들지 말고 핵심으로 만드는 것이 행복한 삶의 조건들 가운데 하나인 것은 사실이다. 행복은 하나의 목표이며 강박관념이 되어서는 안 된다. 이러한 조건에서만 그것은 억누르기보다는 활짝 꽃피게 만들며, 하나의 명백한 필요가 된다. 시오랑처럼 골수 비관주의자조차도 다음과 같은 결론에 도달하곤 당황해했다. "행복과 불행은 둘 다 나를 불행하게 만든다. 그렇다면 왜 나는 전자를 선호하는 것일까?" 어차피 두 개의 악 중에서 선택할 바에는…….

■ 네번째 죄: 행복이란 개념은 헛되고 기만적이고 거짓이다

"행복을 두려워하지 마라. 행복은 존재하지 않는다." 미셸 우엘베크 같은 작가의 모든 작품은 인간에게는 행복에 도달할 수 있는 능력이 없음을 입증하고자 노력하고 있다.[22] 행복은 오직 사랑에 의해서만 다가갈 수 있는데, 이 사랑은 항상 나쁘게 끝나며, 그의 모든 소설

---

21) P. 브뤼크네르, 앞에서 언급한 책.
22) M. 우엘베크, 《살아남기 *Rester vivant*》, 파리, 플라마리옹 출판사, 1997년.

에서는 심지어 비극적으로 끝난다. 방해받는 행복의 작가 우엘베크는 그의 소설 《플랫폼》에 다음과 같은 이야기를 집어넣는다.

"'행복은 미묘한 거야.' 그는 거드름 피우는 목소리로 말했다. '우리에게서 발견하기도 어렵고, 다른 곳에서 발견하는 건 불가능해.' 잠시 후 그는 준엄한 목소리로 '샹포르'라고 덧붙였다. 리오넬은 감탄스럽다는 듯 그를 바라보았다. 완전히 그의 매력에 사로잡힌 것 같았다. 그 문장은 내가 보기에는 논의의 소지가 있는 듯했다. '어렵다'와 '불가능하다'라는 말의 위치를 바꾸는 것이 현실에 더 근접할 것 같았다. 하지만 나는 대화를 계속하고 싶지 않았다. 내가 보기엔 통상적인 관광의 상황으로 돌아가는 것이 시급한 듯했다."[23]

행복에 관해 두 가지——1) 도달할 수 없다는 것. 2) 오직 사랑을 통해서만 접근할 수 있다는 것——를 확신하는 우엘베크는 지성과 자율성에 대한 우리의 갈망의 일부는 행복과 양립하기 어려운 것으로 밝혀졌다고 생각하고 있다. 특히 탈여성해방운동 세대의 여성들에게는.

"물론 그녀들은 일체의 행복의 가능성과 관계를 끊었지만——행복은 이성의 실천적 사용과는 양립할 수 없는 융합 상태, 역행 상태와 분리할 수 없기 때문에——그럼으로써 그들의 선배들을 괴롭힌 감정적·정신적 고통들로부터 벗어나고 싶어했다."[24]

행복의 탐색은 고통이나 허망함만 불러올지도 모른다. 그에 대해 프랑수아 모리악은 이렇게 기록했다. "행복이 마치 불행처럼 악착스럽게 따라다니는 사람들이 있다. 그리고 그것은 사실 불행이다." 하지만 이런 관점은 우리에게 소위 불가능성보다는 행복에 도달하거나 행복을 맛보기가 극도로 어렵다는 것을 상기시킨다. 그런데 그것은 때

---

23) M. 우엘베크, 《플랫폼 *Plateforme*》, 파리, 플라마리옹 출판사, 2001년.
24) M. 우엘베크, 《소립자 *Les Particules élémentaires*》, 파리, 플라마리옹 출판사, 1998년.

로 그들 자신의 궤도에 보편적 가치를 부여하려고 시도한 많은 이들
이 느낀 점이기도 하다.

■ 다섯번째 죄: 행복은 불가피한 마케팅 대상이 되었다

마케팅 산업이 행복을 회유했다는 것이 아마도 현재 우리 사회가 만
든 행복의 용법들 중에서 가장 화가 나는 측면일 것이다. 1954년 미국
작가 헨리 밀러는 전후의 대단히 매끈매끈하고 물질주의적인 어메리
컨 웨이 오브 라이프(미국식 생활 방식)를 '냉방 장치가 된 악몽'이라
고 퉁명스럽게 표현했다(그런데 그것이 오늘날 대부분은 우리들의 생활
방식이 되었다). 우리는 그곳의 냉방장치가 뭔가를 위한 것인지, 그렇
다면 냉방 장치는 되지 않았지만 그 또한 참기 힘든 악몽은 존재하지
않는지 자문해 볼 수 있다.

그만큼 광고가 쏟아내는 행복의 약속, 그리고 거기에 도달할 수 있는
수단에 대한 거짓말은 불쾌하고 확실히 유독한 어떤 것을 갖고 있다.

하지만 뿔을 바로잡겠다고 소를 죽이지는 말자. 행복에 대해 말하
고 행동하고 생각하는 것을 포기하는 것보다는 그것의 표류와 비뚤어
짐에 맞서 싸우는 편이 낫다(우리는 광고의 상업적 행복에 대해 말했다).

■ 여섯번째 죄: 행복, 그것은 민중의 새로운 아편이다

행복은 정치적으로 위험한가?

첫번째 가능한 위험: "압제에 시달리는 가난한 자들이여, 행복은 머릿속에 있다. 여러분의 상황을 받아들여라, 그리고 변화를 바라기보다는 오히려 여러분의 기대를 수정하라." 만일 행복이 부나 사회적 지위에 달려 있지 않다면 강자의 자리를 차지하려고 노력할 필요도, 그들로부터 어떤 특권들을 빼앗으려고 노력할 필요도 없다. 행복은 새로운 '민중의 아편'일까? 행복은 모든 반항과 반역 정신, 모든 비판 의식을 용해시킬까? 그렇다면 행복을 조작하면 '우리의 운명에 만족하자'는 내용의, 심층에 깔린 행복 이데올로기에 의해 사회를 좀더 잘 통제할 수 있을까? 2002년 노벨 문학상 수상자인 임르 케르테츠는 그가 생각하기에 행복의 포기와 결부된 동기 박탈의 위험을 묘사하기 위해 "행복의 덫에 걸렸다"라는 표현을 사용했다.[25] 랭보도 이렇게 말했다. "행복은 재난이다." 그렇지만 예술적 창조성에 참인 것이 정치적 요구들에 반드시 적용되는 것은 아니다. 행복에 관해 오랫동안 거짓말할 수는 없다. 불행한 국민이 폭동을 일으키지 않는 것은 대부분 그들이 행복하다고 믿기 때문이 아니라 두려워하기 때문인 것이다.

두번째 위험: "설령 국민이 아무것도 요구하지 않았더라도 그들에게 행복을 주어야 한다." 대부분의 독재 체제는 다소 장기적으로 그 나라의 시민들에게 행복을 제공하는 것을 목표로 삼았다. "우리가 그들에게 행복을 약속하면 그들은 이런 커다란 비약적 발전으로 인한 다소 고되거나 모욕적인 불편들을 잘 받아들일 수 있다……." 오늘날 우리는 그 결과들을 알고 있다. 올더스 헉슬리의 《멋진 신세계》나 아이라 레빈(유명한 《로즈마리의 아기》의 저자)의 《참을 수 없는 행복》을 비롯한 많은 소설들도 특히 다양한 화학 물질에 호소함으로써 인간의 행

---

25) 《의학의 충격 *Impact Médecine*》에서의 한 인터뷰에서 M. 바샹토르프가 인용함, 13호, 2002년 10월 25일자, 72-73쪽.

복이 조직적으로 보장되는 그리 멀지 않은 미래를 묘사했다. 민주주의로 말하면 그것은 동포들의 편안함을 보장하려고 노력하는 데 만족하며, 그 다음 그들의 행복은 그들 자신이 맡는다. 계획은 한층 더 분별 있다…….

▪ 일곱번째 죄: 행복은 통속적이다

앞의 여섯 가지 비판들은 모두 전적으로 명예롭고 받아들여질 만한 전제를 토대로 한 것이다. 이 비판들은 가능한 표류를 경계하고 존재하는 대부분을 찬성하는 데 효과가 있다. 그렇지만 행복에 대한 수많은 비난 뒤에는 또 다른 동기가 존재하는 듯하다. 행복, 그리고 행복을 추구하는 것은 멋진 행동이 아니라는 것이다. 심지어는 저속한 짓으로 단언한다. 대중과 소시민 계급에게 어울리는…….

어쩌다 이런 상황에 이르렀을까?

행복과 계급 투쟁

> "우리의 농담이 하녀를 웃게 할 때보다 더 행복할 때는 없다."
>
> 쥘 르나르

주의 깊은 독자라면 이 장 처음부터 알아냈을 것이다. 플로베르가 행복에 원한을 품고 있었다는 것을. 한편 그의 친구 막심 뒤 캉은 플로베르의 그런 점을 비난했다. "자넨 바로 자네 곁에, 손만 뻗으면 닿을 곳에, 남들의 부러움을 사는 행복의 모든 요소를 갖고 있으면서도 행복하지 않군.” 이 점은 플로베르도 기꺼이 인정했다. “내가 어쩌다가 이렇게도 행복에 대한 확신이 없이 태어났는지 이상해.” 우리는 보바리 부인의 그릇된 버릇에서 작가(그는 ‘보바리 부인은 나’라고 기꺼이 자백하곤 했다)의 이런 어려움을 다시 발견할 수 있다. “그녀는 생각했다. ‘이런 사랑의 결과로 생겼어야 할 행복이 오지 않았으므로 나를 속여야만 했어.’ 그리고 엠마는 사람들이 큰 행복, 열정, 도취라는 단어들을 통해 인생에서 바라는 바가 정확히 무엇인지를 알려고 노력했다. 책 속에서 본 그 단어들은 그녀에게 너무나 아름답게 여겨졌다.” 따라서 부르주아의 행복(게다가 이것은 플로베르가 내부에서 실제로 관찰할 수 있는 유일한 행복이었다)은 그의 표적들의 하나가 되었다.

하지만 서민 계급의 행복도 마찬가지로 분석되고 묘사됐다. 그의 작품 《적은 것으로 만족하는 사람들》[26]에서 인류학자 피에르 쌍소는 그들의 명예를 회복시키고 ‘서민’의 행복에 대한 갈망, 즉 7월 14일의 무도회, 투르 드 프랑스의 경주로, 주일의 식사, 바캉스 때 떠나는 캠프 여행, 이것저것 집안일하기 등의 ‘고귀함’을 강조하고 있다. “유복함 속에서 어떤 훌륭한 행위도 할 수 없는 우유부단하고 둔하고 우스꽝스러운 상태로 있는 것보다는 검소함 속에서 위대함을 표현하는 편이 더 낫지 않을까?” 그는 그렇게 환기시키고 있다.

사회적 계급에 따라 각기 다른 행복들이 존재할까? 그리고 행복에 관한 생각과 양식의 변화는 부분적으로 이런 차이 때문에 발생하는 것일까? 이제 우리가 앞에서 언급한 짧은 역사적 지표들을 다시 취해보자. 하지만 이번에는 계급 투쟁이라는 관점에서 살펴보자.

---

26) P. 쌍소, 《적은 것으로 만족하는 사람들 *Les Gens de peu*》, 파리, PUF 출판사, 1991년.

■ 행복 역사의 세 단계

첫번째 단계: 고대부터 르네상스 시대까지 행복은 멋진 것이고, 현자들, 철학자들, 교양 있는 사람들, 귀족들의 관심거리인 반면 쾌락은 저속한 것이었다(서민들은 빵과 놀이에 만족했다).

두번째 단계: 18세기의 사회적 변화에 의해 준비된 프랑스와 미국의 혁명은 행복을 하나의 권리로 요구했고, 만인을 위한 행복권을 제안했다. 행복은 공유돼야 하는 대상이 됐다.

세번째 단계: 19세기부터는 어쨌든 어떤 이들의 눈에 행복은 저속한 것, 기쁨은 멋진 것이 되었다. 행복과 개인의 발전에 대한 보편화된 갈망이 인류 역사상 전에 없이 커진 듯했지만, 이것은 지식인 엘리트들의 냉소의 증가를 불러일으켰다. 니체는 말했다. "지식인 엘리트들은 말한다. 자신들이 행복을 창조했다고. 그리고 그들은 윙크를 하고 있다." 천재이며 댄디인 오스카 와일드는 이렇게 말했다. "나는 결코 행복을 추구한 적이 없다. 누가 행복을 바라겠는가? 나는 기쁨을 추구했다." 앙드레 지드는 이러한 현상을 정확히 탐지했다. "즐거움은 저속하게 보이며, 지나치게 양호한 건강의 신호로 여겨진다……. 슬픔은 정신성의 특권, 따라서 심오함의 특권을 가진다."

■ 행복과 사회적 차별

행복의 거부는 그것이 서민적인 것이 됐다는 사실에 기인할까? 그렇다면 그건 상당히 서글픈 일이 될 것이다……. 그런데 최근의 몇몇 예를 보면 그러한 방향으로 가고 있는 듯하다. 최근 몇 년간 프랑스에서는 '지적임'을 자처하는 대중매체들이 필립 들레름과 그의 책들(《맥주의 첫 한모금》 같은)을 상대로 벌인 지나친 폭력을 목격할 수 있었다. 이 책들은 모두가 접근할 수 있고 미리 갖춰야 할 재정적 부나 문화적 부가 필요 없는 일상의 작은 행복들을 다룬 것들이다.

장 주네의 영화 《아멜리 풀랭의 믿을 수 없는 운명》〔우리 나라엔 《아멜리에》라는 제목으로 소개되었다〕은 이보다 한층 더 격렬하고 분별 없는 공격[27]을 받았다. 이것은 주변 사람들을 행복하게 해주고 싶다는 소박한 바람을 가진 한 젊은 여성의 이야기를 몽환적인 방식으로 이야기한 영화다.

이 모든 공격성은 이 책과 영화가 전달하는 생각들에 반대해서 나타난 것인가, 아니면 이 작품들의 어마어마한 대중적 성공에 반대해서 나타난 것인가(왜냐하면 한 사람의 성공이 반드시 다른 사람들에게 행복을 안겨주는 것은 아니기 때문이다)? 아무튼 이것은 행복과 행복관이 가장 훌륭한 논쟁 주제들 가운데 하나라는 것——역설적이게도——을 드러내 보였다…….

문제의 배경은 행복이 개인들간의 특이성을 지워 버리는 것처럼 보인다는 것인 듯하다. 행복을 다뤄서 성공한 소설이 거의 없는 것도 그 때문일 것이다.[28] 왜냐하면 소설들이 존재하려면 개성이 뚜렷한 개인들이 필요하기 때문이다. 사람들은 그들이 누리는 즐거움보다는 그들이 겪는 고통에 의해 더 잘 구별된다……. 어쨌든 대중 속에 섞이지 않는 것이 주된 관심사인 많은 지식인들은 그렇게 생각한다.

물론 모든 인간은 인정받기를 갈망한다. 그런데 어떤 이들에게는 일

---

27) 〈왜 아멜리를 그토록 증오하는가? '리베'의 독자들은 주네의 영화를 옹호한다 Pourquoi tant de haine pour Amélie? Les lecteurs de Libé défendent le film de Jeunet〉, 《리베라시옹 *Libération*》, 2001년 6월 3일, 6235호, 2-4쪽.

28) B. 카논, 〈문학에서의 행복 Le bonheur en littérature〉, 《인문학 *Sciences humaines*》, 1997년, 75호, 38-41쪽.

치(다른 사람들과 비슷하다는)의 인정만으로 충분한 반면, 다른 이들에게는 차별(다른 사람들과 다르다)의 인정이 필수적이다.[29]

그런데 행복 추구가 지나치게 높이 평가되고 대다수의 사람들에게 제안되는 사회에서는 차별의 인정을 추구하는 사람을 위한 다른 선택이 없다. 그것을 비난하고 거부하는 것밖에…….

행복에 관한 선입견들이 항상 우리가 생각하는 데 있는 것은 아니다…

> "이승에서 행복을 추구하는 것, 진정한 반역 정신은 거기 있다."
>
> 헨리크 입센

"물론 각자가 자기 자신의 행복을 경멸하는 건 자유이지만 타인의 행복을 경멸하는 것——때로는 적극적으로——은 악의보다는 어리석음을 드러내는 짓이다. 그리고 어리석음은 행복을 방해한다."[30] 구내 식당에서처럼 행복에 대해 외쳐야 할까? "만일 당신이 행복을 좋아하지 않는다면, 다른 사람들로 하여금 혐오감을 갖게 하지 마라." 이 말이 맞을까?

디드로는 행복에 대한 이론들은 그것들을 만드는 사람들의 이야기밖에 하지 않는다고 말했다. 하지만 좀더 타당성을 갖고 행복을 비난

---

29) T. 토도로프, 〈타인의 시선 아래 Sous le regard des autres〉, 《인문학 *Sciences humaines*》, 2002년, 131호, 22-27쪽.

30) P. 카레, 〈피론—모든 존재를 파괴하다 Pyrrhon: abolir tous les tants〉, 《마가진 리테레르 *Magazine littéraire*》, 2001년, 394호, 25-27쪽.

하는 사람들 쪽으로 논쟁의 방향을 돌릴 수는 없을까? '행의론(행복을 최고선으로 보는 윤리학)을 두려워하는' 지식인들 편에서 행복 개념에 대해 공개적으로 드러내는 묵설법은 조심성이나 내적인 두려움에 불과한 것이 아닐까? 어떤 이들은 행복을 탐색하다가 실패하는 것이 미리 포기하는 것보다 더 불행하다고 보는 것은 아닐까? 그 위에 고백되지 않은 질투도? 그렇다면 이 "한번도 행복해 본 적이 없으며 행복하려고 노력하는 사람들을 참지 못하는 이 사람들"[31]을 어디까지 믿어야 할까? 그래서 플로베르는 평생 행복의 개념을 맹렬히 공격한 뒤 말년에 이렇게 후회했다. "젊은 시절 나는 비겁했다. 나는 인생이 두려웠다. 인과응보인 것이다……."

  행복을 반대한다고 소리높여 외치는 사람들은 현실적 독재에 맞서 그것을 믿게 하고 싶어서 싸우는 것인가, 아니면 단순히 유행하는 어떤 결과에 굴복하는 것인가? 격렬히 행복을 반대하는 것은 일부 행복론들의 독실한 신앙심만큼이나 어리석은 짓이다. 그리고 내 생각에 그것은 훨씬 더 무익한 짓인 것 같다. 설사 그것이 최근에 나온 《인생을 완전히 망치기 위한 열한 가지 교훈》[32]처럼 성공적이고 재미있다 해도, 행복을 추구하지 않는 기술에 할애된 책들이 결국 어떤 메시지를 주겠는가? 철학자 로제르-폴 드루아가 정확하게 지적한 것처럼[33] "문제는 행복을 가진 사람들을 위한 이런 농담들이 어떤 행복의 징조도 없는 사람들을 웃게 할 수 있는가 하는 것이다. 왜냐하면 역사의 무게는 그들에게 시작하기도 전에 이미 실패한 인생을 제공하기 때문

---

31) 알랭, 《말 *Propos*》, 파리, 갈리마르 출판사, 1956년.

32) D. 노게, 《인생을 완전히 망치기 위한 열한 가지 교훈 *Comment rater complète-ment sa vie en onze le ons*》, 파리, 파요 출판사, 2002년.

33) R. P. 드루아, 〈무기력한 자, 낙오자, 몽롱한 자 Le mou, le rat et le flou〉, 《르 몽드 데 리브르 *Le Monde des livres*》, 2002년 1월 18일, 8쪽.

이다······." 마찬가지로 '행복을 추구할 필요가 없다'는 유형의 무기력하고 합의된 담론들이 우리 시대의 새로운 상투적 핑계, 비생산적이고도 판에 박힌 '기성 관념'이 되고 있는 중은 아닌지?

어느 날 저녁 행복이라는 주제로 열린 한 강연회에 참석했던 일이 기억난다.[34] 그 자리에는 철학자, 정신분석가, 신학자가 한 사람씩 초대돼 있었다. 물론 그 사람들은 행복을 탐색한다는 생각을 비판했다. 지나치게 기분 나쁘지 않게, 하지만 식자들만의 조용한 확신을 가지고. 그렇지만 연사들을 향한 청중의 질문이 적힌 쪽지들을 거두는 순간, 사회자는 무척 당혹스러워했다······.

그 질문들 중 상당수는 명백한 분노를 표명하고 있었고, 대체로 이렇게 질문하고 있었다. "그런 식으로 행복의 탐색을 비판하다니, 당신들은 행복에 개인적인 한이라도 있는 거요?" 그러자 연사들은 일보 후퇴하여 자신들은 행복에 대해 아무 원한이 없으며, 단지 행복의 의무를 반대하는 것뿐이라고 설명해야 했다.

결국 텔레비전에서 말하는 높은 지위도 이미지도 없는 '진정한 서민들'(스타도 기자들도 아닌 사람들을 가리키기 위한)은 단순하게 행복과 행복이라는 개념을 좋아하는 것이다.

그렇다면 이런 참된 갈망에 대해 어떤 입장을 취해야 할까? 배척하는 방식은 안 되고 분별을 가져야 할 것 같다. 무모하게 행복을 좇아다니기보다는——행복은 그런 것을 요구하지 않는다——특히 행복의 표본들에 관해 진정한 질문들을 제기하자. 참된 행복과 거짓 행복들, 특히 그것들을 손에 넣는 방법들에 관해 토론하고 알아보자······.

---

34) 에투알 개혁교회에서 행해진 강연, 파리, 2001년.

제Ⅲ부
행복 건설하기

우리는 행복 앞에서 똑같지 않다. 모든 형태의 부(행복하게 사는 것도 부의 하나다)가 그렇듯 행복 안에도 가난한 사람과 부유한 사람, 천재와 지진아, 모든 것을 베푸는 삶과 거의 아무것도 베풀지 않는 삶이 존재한다……

우리가 지금부터 행복을 찾고 발견하는 가능성들에 관해 말하려고 하는 것도 그 때문이다. 이 분야에는 교리도 확신도 존재하지 않는다. 다만 원한다면 각자가 본받을 수 있는 방향들만이 존재할 뿐이다.

모든 것이 다음과 같은 두 개의 근본적인 질문에서 시작된다. 어떻게 하면 자신의 불행을 증대시키지 않을 수 있을까? 어떻게 하면 행복에 대한 소질을 점진적으로 발전시킬 수 있을까?

제7장

어떻게 하면 불행해지지 않을 수 있을까?

> "우리는 행복하지 않다. 우리의 행복은 불행의 침묵이다."
>
> 쥘 르나르

프랑스어에서 '불행'이란 단어는 우리에게 닥친 상황——외적——을 가리키는 동시에 그로 인해 생긴 감정——내적——을 가리킨다. 때로 이것은 너무나 무거워서 주관의 몫이 무로 축소되는 시련들(죽음, 병, 파산, 폭력 등)로부터 생긴다. 이때 느끼는 불행은 엄청나며, '어떻게 불행을 극복하고 특히 그 다음의 삶을 다시 시작할 수 있는가?'라는 탄성 에너지에 관한 질문을 제기한다. 그런 커다란 불행들을 여기서 언급하진 않겠다. 그것은 이미 제2장에서 언급됐기 때문이다. 그보다는 오히려 우리의 주관성에 속하는 불행들, 우리가 부분적으로 만들거나 확대하는 불행들, 불행에 대항하기 위한 방법들에 관해 이야기하려 한다.

물론 우리는 행복하기를 갈망한다. 하지만 스플린(우울증)으로부터 빠져나오는 것이 급선무일 때가 있다. 결정적인 이유 없이 우울하거나 침울한 이 감정 말이다. 21세기의 서양인들처럼 운이 좋은 사람들에게 행복의 주된 장애물은 대개 '진정한 불행'이 아니라 일상 생활의 수많은 상처들이었다. 기분의 저하, 걱정과 근심, 분노와 원한…….

경미하지만 끈질긴 불행감을 제공할 수 있는 이런 항구적인 불행의 원천들에 맞서 어떻게 싸우고 어떻게 준비해야 할까? 그리고 이런 감정을 필요 이상 유발하거나 지속하지 않게 하는 방법은 무엇일까? 왜냐하면 우리는 때로 자기 불행의 주동자들이기 때문이다…….

불행의 유혹

"인생은 형편없고 비싼 작은 레스토랑이다. 게다가 너무 짧다."

우디 앨런

아멜리

"나는 사는 게 아니라 생존하고 있어요. 나는 인생을 누리지 못하며, 머릿속은 항상 고장나 있고 행복과의 관계는 절룩거리죠. 항상 잘 풀리지 않는 어떤 일이 있고, 되새겨야 할 슬픔이 있죠. 항상 나를 꾹꾹 찌르는 불행이 존재하죠. 가장 나쁜 건 그것이 내게서 온다는 느낌이 드는 거예요. 나는 불행하다는 확신이 들고, 망설임 없이 우울함에 빠져들고 말죠. 나는 별로 어렵지 않게 인생의 피해자의 입장이 돼요. 때론 분명한 이유 없이 슬퍼져요. 또 어떤 때에는 출발점, 진짜 걱정이 있지만 그것이 지나치게 큰 자리를 자치하죠. 어쨌든 우울증의 부름에 굴하지 않는 것이 내게는 너무나 어렵다는 느낌이 들어요. 마치 내 머리 한 구석에 작은 공장이 있어서 내게 불행을 만들어 주는 것 같아요……."

인간의 불행에 대한 성향은 자주 묘사되고 조롱당해 왔다. 팔로알토 학파의 역사적 인물인 정신요법의사 폴 와츨라빅은 1980년대에 《당신의 불행을 당신 자신이 만들어라》라는 제목의 흥미로운 책을 한 권 썼다.[1] 따라서 이 주제에 관해선 할 말이 많으며, 정신요법을 실시하는 진료실들은 자신의 불행으로부터 빠져나오기 힘든 인간들의 어려움들을 반향하고 있다.

이 '불행의 유혹'은 무엇으로 구성되는가? 두 가지 주된 현상을 묘사할 수 있다.

• 하나는 감정의 영역에 속하는 것으로 우울함(정신과 의사들은 이를 '슬픈 기분'이라 부른다)에 쉽게 빠져드는 경향을 말한다.

• 다른 하나는 정신적인 것으로 일상의 근심과 불운의 확대를 의미한다.

첫번째 기제는 기분과 관계 있는 것이다. 기분이란 우리의 정신에 항구적으로 존재하는 감정의 기본적 색조로서 긍정적('좋은 기분') 기분과 부정적 기분('나쁜 기분')이 있다. 최근의 논문들은 우리들 대부분이 부정적인 기분으로 가게 내버려두지 않으려면 싸워야 한다는 것을 확인해 주었다.[2] 그리고 이런 싸움이 항상 쉬운 것은 아니다. 왜냐하면 '그래서는 안 된다'는 것을 알아도 소용없고, 우울함이 우리를 엄습할 때 우리가 그것으로부터 빠져나오려는 노력을 항상 하는 것도 아니기 때문이다.

---

1) P. 와츨라빅, 《당신의 불행을 당신 자신이 만들어라 *Faites vous-même votre malheur*》, 파리, 쇠유 출판사, 1984년.
2) M. 뮤라벤, 〈편협한 수단으로서의 자기 통제—관리 소모 양식 Self-control as a limited resource: Regulatory depletion patterns〉, 《성격과 사회심리학 저널 *Journal of Personality and Social Psychology*》, 1998년, 74: 774-789.

불행의 유혹과 관련된 두번째 기제는 정신적인 것이다. 하나의 장애를 불가능성으로, 한번의 실패를 대실패로, 한번의 사고를 재앙으로 변화시키는 것이다. 많은 연구들이 일상의 근심거리를 이렇듯 주관적으로 확대시키는 현상을 분석했는데, 이는 불안장애와 우울증을 앓는 환자들에게서 자주 나타났다. 또한 이 연구들은 이러한 현상이 '정상적인' 피실험자들에게서도 나타나며, 그것이 피실험자가 느끼는 편안함과 그가 지각하는 스트레스의 정도에 많은 영향을 끼친다는 것도 증명했다.

■ 왜 우리는 불행에 더 소질이 있을까?

철학자 알랭은 이렇게 말했다. "비관주의는 기분에서 나오고, 낙관주의는 의지에서 나온다." 항상 불행한 느낌에 휩쓸려 가도록 내버려두는 것이 그와 맞서 싸우는 것보다 더 쉽고 정신적 에너지도 덜 든다. 반대로 편안함이 지속되도록 만들려면 대개 많은 노력이 필요하다.

이것을 설명하자면 우선 개인적인 이유들이 있다. 왜냐하면 감정적 차원에서 좋은 기분을 느낄 수 있는 능력에 관한 한 개인들간에 분명한 차이가 존재하기 때문이다. 그 차이들 중 일부는 생물학적인 원인에 속하고(우리가 기질이라 부르는 것), 대부분은 정신적 이유들을 갖고 있다(우리 가정의 지배적인 감정적·교육적 방식들, 인생의 사건들).

하지만 인류만의 고유한 요인들도 존재한다. 왜냐하면 진화는 인류의 생존율을 높여주는 기능을 하는 수많은 부정적 감정들의 존재에 유리하게 작용한 것으로 보이기 때문이다.[3] 불안은 문제를 더욱 경계하게 만들고, 두려움은 도망 또는 투쟁을 조장하고, 분노는 적이나 경쟁자들을 겁먹게 만들고, 슬픔은 동정을 유발하고 집단을 뭉치게 하는 등이다.

그렇지만 자연은 우리의 생존을 염려한 반면, 우리의 삶의 질은 전혀 염려하지 않았다. 긍정적 감정들과 기분들의 스펙트럼은 훨씬 더 제한되고 불안정하고 접근하는 데 많은 고통이 따른다. 좋은 기분을 느끼는 것은 말하자면 인류의 생존만을 염려할 뿐 개인들의 편안함은 염려하지 않는 진화가 우리를 위해 준비해 놓지 않은 하나의 사치인 것이다.

행복해지기 위해 자주 '노력해야' 하는 까닭이 거기에 있다…….

■ 왜 불행의 유혹에 맞서 싸워야 하는가?

하지만 결국 왜 노력을 해야 할까? 왜 자연이 시키는 대로, 자기 자신으로 있도록 내버려두어서는 안 될까?

아닌 게 아니라 안 될 이유는 없다…… . 19세기 낭만주의자들이 유행을 만든 뒤로 멜랑콜리의 기쁨도 존재하고, 심지어는 불행의 어떤 멋도 존재한다. 때로는 정신적 고통과 결부된 어떤 창조성도 존재한다. 그렇지만 아무것도 과장하지 않고 말하는 것인데, 불안과 불행은 자극하는 경우보다 마비시키는 경우가 훨씬 더 많다.[4] 모든 게 양의 문제임이 분명하다. 부정적 감정과 불행한 느낌이 우연히, 지속적이지 않게 나타나고 우리의 일상 생활을 지나치게 교란시키지 않을 땐

---

3) M. 맥가이어, A. 트로이시, 《다원론적 정신의학 *Darwinian Psychiatry*》, 옥스퍼드, 옥스퍼드대학출판부, 1998년.

4) C. 와델, 〈창조성과 정신질환 간에 고리가 있을까? *Creativity and mental illness: Is there a link?*〉, 《캐나다 정신의학 저널 *Canadian Journal of Psychiatry*》, 1998년, 43: 166-172.

그것들이 스스로 사라지기를 기다릴 수 있다. 하지만 불행과의 연애가 어떤 위험을 내포할 때, 그땐 심리학이 좀더 파고들기 시작한다.

첫번째 단점: 싸우지 않으면 불행한 느낌이 더 오래 지속된다

불행한 느낌에 빠져 있다 보면 우리가 생각하는 것과 달리 그것의 지속 기간이 연장될 우려가 있다. 예전에는 감정의 어떤 정화 효과를 믿었다. 즉 본능을 만족시키는 것이 공격성을 덜어줄 수 있고, 한탄하는 것이 고통을 경감시켜 준다고 본 것이다. 그런데 이것은 흔히 반대의 결과를 나타낼 수 있는 것으로 보인다. 대꾸 없이 반복된 불평(어떤 이들의 삶, 또는 일부 정신요법에서도 찾아볼 수 있는 것처럼)은 당사자를 인생의 피해자로 만들어 버릴 수 있다. 공격적인 게임이나 스포츠를 행하거나 관찰하는 것은 차후 공격적 행동의 위험을 높여줄 수 있다. 그리고 불행은 그 자체를 자양분으로 한다. 다시 말해 내가 불행에 몸을 내맡길수록 그것이 지속되는 기간은 길어지는 것이다.

두번째 단점: 싸우지 않으면 불행한 느낌이 증대된다

불행한 느낌에 빠져 있다 보면 나는 감정('나는 불행한 느낌이 든다')에서 관점('내 인생은 불행하다')으로 옮아가게 된다. 인지론자들이 '감정의 논리' 라 부르는 것이 그것이다. 다시 말해 그럴 만한 분명한 또는 타당한 이유 없이 슬픈 느낌이 들게 되면 내 인생, 나아가 모든 인생이 슬프다고 생각하게 된다는 것이다.

모자간의 상호 작용을 다룬 최근의 한 연구[5]는 세상을 보는 시각 안에서 기분이 차지하는 중요성을 확인해 주었다. 심리학 실험실에서 실시하는 어떤 실험에 아흔아홉 명의 어머니를 초대했다. 주최측은 두

살에서 다섯 살에 이르는 그들의 아이와 함께 한 방에서 15분씩 두 번 있어줄 것을 요구했다. 이때 그 15분 동안 두 개의 다른 프로그램이 제시됐다. 하나는 엄마들이 아이와 노는 것 외에는 아무 지시도 받지 않는 것이었고, 다른 하나는 하나의 수학적 과제를 해결할 것을 요구하는 것이었다. 단 이때 아이가 방의 한구석에 놓인 장난감들을 만지게 해서는 안 된다고 설명했다. 두번째 실험 조건이 엄마들의 스트레스 정도를 분명히 높인 것은 말할 필요가 없을 것이다……. 이 두 실험이 끝난 뒤 엄마들은 자신들의 감정 상태, 특히 아이와의 관계의 전체적인 질을 평가했다.

실제로 어머니들이 아이와의 유대를 두고 내린 평가는 그들의 인격적 특성이나 실험 동안 아이가 한 실제 행동, 그리고 당시의 그들의 기분 모두에 달려 있었다. 엄마가 스트레스를 받을수록 그녀는 자신의 아이를 성가시고 힘들게 인지했다. 엄마가 느끼는 감정의 상태는 아이의 행동만큼이나 영향력을 미쳤다. 이미 다른 많은 연구들도 이러한 현상을 확인한 바 있다. 불쾌감(부정적 감정의 느낌)을 많이 느끼는 어머니들은 그들의 아이를 더욱 부정적으로 인지한다.[6]

한 시점에 국한된 기분이 어머니가 아이를 바라보는 시선에 영향을 끼칠 수 있다면, 다시 말해 그것은 모든 것에 영향을 끼칠 수 있다는 말이 된다…….

---

5) R. 와이스, M. C. 러브로이, 〈일상 생활에서의 정보 처리—부모 자식간 상호작용에 관한 어머니의 보고 안에서 나타난 감정, 일치, 성향 Information processing in everyday life: Emotion-congruent-bias in mother's report of parent-child interaction〉, 《성격과 사회심리학 저널 *Journal of Personality and Social Psychology*》, 2002년, 83: 216-230.
6) E. 영스트롬, 〈어머니의 자녀 질책 속에서 불쾌감과 관계 있는 성향 Dysphoria-related bias in maternal rating of children〉, 《진단, 임상심리학 저널 *Journal of Consulting and Clinical Psychology*》, 1999년, 67: 905-916.

세번째 단점: 싸우지 않으면 불행한 느낌이 되돌아오기 쉽다

마지막 단점은 우리가 슬픔의 고삐를 풀어주는 것은 불행의 귀환을 준비하는 행위가 된다는 것이다. 이러한 현상은 우울증에서 널리 알려졌고(우울증은 재발하는 경향이 무척 높다), 일상적인 슬픈 기분의 경우에도 마찬가지라는 것이 입증됐다. 어떤 감정이 한 사람의 감정을 강렬하고 지속적으로 사로잡을수록 그 감정은 유사한 상황에서, 그리고 나아가 점점 더 사소한 사건으로도 다시 일어날 수 있게 된다.

인지론적 치료법을 사용하는 의사들은 이것을 코그니티브 시프트(cognitive shift, 인지적 연결)라 부른다. 당사자는 점점 더 아무것도 아닌 일상의 사건들에 대해 안절부절못하고 무너지게 되는 것이다.[7] 불행한 느낌이 활개를 치게 내버려두는 것은 문을 활짝 열고 그것의 귀환을 기다리는 행위이고, 그것을 주된 '감정적 양식'으로 만들 우려를 범하는 행위이다.

자, 지금까지 어떻게 고대 로마의 시인 테렌티우스의 표현[8]을 빌리자면 '자기 자신의 사형집행인'이 되는가를 설명했다. 따라서 중요한 충고를 하나 하겠다. 가능하면 불행한 느낌과 우울한 기분에 수동성, 되새김질 또는 불평으로 인해 지나치게 넓은 공간을 남겨두지 마라.

---

7) Z. V. 세갈, 〈흥분에 대한 인지 과학의 시각과 재발성 정서장애 발현의 민감화 A cognitive science perspective on kindling and episode sensitizations in recurrent affective disorders〉, 《심리의학 *Psychological Medicine*》, 1996년, 26: 371-380.

8) A. 쇼펜하우어가 인용함, 《행복의 기술 *L'Art d'être heureux*》, 파리, 쇠유 출판사, 2001년, 56쪽.

침울함, 우울증, 저조한 기분: 행복에 드리운 안개들…

잔

"옛날에는 이런 식이었어요. 아침에 눈을 뜨기가 무섭게 오늘도 형편없으리라는 것을 알 수 있었죠. 내 머릿속에는 오직 슬픈 생각들이나 걱정스러운 생각들밖에 없고, 슬픔을 엄청 민감하게 받아들이는 나 자신을 느낄 수 있었어요. 이를테면 지하철에서 나는 모든 사람들이 불행하고, 한결같이 우울한 삶을 살고 있다는――나처럼――느낌을 받았죠. 모든 걸인들은 내 마음을 아프게 했죠……. 내가 아무 노력도 하지 않으면 하루는 끔찍했고, 특별히 좋은 소식이 없으면 그런 상태가 지속됐죠. 옛날에는 이런 멜랑콜리가 떠다니도록 내버려두었어요. 이제 나는 더 이상 그런 우울한 상태를 음미하고, 그 속에서 뒹굴고 싶지 않아요. 그건 이미 해봤거든요……. 요즘 나의 하루 목표는 나의 우울에 저항하는 것, 그것을 받아들이지 않는 것, 거기에 복종하지 않는 것, 그것을 무찌르는 것이에요. 그것이 왜 거기 있을까? 내가 슬픈 생각에 잠길 만한 까닭이 있어? 그렇게 생각하면서 말이죠……."

슬픔을 정확히 무어라 정의할 수 있을까? 사전에서는 '가슴 아프고 침체된 상태' '이유를 알 수 없지만 다른 것을 즐기는 것을 방해하는 불편함'[9]이라 말하고 있다. 모든 언어와 문화 속에서 슬픈 기분을 가리키는 어휘들은 셀 수 없이 많다. 프랑스어로는 cafard(우울), morosit(침울), 영어로는 blues, spleen, 포르투갈어로는 saudade 등.

---

9) 《프티 로베르 *Le Petit Robert*》, 파리, 르 로베르 사전 출판사, 1990년.

이러한 상태는 대개 현실적 충돌과 불분명한 정신적 파도의 혼합물이다. 수많은 학문적 연구들[10]이 무드 레귤레이션, 즉 우리 기분을 조절하는 기제를 연구했다. 그것은 이 기제가 우리의 행복에 중요한 역할을 하기 때문이다. 우리는 3장에서 긍정적 기분들에 관해 언급한 바 있는데, 이제는 부정적 기분들이라는 문제에 접근해야 할 것 같다. 이 문제는 가장 많고 가장 다양하다는 단점을 갖고 있다…….

우울증을 찬양해야 할까?

과거에 육체적 고통은 참아야 하는 것, 인간의 운명, 나아가 인간을 성장시키는 것으로 간주되었다. 의사들은 환자들이 고통을 당하는 것을 기꺼이 내버려두었으며, 그것은 치료 방법이 없어서만은 아니었다. 이를테면 그들은 임종 단계의 암환자들의 고통을 덜어주기 위해 모르핀을 주사하기를 주저했다.

그러다가 마침내 고통이 인간을 성장시키지 않는다는 것과 진통제가 그들이 생각하던 것과 반대로 환자로 하여금 더 효과적으로, 더 위엄 있게 대처할 수 있게 해준다는 것을 인정하게 되었다.

정신적 고통의 경우에는 아직 그런 과정을 거치지 못했다. 사람들은 오랫동안 우울증을 과소평가해 왔다. 아직도 흔히 불안장애로 인한 고통을 과소평가하는 것과 마찬가지로. 오늘날 지체의 정도가 한계에 달했음에도 불구하고 아직도 가끔씩 정신적 고통의 미덕을 찬양하는 소리가 들리고, 심지어는 우울증의 혜택을 바탕으로 한 치료법의 선언 소식도 들린다.[11] 그것을 어떻게 생각해야 할지?

물론 불행 또는 불행한 느낌이 때로는 우리에게 도움을 줄 수 있

---

10) D. 왓슨, 《기분과 기질 *Mood and temperament*》, 앞에서 언급한 책.

11) P. 페디다, 《우울증의 혜택 *Les Bienfaits de la dépression*》, 파리, 오딜 자콥 출판사, 2001년.

다. 우리를 심사숙고하게 함으로써, 행복은 저절로 주어지는 것이 아니라는 것을 상기시킴으로써, 대조적으로 어떤 유형의 고통이든 고통이 없다는 것이 행복의 한 형태이거나 시작이라는 것을 깨닫게 함으로써 말이다……. 하지만 이것은 초기에만 해당되는 이야기이다. 그것이 오래 가고 반복되면 고통은 더 이상 지성에 아무것도 가져다 주지 않는다. 그 사람에 대한 특별한 정신적 방편만이 그것을 가져다 줄 수 있다. 우리가 우울증을 찬양할 수 있는 것도 병이 다 나은 뒤(환자의 경우) 또는 외부인의 관점에서 보았을 때(정신과 의사의 경우)의 일일 뿐이다.

라 로슈푸코는 자신의 것이 아닌 고통을 과소평가하는 이 영원한 성향에 관해 이렇게 기록했다. "우리는 항상 남의 고통은 얼마든지 참을 수 있다……."

기분(우리의 의식에서 감정적으로 가장 내밀한 곳)의 특징은 잊혀지는 성향이다. 이번에도 역시 앞에서와 같은 '감정의 논리'가 통한다. 즉 내가 슬픈 느낌을 갖게 되면 나는 세상이 슬프다는 느낌을 갖게 되는 것이다. 정신과 의사들에게 가장 흔히 제기되는 질문의 하나는 기질(이런저런 기분을 더 쉽게 느끼는 성향)의 문제이다. "내가 우울한 기질을 가졌다면 특별히 할 일이 없잖아요." 실제로 우리도 기질을 언급한 적이 있지만, 사람에게는 기분의 안정성이라고 하는 것이 존재한다(세트 포인트). 호의적이거나 호의적이 아닌 일상의 사건들로 인해 발생하는 위 또는 아래를 향한 진동이 끝나고 나면 우리의 기분은 대개 평균점으로 복귀하게 된다.[12] 그리고 개인의 노력이 없다면 이 현상은 오랜 세월 동안 변치 않는 경향을 보일 것이다.

그렇지만 장기적 안목에서 이것을 변화시키는 것은 언제나 가능하다. 노력, 개인의 발전, 정신치료 등으로. 자아를 대상으로 하는 이 작업의 목표는 물론 '사기 저하'를 가져오는 문제들을 제거하는 것이 아니라 거기에 대처하는 법을 아는 것이다.

■ 우울증에 대처하려면 어떻게 해야 할까?

자신의 기분에 관심을 기울이고 그것들을 중시하라

자신의 기분을 꼭 필요한 만큼만 진지하게 받아들이는 것은 지나치게 받아들이는 것도 아니고(지나치게 받아들인다면 우리는 그것이 현실의 반영이라고 생각하게 될 것이다. 하지만 항상 그런 것은 아니다) 지나치게 무시하는 것도 아니다(지나치게 무시한다면 우리는 그것을 영원한 놀림감으로 삼게 될 것이다). 항상 그렇듯 현상의 초기부터 우리의 슬픈 기분에 복종하는 대신 그에 관해 곰곰이 생각해 봄으로써 거기에 대처하는 편이 더 쉽다. 우리의 멜랑콜리는 외적 원인의 결과일 수 있다. 그렇다면 뭔가 할 일이 있지 않을까? 아니면 그것 자체가 문제일 수도 있다. 이 경우 어떻게 하면 그것의 확장을 막을 수 있을까? 다시 말해 항상 우리의 기분을 이해하려고 노력하자는 것이다. 우리의 부정적인 기분에는 어떤 이유가 있는가? 만일 그렇다면 거기에 어떻게 대처해야 할까? 만일 그렇지 않다면 그것을 어떻게 사라지게 할까?

---

12) P. T. 코스타, 〈웰빙에 대한 환경적 기질적 영향—미국적 표본을 경도상으로 추적하다 Environmental and dispositional influences on well-being: Longitudinal follow-up on an american national sample〉, 《영국 정신의학 저널 *British Journal of Psychology*》, 1987년, 78: 299-306.

> ## 디스티미(뇌파부정)
>
> 전형적인 우울증 상황들을 제외하고 정신과 의사들이 '디스티미'
> (뇌파부정, 그리스어로 dys는 '잘못된,' thymie는 '기분'을 의미한다)라
> 부르는 기분장애가 존재한다. 디스티미로 고통을 겪는 환자들은 우울
> 증일 때보다는 강도는 덜하지만 만성적 양상을 보이는 우울한 증상
> 들에 의해 영향을 받는다. "아주 나쁜 적도 없지만 그렇다고 정말로
> 좋은 적도 없어요." 디스티미는 부분적으로는 생물학적 토대를 근거
> 로 하는 듯한데, 그것은 이 증상이 어떤 항우울증 치료에 대해 상당
> 히 우호적인 반응을 나타내기 때문이다.[13] 하지만 그것은 정신요법
> 적 처치[14]와 이 두 가지 형태의 치료법의 결합[15]에도 빠른 반응을 보
> 인다. '행복해지기 어려운' 환자들 중 일부는 디스티미로 인해 고통
> 을 겪고 있다. 하지만 주의하라. 디스티미에 대한 의학적 또는 정신
> 요법적 치료는 차후의 행복에 대한 약속이 아니다. 그것은 다만 행복
> 의 건설을 가능케 해줄 뿐이다.

현실주의자가 되어라

부정적인 기분의 존재와 정착을 막을 수는 없다. 하지만 불행한 감
정을 운명에 대한 신경증으로 변화시키지 않기 위해 싸울 수는 있다.

---

13) J. M. 바넬, 〈뇌파부정에서 플루오섹틴의 통제된 효능에 관한 연구 Controlled efficacy study of fluoxetine in dysthymia〉, 《영국 정신의학 저널 *British Journal of Psychiatry*》, 1997년, 170: 345-350.

14) J. C. 말코비츠, 〈뇌파부정의 정신요법 Psychotherapy of dysthymia〉, 《미국 정신의학 저널 *American Journal of Psychiatry*》, 1994년, 89: 1114-1121.

15) A. V. 라빈드란, 〈집단 인지 치료와 약물 요법을 사용한 초기 뇌파부정의 치료 Treatment of primary dysthymia with group cognitive therapy and pharmacotherapy〉, 《미국 정신의학 저널 *American Journal of Psychiatry*》, 1999년, 156: 1608-1617.

이것은 특히 '또 시작이군' '항상 이런 식이지'라고 말하면서 일반화시키는 성향에 저항하는 것을 의미한다. 그리고 이것은 두 가지 이유에서 그렇게 하는 것이다. 이렇게 생각하는 것은 잘못이기(흔히) 때문이고 무익하기(항상) 때문이다. 이것은 슬픈 기분을 더하게 할 뿐이다. 왜냐하면 일반화에서 나올 수 있는 건 불평이나 되새김질뿐 어떠한 다른 해결책도 아니기 때문이다. 만일 실제로 똑같은 어려움이 반복되는 현상이 벌어진다면 기분을 가라앉히는 사건에 냉정하게, 거리를 두고 접근하는 것이 더욱 효과적일 것이다.[16]

행동하라

우리의 자아를 위해 기분 좋은 일이 아닐지는 몰라도, 모든 연구들은 생각보다는 행동을 통해 우리의 기분을 좋게 하는 편이 더 쉽다는 것을 증명하고 있다.[17] 따라서 잘 지내지 못할 때는 자신을 돌보기 위해 움직여야 한다. 이 또한 자명한 사실이라고? 하지만 관찰에 따르면 이는 수없이 상반되는 결과로 나타나고 있다. 불안증과 우울증 환자들의 대부분은 정확히 반대되는 행동을 하고 있다. 그들은 잘 지내지 못할수록 움직이기를 멈추고 더 이상 친구들을 만나지 않고 더 이상 좋아하는 취미와 여가 활동을 하지 않음으로써 자신을 학대한다. 그리고 자신을 학대할수록 그들은 더욱더 잘 지내지 못하게 되며, 그

---

16) N. 바우만, J. 쿨, 〈직관, 감정, 개성—일관성 있는 무의식적 판단과 부정적 감정에 대한 자기 조절 Intuition, affect and personality: Unconscious coherence judgments and self-regulation of negative affects〉, 《성격과 사회심리학 저널 Journal of Personality and Social Psychology》, 2002년, 83: 1213-1223.

17) R. E. 타이어, 〈이성적 기분의 대체—훈련은 많이 하고 응석은 받아주지 마라 Rational mood substitution: Exercise more and indulge less〉, R. E. 타이어, 《매일의 기분의 기원 The Origin of Everyday Mood》, 앞에서 언급한 책, 157-168쪽.

래서 악순환이 시작되는 것이다.

잘 지내지 못할 때 기분 좋은 일을 하는 것은 자명한 사실에 속하지 않는다. 왜냐하면 그때 우리에겐 그럴 의욕이 없기 때문이다. 그런데 모든 연구 결과들은 최초의 노력에 의해 이런 의욕을 다시 점화시켜야 한다는 것을 증명하고 있다(꺼진 엔진에 다시 시동을 걸 때처럼). 그리고 이때 목표를 혼동하면 안 된다. 우리가 잘 지내지 못할 때 기분 좋은 활동의 목표는 우리를 행복하게 만드는 것이 아니라 불쾌감이 심해지는 것, 또는 지속적으로 정착하는 것을 막는 것이다.

이런 관점에서 인지론적 치료법을 사용하는 의사들은 환자들에게 종종 이렇게 묻는다. "제일 친한 친구에게 기운을 되찾기 위해 무엇을 하라고 권하겠습니까?" 이 질문은 매우 흥미롭고 적절한 생각들로 유도할 때가 많다. 그리고 그 다음에는 이런 질문을 한다. "왜 당신은 당신 자신을 위해서는 그렇게 하지 않습니까?" 이 질문은 좀더 깊이 있는 개인적인 생각을 요구한다. 왜냐하면 대부분의 경우 우리는 우리 자신을 친절하게 대접하는 데 충분히 익숙하지 않기 때문이다……

긍정적인 기분을 유도하기 위한 실험적 방법들

심리학 실험실의 연구원들은 그들의 연구(이를테면 기분은 수학적 재능에 영향을 끼치나? 또는 기분은 우리가 낯선 사람에게 자신에 대해 말하는 방식에 영향을 끼치나?)에 참가한 지원자들을 대상으로 긍정적 기분 또는 부정적 기분을 유도하기 위해 수많은 기술에 의존하고 있다. 이런 기술들은 그 자체가 그것들의 유효성을 평가하기 위한 분석 대상이었다.[18] 자, 여기 실험실에서 적어도 10분에서 15분 사이에 기분을 상승시키거나 하락시킬 수 있는 것들의 목록을 순서대로 적은 것을 소개한다. 당신의 전략도 몇 가지 발견되는가?

(수치는 '효과의 크기,' 즉 분석된 연구들 전체에서 각 항목이 차지하는 비중을 가리킨다. 1에 가까울수록 효과는 크다.)

코미디 영화를 본다.	0.73
선물을 받는다.	0.38
기분 좋은 것들을 구체적으로 생각한다.*	0.36
성공을 해서 축하 받는다.	0.33
좋아하는 음악을 듣는다.	0.32
누군가와 함께 즐거운 이야기를 나눈다.	0.27
긍정적인 기분을 나타내는 표정을 짓는다.	0.19

* 누군가에게, 특히 친구와 이런 기분 좋은 것들에 관해 말할 때 기분에 미치는 좋은 효과는 증대된다.

걱정, 근심, 불안:
사는 것이 하나의 걱정거리일 때…

"우리는 모두 허풍쟁이이다. 우리는 우리의 문제들보다 오래 산다."

에밀 시오랑

아네트

"나는 부모님이 행복해하는 모습을 한번도 본 적이 없어요. 그분들

---

18) R. 웨스터만, 〈기분 유도 절차의 상대적 효과와 타당성―메타 분석 Relative effectiveness and validity of mood induction procedures: A meta-analysis〉, 《유럽 사회심리학 저널 *European Journal of Social Psychology*》, 1996년, 26: 557-580.

은 이점도 지나치게 염려하셨죠! 솔직히 나는 행복의 문제가 두 분에게 제기된 적도 없으며, 두 분은 인생의 불행들을 피하기 위해 너무나 많은 에너지를 쏟아야 한다는 느낌을 갖고 있었고, 두 분의 유일한 긍정적인 감정은 안심("휴, 큰 변은 피했군") 또는 휴식("좋아, 이제야 좀 숨을 쉴 수 있게 됐군")이었다고 생각해요.

친구들 집에 갔을 때 나는 쾌락주의적 부모들이 그들만의 시간을 갖는 것, 또는 즐거운 시간을 갖기 위해 힘든 집안일을 뒤로 밀어놓는 것을 보게 됐어요. 그건 우리 집에서는 생각할 수 없는 일이었어요. 게다가 나는 그들의 행운에 매료됐죠——왜냐하면 내게 그들은 행운아들, 신들의 자식들처럼 보인 반면 우리는 평범한 인간, 따라서 불행한 인간으로 여겨졌기 때문이죠…….

나의 어머니가 가장 자주 입에 올리던 말——나는 지금도 그 말이 들리는 듯해요——은 '걱정이 떠나질 않는구나'였죠. 물론 나도 어른이 되자 부모님의 관점을 그대로 따르게 됐어요. 대학 기숙사의 옆방 친구들이나 내 남자 친구들은 걱정을 향한 끝없는 욕구를 두고 나를 놀리기 시작했어요.

어느 날 친구들 중 하나는 나를 심지어 불안헛헛증 환자 취급을 했어요. 왜냐하면 나는 걱정될 수 있는 모든 것을 단숨에 삼켜 버리는 발작 증세가 있었거든요. 그 다음 그것들을 토해 내는 내 방식은 바로 눈물이었죠……."

끊임없이 걱정과 대면한다면, 또는 끊임없이 걱정과 대면하는 것으로 느껴진다면 어떻게 행복을 느낄 수 있으랴?

왜냐하면 동일한 사건이 어떤 사람에게는 대단치 않은 사고로 간주되고, 어떤 사람에게는 끔찍한 재앙으로 간주되기 때문이다. 어떤 이들에게 역경은 원래의 모습 그대로 남는다. 불쾌하지만 피할 수 없는 인생의 어느 한순간, 행복이 탈선하는 것(불행한 상황, 불행한 감정). 반대로 다른 많은 사람들에게 역경은 자신의 불행에 대해 무의식적인, 하지만 결국은 자기 만족적인 되새김질을 하게 만드는 구실이 된다(불행의 건설). 마지막으로 어떤 이들에게 역경은 행복이 불가능하거나 헛된 것이라는 증거가 된다(불행한 시각). 결국 불안과 걱정은 행복에 대한 가장 큰 장애물의 하나로 확인될 수 있다. 그리고 가볍게 살기가 불가능한 상태에 머물게 할 수 있다.

■ 불안의 생쥐는 행복의 케이크를 갉아먹는다

따라서 불안한 생각은 우리를 피곤하게 만들며, 행복한 순간들에 접근하는 것을 방해한다. 불안한 생각은 편안함과 결부된 해이, 안심과 양립될 수 없는 긴장 상태를 낳는다. 그것은 현실(적어도 한순간 행복할 수 있는 가능성)을 잠재적인 것(불확실한 문제들에 대한 지속적인 경계)에 희생시키게 만든다.

불안은 세계에 대한 하나의 시각이고 해석이다. 그는 일상 생활을 위협이 가득한 것으로 인식한다. 그리고 자신의 관심과 정력의 대부분을 그것들을 감시하고 예견하고 위험을 예방하려고 노력하는 데 기울인다. 적은 양일 때 불안은 도움이 된다. 그는 문제들에 주의하고, 거기에 대처하려고 노력한다. 하지만 혈압은 정상적이고 나아가 생명 유지에 필요한 현상이지만 고혈압이 존재하는 것과 마찬가지로 많은 사람들에게는 만성적 또는 일시적인 고불안 현상이 존재한다. 이때 수많은 정신적 기제가 작용한다.

• 문제들이 없을 경우, 위험에 대한 지나친 경계가 작용한다. 이것은 주위에 대한 지속적인 경계와 끊임없는 예상으로 표현된다(불안증

환자는 위험이 닥치기 전에 그것을 생각하고 부단하고 충격적인 재난 시나리오를 작성함으로써 자신의 상상력을 끝까지 밀고나간다). 이런 지속적인 예상은 실제로 현재를 즐길 수 있는 능력을 상실하게 만든다.

내 친구들 중 하나가 불안한 기질을 가진 여덟 살난 자기 딸에 대한 이야기를 들려주었다.

"일요일 아침이었어. 베레니스와 함께 시장에서 돌아왔지. 모든 게 잘 돌아가고 있었고, 우리는 수다를 떨고 있었지. 그런데 갑자기 그 애가 내게 만일 어느 날 우리가 아주 가난하게 될 수도 있느냐고 묻기 시작했어. 그 다음엔 어느 날 갑자기 우리 나라에 전쟁이 일어날 수도 있느냐고 물었어. 왜 그런 생각들을 하게 됐느냐고 묻자 그 애는 누더기를 걸친 어떤 아저씨를 보고는 가난에 대해 생각하게 됐고, 비행기가 지나가는 소리를 듣고는 폭탄과 전쟁에 대해 생각하게 됐다는 거야 ……. 베레니스는 그런 식이야. 아무 일 없을 때도 불안에 떨지. 마치 일상의 작은 행복들을 한번도 느껴 보지 못한 아이처럼 말이야……. 그 애는 많은 시간을 예상하는 데 보내. 그 애가 더 어렸을 때 우리는 그 애에게 아무것도 약속할 수가 없었어. 뭔가를 약속하면 그 애는 항상 그것만 생각하고 우리를 들볶았거든. 만일 학교 친구의 생일 파티에 초대된 사실을 2주 전에 예고하면——초대장을 받았을 때——그 애는 그 날짜가 임박했는지를 하루에 열 번씩 물었어. 그 애는 산만하고, 어떤 일을 하다가 금세 다른 일로 옮아가는 경향이 있어. 한 가지 일을 시작하기가 무섭게 다음 일을 생각하는 거지. 싫증이 나면 식사나 간식 시간이 되지 않았느냐고 물어. 그건 배가 고파서가 아니고 시간이 빨리 갔으면 해서야. 그 애가 앉아서 음미할 수 있도록 도와줘야 해. 그러지 않으면 그 애는 더 이상 아무것도 하지 않고 아무것도 이용하지 못하거든."

• 문제들이 있을 경우, 과도한 불안의 특징은 확대(경미한 사고가 재앙이 된다)와 여유 없는 집중(문제들밖에 보지 못함으로써 그 속에서 익사할 위험이 있다)이다. 불안한 생각은 본질적으로 일반화하는 생각이다. 다시 말해 하나의 불운한 사건에서 출발해 자신의 불행한 운명을 만들 수 있는 것이다. 역경은 점차 사람을 무감각하게 만들기는커녕 그가 얼마나 불운하고 불행한 사람인가를 매번 확인시켜 준다. 불안증 환자들이 삶에 대해 완전주의적인 시각을 갖고 있는 것도 그들의 지나친 통제 욕구 때문이다. 다시 말해 그들은 근심과 뜻밖의 사고들은 피할 수 있어야 한다고 생각하는 것이다. 그런 일이 생기는 것은 당사자가 해야 할 일을 하지 않았거나, 그 사람의 운명이 특별히 가혹해서라고 생각하는 것이다. 그 두 가지 경우 다음번을 위한 경계를 배가해야 하고, 특히 경계를 늦추면 안 된다…….

이것은 내 환자들 중 하나가 자신의 어머니에 관해 내게 들려준 이야기이다. 그 자신도 불안증 환자였다(적어도 그는 그 이유를 알고 있었다…….). "어머니에게는 모든 게 복잡했어요. 하나의 계획이 구상되기가 무섭게, 이를테면 일요일 아침의 소풍 같은 것 말이에요, 어머니의 걱정은 작동되기 시작했어요. 월요일부터, 그것도 매번 과도한 양의 식량을 사들였죠. 아버지는 어머니에게 우리가 갈 장소를 정확히 설명해야 했어요. 무작정 떠나는 건 말도 안 되는 일이었고, 안 되는 것도 무척이나 많았죠. 그늘이 너무 많아서도 안 되고——아이들이 감기에 걸릴 수 있으니까——그렇다고 너무 볕이 많이 들어도 안 됐죠——일사병을 조심해야 하니까 말이죠(어쨌든 우리는 일년 내내 모자를 쓰고 다녔어요). 도로와 너무 가까이 있어도 안 되지만(소음과 사고의 우려) 그렇다고 아주 멀리 있어도 안 됐죠(우리들 중 하나가 많이 다칠 경우 빨리 차에 탈 수 있도록). 그 주의 중간쯤부터 어머니는 우리에게 닥칠지 모르는 거대한 위험들에 대해 생각하느라 잠을 이루지 못하기 시작했죠. 장대비가 내리면 어떡하지? 말벌 집이나 살무사 소굴 옆에 앉으면 어떡하지? 집에 돌아올 때 어마어마한 교통체증에 걸리면 어떡하지? 걱정은 끝이 없었죠. 우리는 결국 어머니에게는 미리 아무것도 말하지 않게 됐지만, 그것도 좋아하지 않았어요……."

■ 불안에 대처하려면 어떻게 해야 할까?

되새김질하는 대신 생각하라

생각하라고요? ……하지만 불안증 환자들은 자신들의 문제를 줄기차게 생각하고 있는데요라고 독자는 내게 말할 것이다. 물론 그렇다……. 그렇다고 해서 그들을 위한 해결책이 흔히 그들의 주변 사람들이 충고하듯 '그것에 관해 더 이상 생각하지 않는' 것은 아니다. 그것은 첫째 그 방법은 잘 통하지 않으며, 근심은 항상 되돌아오기 때문이다. 그리고 둘째는 그 방법이 효과적이지 않기 때문이다. 불안증 환자의 근심은 항상 최소한의 근거와 현실을 기반으로 한다. 그건 망상이 아닌 것이다.

치료시 우리는 환자들이 자신들의 문제를 좀더 잘 생각할 수 있도록 돕는다. 왜냐하면 불안은 대개 비생산적이고 막연한 반추의 결과이다. 불안증 환자는 어떤 불안한 주제에 대해 생각하고, 그로 인해 괴로워한다. 다른 것을 생각할 때도 있고 그것을 끊임없이 되새김질할 때도 있지만, 아무튼 해결책을 찾는 데 집중하는 대신 다가올 공포와 뒤이어 올 불행에만 집중한다. 행복은 행동과 결단으로 이루어지는 하나의 건설이다. 불안에 대한 비생산적인 되새김질은 그것의 대척점에 있다.

의심을 확신으로 변화시키지 마라

불안한 생각은 편협한 생각이다. 하나의 불확실성(내일 소풍 때 비가 올까?)에 직면했을 때 불안한 생각은 가장 위협적인 가정만을 있을 법한 것으로 고려한다(그래 내일 장대비가 올 거야. 아이들은 비에 홀딱 젖어 병이 날 거야. 그것도 중병이. 그래서 합병증도 생길지 몰라. 그러면 입원을 시켜야겠지. 그런데 유능한 의사를 만나지 못하면 병이 오래 갈지도 몰라……). 다른 가정들은 고려되지조차 않는다. 따라서 불안한 의심(부정적 가정: '내일 비가 올까?')이 확신의 차원으로 승격하여 존재한다(부정적 확신: '분명 비가 올 거야').

불안해하는 사람들에 대한 고전적인 정신치료법의 하나는 그들에게 모든 불확실성에 직면해 다양한 가설들을 체계적으로 고려하는 법을 가르치는 것이다. 물론 비가 올 수 있다. 하지만 비가 오지 않을 수도 있고, 오더라도 잠깐 오거나 소량 내리고 말 수도 있다. 우리는 또 비가 너무 많이 올 경우엔 소풍을 취소할 수 있고 그럼에도 불구하고 즐거운 일요일을 보낼 수도 있다. 따라서 반드시 그 중 하나를 선택해야 하는 의무 없이 여러 가지 가설들을 내놓아야 하고, 마지막으로 자신의 생각에 대해 '민주주의적' 기능을 회복시켜야 한다(모든 관점에 발언권을 주는 것). 행복은 충만하고 명료한 의식에서만 지속적으로 나타날 수 있다.

모든 사건 뒤에서 재앙을 보지 마라

상사로부터 일에 대한 비난을 받았을 때 불안증 환자는 기꺼이 부정적 가설들을 고려할 뿐 아니라('그는 나에 대해 화가 난 것이 틀림없어. 그에게 큰 실망을 안겨준 거야') 그것을 부풀린다('그는 나를 쫓아내고 싶어할 거야'). 이것이 우리가 '재앙 시나리오'라 부르는 것이다.

대개 이 재앙 시나리오들은 의식적으로 지각되지는 않지만 항상 끝까지, 그래서 균형을 잃은 불안한 감정에까지 이르게 된다. 그리하여 고용주가 가한 비난은 최악의 논리에 따르는 가공할 상상의 건축물의 주춧돌이 된다. "그는 내게 혐오감을 느끼고, 내가 실수를 저지르도록 부추겨서 나를 해고시킬 거야. 나는 절대 직장을 다시 구하지 못할 거야. 우리는 거리로 내쫓기고, 아이들은 지하철에서 구걸해야 할 거야……."

이런 기능을 아는 것, 그리고 그것을 비판하기 시작하는 것은 불안과의 투쟁의 주된 과정이다. 이는 최악은 존재하지 않는다는 것을 납득하기 위해서뿐만 아니라 그것이 불안증 환자들의 무의식이 상상하는 것처럼 가능하지 않다는 것을 깨닫기 위해서이다. 행복은 우리에게 아무것도 일어날 수 없다고 생각하는 것이 아니라, 항상 최악에 집중하는 것은 흔히 그것이 닥칠 경우엔 우리가 거기에 잘 대처하는 것을 방해하고, 그것이 닥치지 않을 경우엔 우리의 삶을 망치는 결과를 낳는다는 것을 아는 것이다.

신뢰를 배워라

가장 최근의 연구 결과 불안증은 대개 불확실성에 대한 이상과민증에서 기인하는 것이 증명됐다.[19] 어떤 상황이 차단되지 않고 안정감을

---

19) M. 듀가스, 〈불확실성과 걱정의 불관용 Intolerance of Uncertainty and worry〉, 《인지 치료와 연구 Cognitive Therapy and Research》, 2001년, 25: 551-558.

주지 않을 때 불안증 환자는 최악을 고려한다. 요컨대 불안증 환자를 치료하는 것은 결국 불확실성에 대한 그의 관용을 증대시키고, 그에게 불확실한 일 뒤에서 위험만을 보지 않는 법을 가르치는 것이 된다.

내가 치료를 맡은 한 여성 불안증 환자는 자신의 치료 결과를 이렇게 요약했다. "이제 나는 선험적으로 믿으려고 노력해요. 내게 최악의 증거들이 없는 만큼, 미리 최악을 고려하지 않으려고 노력하죠. 그리고 내가 생각하던 것과 달리 불안의 반대말은 세상물정 모름이 아니라 현실주의라는 것을 알게 됐죠……." 우리는 앞으로 낙관주의를 다루면서 불신은 신뢰보다 흔히 더 맹목적이라는 것을 알게 될 것이다. 게다가 신뢰가 행복에 다가가는 가장 좋은 방법의 하나라는 것도.

비관주의: 명철함인가, 맹목인가?

> "행복한 것은 좋은 징조가 아니다. 그것은 불행이 마차를 놓친 것일 뿐이다. 불행은 다음 마차를 타고 도착할 것이다."
>
> 마르셀 에메

장-제롬

"난 흥을 깨는 사람이고, 소심한 사람이다……. 학생 때 친구들은 나를 불평꾼이라 불렀다. 키가 작은 나는 항상 머리에 모자를 쓰고 다녔고, 언제나 투덜거리고 있었다. 하지만 역설적이게도 친구들은 나를 무척 좋아했고, 나는 사람들을 기분 좋게 만들어 주었다. 어쩌면 나는 타인들의 우울함의 피뢰침 역할을 했던 것 같다. 여하튼 이건 집단으로 있을 때에 한해서였다. 왜냐하면 둘이 있을 땐 내 여자 친구들이 금방 싫증을 냈기 때문이다…….

내가 가장 애용하는 문장들은 이런 것들이다. 안될걸, 그럴 필요 없어, 내버려둬. 나는 즐거운 사람들을 보면 화가 난다. 그들은 인생에 대해 아무것도 모르고 기껏해야 미성숙한 인간들이고, 최악의 경우 이기주의자들이라는 인상을 준다. 내가 불행한지는 모르겠고, 그렇다고 말하고 싶지는 않다. 단지 나는 결코 만족하지 않는다고만 해두고 싶다. 그리고 그것은 내가 보기에 이 세상에 만족할 만한 이유가 많지 않기 때문인 것 같다. 문제는 내가 한 명랑한 아가씨와 사랑에 빠졌는데, 그녀가 이런 나를 참지 못한다는 것이다. 그녀는 내가 환자이며, 치료를 받아야 한다고 말한다. 내가 행복의 불구자라는 것이다. 얼마 전 나는 그녀로부터 도망칠 뻔했다. 하지만 그녀가 사는 모습을 보면 그녀가 옳지 않은가 하는 의문이 든다…….”

■ 비관주의란 무엇인가?

비관주의자란 불확실성과 직면했을 때 항상 부정적 확실성을 선호하는 사람을 말한다. 내가 지갑을 잃어버렸다? 나는 그것을 다시 찾지 못할 것이다(그리고 틀림없이 누군가가 훔쳐간 것이다). 내 친구들이 늦었다? 그들은 오지 않을 것이다. 항상 최악의 경우를 예상하는 편이 낫다고 비관주의자들은 확신한다.*

요컨대 비관주의는 겉보기에는 평온하고 체념한 듯한, 특히 사고방식으로 승격된 불안의 한 형태에 불과하다. 그런 사람들은 이것을 주

---

* 당신의 비관주의적 경향 또는 낙관주의적 경향을 측정하고 싶다면 뒷글을 읽기 전에 이 책의 말미(346쪽)에 소개된 질문들을 이용해 보라.

위 사람들에게 통찰력이라 주장하는 경향이 있으며, 최악의 경우란 절대 확실치 않다고 가정하기를 좋아하는 순진한 사람들을 점잖게 비웃는다. 비관주의자는 만일 최악의 경우가 가능하면 그것은 발생할 것이라고 생각한다. 이런 논리는 만일 당신이 사고율 제로를 추구하고 사고를 예방하려고 노력하는 항공학 엔지니어라면 유용할지 모른다. 하지만 일상 생활에서도 그럴까? 그런 추론의 근거는 무엇인가?

비관주의자들의 동기 부여는 상당히 흥미진진하며, 그들이 보기에는 완벽하게 논리적이다.

• 그들은 최악을 생각하는 것이 기다리던 행복이 오지 않았을 때 실망하지 않는 좋은 방법이라고 말한다: 예방의 비관주의.

• 이것은 또 불행이 닥칠 때 그것과 맞설 수 있는 태세를 갖추게 해 준다: 준비의 비관주의.

• 마지막으로 상당수의 비관주의는 미신에서 나온다. 최선을 희망하면서도 최악을 기다리는 것, 그러나 그것을 말하지 않는 것——오히려 반대로 말하는 것——은 불행이 행복을 침범하지 못하게 한다.

이것은 이를테면 시험을 본 뒤 속으로는 그렇게 잘못 보지 않았지만 그것이 비밀로 유지되기를 바라는 마음에 자기는 모든 걸 망쳤고 하나도 자신이 없다고 큰소리치는 편을 선호하는 학생의 경우이다. 하지만 그는 계속 비관적으로 나가는 것이 더 이롭다고 생각한다. 왜냐하면 그가 시험에서 떨어져도 주위 사람들과 그 자신이 많이 실망하지 않을 것이기 때문이다. 그리고 일찍 대비하기 시작하면 9월 시험에 통과해야 한다고 생각하는 것이 덜 괴로울 것이기 때문이다. 그리고 마지막으로 '세상일은 아무도 모르는 것', 너무 일찍 기뻐하다가 신들에게 밉보일지 모르기 때문이다……

학자들에 의해 연구된[20] 이런 '방어적 비관주의'는 오늘날 상당히 널리 알려진 기제를 기반으로 삼고 있다. 미국의 심리학자로 낙관주의 연구의 선두자인 마틴 셀리그먼은 정신과 의사들이 많이 사용하는 어떤 모델을 작성했으니 귀속 이론[21]이 그것이다. 우리는 우리 삶의 모든 사건에 상황에 따라 다른 다양한 특성들을 부여한다. 이를테면 우리는 이렇게 판단할 수 있다.

• 하나의 성공을 우리의 노력에 의한 것으로 볼 수도 있고(내적 귀속), 운에 의한 것으로 볼 수도 있다(외적 귀속).

• 그것이 한 개인으로서 우리의 가치를 증명한다고 볼 수도 있고(전체적 귀속), 그것이 오직 이런 유형의 일을 잘할 수 있는 우리의 능력만을 입증할 뿐이라고 볼 수도 있다(특정한 귀속).

• 그것이 앞으로 우리가 다시 성공할 것이라고 생각하게 해준다고 볼 수도 있고(안정된 귀속), 거기에 우리가 성공하리라는 의미는 절대 없다고 볼 수도 있다(불안정한 귀속).

상황이 어떻든간에 비관주의적 귀속은 철저히 부정적인 방향으로 기우는 경향이 있다. 그것이 비관주의자들의 불편하고 실용적이지 못한 세계관을 지탱시켜 주는 것이다.

---

20) J. K. 노렘, 〈방어적 비관주의, 낙관주의, 그리고 비관주의 Defensive pessimism, optimism, and pessimism〉, E. C. 창의 《낙관주의와 비관주의 Optimism and Pessimism》에서, 워싱턴 DC, 미국심리학회 발행, 2001년, 77-100쪽.

21) M. E. P. 셀리그만, 〈설명의 방식─우울증, 성취, 건강을 예언하기 Explanatory style: Predicting depression, achievement and health〉, M. D. 야프코의 《간단한 방법으로 불안과 우울증 치료에 접근하다 Brief Therapy Approaches to Treating Anxiety and Depression》, 뉴욕, 브루너-마젤 출판사, 1989년.

비관주의 안에서의 심리적 귀속

긍정적 사건들 ("어떤 일에서 성공했다.")	부정적 사건들 ("어떤 일에서 실패했다.")
"이건 내 덕이 아니다." (외적 귀속)	"이건 내 탓이다." (내적 귀속)
"이런 일은 오래 가지 않을 것이다 또는 다시 일어나지 않을 것이다." (불안정한 귀속)	"이런 일은 지속될 것이다. 또는 다시 일어날 것이다."(안정된 귀속)
"이 일은 아무것도 의미하지 않는다."(특정한 귀속)	"이 일은 많은 것을 의미하며, 나의 문제를 상세하게 보여준다." (전체적 귀속)

■ 비관주의는 어떻게 행복을 방해하는가?

비관주의와 행복이 사이가 좋지 않은 데에는 여러 가지 이유가 있다…….

• 비관주의는 삶의 즐거운 순간들을 망친다: 비관주의는 우리가 즐거운 순간들을 미리 누리지 못하게 만들고(예상의 행복이 없다), 기뻐하지 못하게 만들거나 오직 최후의 순간에만 그리고 그것도 조심스럽고 인색하게 기뻐하게 만든다. 당연한 귀결로 비관주의는 거의 항상 미리 걱정하고, 다음 걱정을 예상하는 분위기 속에서 살게 만든다.

• 비관주의는 불행에 대해 대비시키는 것이 아니라 비관주의자들의 논법에 대해 대비시킨다("이 일이 잘되지 않더라도 나는 덜 실망할 거야"). 왜냐하면 만일 불행이 닥치면 그들은 "그럴 줄 알았어"라고 말하며, 어떤 희열과 슬픈 만족감을 가지고 거기에 빠지기 때문이다. 그 뒤 그들은 낙관주의자들만큼이나 그로 인해 고통을 겪을 것이다. 많은 연구들이 비관주의와 우울증 위험 간의 밀접한 관계를 증명했다.[22]

• 비관주의는 스스로 자기를 유효하게 한다: 비관주의자들은 그들이 옳을 때만 기억하고 주위 사람들에게 상기시킨다(어쨌든 그럴 때도 있다……). 반대로 그들은 그들의 모든 잘못된 예언들(이런 경우가 대다수인데도)은 잊어버리거나 입을 다문다. 태곳적부터[23] 점쟁이들과 점성술사들도 그들의 능력을 입증하기 위해 그렇게 해왔다. 그들의 모든 예언에 대한 철저한 점검이 행해질 때마다 대차대조표는 명백해진다.[24] 비관주의자들의 예언도 마찬가지라는 것을 우리는 확인하게 될 것이다…….

• 비관주의는 주위 사람들을 피곤하게 할 수 있다. 그리고 인간 관계 문제를 제기할 수 있다. 한 주부가 아이들의 학교 교장 선생님들에 관해 내게 들려준 이야기를 소개하겠다. "전의 교장 선생님은 매우 유능했지만 지독하게 부정적인 분이었어요. 우리가 그에게 뭔가를 요구하러 가면——전 학부모회 대표거든요——그분은 낯빛이 어두워져서 처음부터 '그건 불가능할 걸요' 라고 말했어요. 그뒤 그것이 가능한 것으로 밝혀지더라도 말이죠……. 새로 오신 교장 선생님 역시 유능하지만 매우 달라요. 우리가 어떤 요구를 하면 그분은 이렇게 대답해요. '아무것도 약속드릴 수는 없지만 할 수 있는 일이 있는지 알아봅시다.' 우리가 최종적으로 얻는 결과는 똑같지만 분위기는 완전히 달랐죠. 지금은 교장 선생님을 만나는 것이 더 유쾌한 일이 됐고, 이분은 더 유능한 인상을 주는데 그건 순전히 이분이 더 건설적인 태도를

---

22) C. J. 로빈스, A. M. 헤이즈, 〈우울증에 대한 예언 속에서의 원인 귀속의 역할 The role of causal attributions in the prediction of depression〉, G. M. 부크만, M. E. P. 셀리그만의 《설명의 방식 Explanatory Style》에서, 힐세이달(NJ), 얼바움 출판사, 1995년, 71-98쪽.

23) M. 미누아, 《미래의 역사, 예언자들로부터 미래학으로 Histoire de l'avenir, des prophète à la prospective》, 파리, 파야르 출판사, 1996년.

24) J. C. 페커, 〈3월의 효과 L'effet mars〉, 《과학과 미래 Sciences et Avenir》, 1995년, 별책 101호, 20-26쪽.

보이기 때문이에요. 이분은 대뜸 해결책은 분명 존재하지 않는다고 말하기 전에 우선 해결책이 있는지부터 알아보거든요……."

■ 비관주의와 맞서 싸우려면 어떻게 해야 할까?

• 자신을 경계하고, 겸손을 길러라. 대부분의 비관주의자들은 자신은 단지 명민할 뿐이라고 믿고, 자신이 항상 옳다고 생각한다(이것이 sader but wiser(더 슬프지만 더 현명한)라는 영어 표현이 함축하는 의미이기도 하다). 그리고 낙관주의를 순진함의 병적 양상으로 간주한다. 다음장에서 우리는 심리학이라는 학문과 심리학적 사건들이 어느 정도로 그것들을 자주 비난했는지를 보게 될 것이다.

• 부정적인 말들("이건 안 될 거야")은 딱 한번만 하라. 되씹을 필요는 없다. 그리고 그런 말들을 매번 표현하는 것이 유익한지 자문해 보라. 당신의 주위 사람들은 너무나 익숙하기 때문에 그것을 더 이상 고려하지 않을 게 확실하다. 투덜거리기 전에 생각하라……. 지나친 계획인가!

• 당신의 예언들을 철저히 확인하라. 그리고 그 결과를 고려하라. 만일 열 가지 예언 가운데 아홉 가지가 틀렸다면 왜 그런 짓을 계속하는가? 열 번 중 한 번은 당신이 옳기 때문에?

• 문제와 그것의 결과보다는 해결책을 모색하는 데 집중하려고 노력하라. 비관주의자들은 대개 이해력은 부족하지 않지만 습관적으로 그들 기분의 기저에 깔린 슬픔의 영향으로 많은 판단의 실수를 범할 수 있다. 이것은 상당수의 연구들이 입증한 바이다.[25]

• 행복한 것과 옳은 것 중 어느것이 더 이로운지를 자신에게 물어보라. 결국 비관주의자들은 낙관주의자들보다 만족할 수 있는 동기가

겨우 하나 더 많을 뿐이다(게다가 그런 경우는 매우 드물다). 그것은 그들이 옳았다는 것이다(그로 인해 그들은 자신들이 그들보다 더 행복하다고 생각한다). 결국 때때로 "내가 분명히 그렇게 말했잖아"라고 말할 수 있다는 것이 그들의 유일한 특권이다. 이것이 고집을 부리는 이유로 충분할까? 비관주의의 비용은 그것의 빈약한 이득(가끔씩 옳은 것)에 비해 지나치게 비싸지는 않은가?

행복해할 때가 아니다…

마르크

"생각하면…… 당시의 나 안에서 나를 인정하기 힘들어요. 그때 나는 일종의 행동 중독자였거든요. 나는 항상 당장 할 일이 있어야 했어요. 그건 미래에 관해서도 마찬가지였어요. 파티, 문화나 스포츠 행사를 위한 나들이 계획으로 채워지지 않은 주말이 다가오면 나는 정신적·사회적으로 죽은 사람이 된 것 같은 기분이 들었어요. 이건 오래된 이야기인데, 부모님이 말씀하시길 내가 어릴 적에는 일요일 아침이 되기가 무섭게 부모님 침대 위로 뛰어오르면서 오늘 뭘 할 거냐고 물었다더군요. 아버지도 약간 그러셨지만, 내가 아버지를 능가했죠. 그 시절 방학 때 나는 한번도 바닷가나 긴 의자 위에 드러누워 있어 본 적이 없는 것 같아요. 내가 생각하는 천국은 수많은 스포츠와 활동들이 있

---

25) N. 암바디, H. M. 그레이, 〈슬픔과 오해에 관하여—기분은 순간적 판단의 정확도에 영향을 미친다 On being sad and mistaken: Mood effects on the accuracy of thin-slice judgment〉, 《성격과 사회심리학 저널 Journal of Personality and Social Psychology》, 2002년, 83: 947-961.

는 클럽 메드였어요. 거기 있으면 단 한순간도 한가하지 않을 수 있었거든요…….

그뒤 나는 오토바이를 타고 가다가 골반 골절이라는 큰 사고를 당해서 몇 달을 꼼짝도 못하고 누워 있어야 했어요. 그때 나는 믿기 힘든 두 가지 만남을 경험했어요. 하나는 미래의 내 아내였어요. 아내는 내가 입원했던 부서의 간호사였죠. 그리고 또 하나는 휴식과의 만남이었어요. 단순히 책을 읽고 창 밖으로 하늘에 구름이 지나가는 것을 바라보고 음악을 듣는 것…… 운동치료를 받은 후 난 달라졌죠. 아마 늙기도 했겠지만, 나는 나의 행동주의 뒤에 숨어 있던 모든 불안과 불만에 대해 정말로 곰곰이 생각해 보았어요. 왜냐하면 사실 그 모든 것이 지나치게 생각하는 것을 막기 위한 것도 조금 있었거든요. 그런데 사실 나는 인생의 목표가 없었고 감정적으로 외로웠어요. 그러다 결정적으로 미래의 내 아내가 나를 확 바꿔 놓았죠. 그녀는 내게 아무 것도 안하는 법, 또는 한 번에 한 가지밖에 안하는 법을 가르쳐 주었어요. 음악을 들으면서 동시에 반드시 책을 읽거나 전화를 하지 않는 법을 말이죠. 처음 그녀를 만났을 때 나는 그녀가 약간 냉정하다고 생각했어요. 그녀는 나를 병원 공원에 데려다 놓고 이렇게 말했어요. "신문도 휴대전화도 들지 말고 오직 나무들, 다람쥐들, 하늘만 바라봐요. 기분이 무척 좋아질 거예요……." 나는 태어나서 한번도 그렇게 해본 적이 없었거든요. 갑자기 나는 내가 이상한 상태에 빠져 있다는 느낌이 들기 시작했어요. 그건 바로 행복한 느낌이었죠. 그리고 그런 느낌 또한 태어나서 처음이라는 것을 깨달았어요. 그 전까지도 즐겁고 흥분되고 마음이 가벼워지고 만족스러운 것은 느낄 수 있었어요……. 하지만 행복한 것은 느끼지 못했거든요. 나는 행복은 최소한의 느림 속에서만 존재할 수 있다는 것을 알았어요. 그리고 내가 느림을 얼마나 두려워했던가도…… 나는 느리다는 것은 공백의 부속물들이라고 생각했거든요. 그런데 그 반대였어요. 결국 아무것으로도 이끌지 않는 것은 과도한 행동성, 성급함이었어요.”

■ ‘행복이오? 좋아요, 이것만 끝내고요…’

‘잠시 후의 행복……’ 이란 말은 매우 활동적인 상당수 사람들의 좌우명처럼 보인다. 물론 행동의 행복도 존재한다……. 그런데 행동은 편안함과 행복에 도달하는 데 도움이 되어야 할까, 아니면 그것 자체의 목적이 되어야 할까?

‘대단히 바쁜’ 사람들의 대다수는 행동에서 명백한 행복을 이끌어 낸다. 그들 중 많은 이들은 항상 긴장과 자극을 찾아다니는 ‘감각의 탐색자들’ 이다. 왜냐하면 그것들만이 그들에게 살아 있다는 느낌을 주기 때문이다. 그렇기 때문에 그들은 다른 유형의 행복을 무시하는 실수를 자주 저지른다. 다른 사람들은 불안증 환자들로서 그들의 환경을 통제하려는 무의식적인, 하지만 억제할 수 없는 욕구(그들의 완벽주의에서 기인하는)의 피해자들이다. 마지막으로 그들 중 일부는 이 두 가지 심리적 특성을 함께 가지고 있다.

착한 그러나 너무 바쁜 사마리아인들…

우리는 모두 우리가 자신의 행동과 자신의 결정의 주인이라고 믿고 싶어한다. 그렇지만 시간의 압박(늦는 것, 또는 늦었다고 생각하는 것) 같은 진부한 요인들이 우리로 하여금 이상을 배반하게 만들 수도 있다…….

당신은 착한 사마리아인의 우화를 아는가? 성서의 이 유명한 구절

(〈누가복음〉 10장 30-37절)에서 예수는 어떤 모르는 사람을 돕기 위해 자신의 돈으로 비용을 치른 사람을 칭찬하고 있다. 어느 날 예루살렘에서 여리고로 가던 한 사람이 강도들의 습격을 받아 가진 것을 다 빼앗기고 부상을 당했다. 강도들은 반쯤 죽은 그를 길가에 버려 두고 갔다. 사제 한 사람과 레위(신전 봉사를 맡은 12지족의 하나) 사람 하나도 그곳을 지나갔지만 그를 돕지 않았다. 그런데 어떤 사마리아(바빌론 식민지 주민들의 후예라는 이유로 헤브라이 사람들에게 멸시당하던 종족) 사람이 다가와 그를 돕고 보살펴 주고 여관에 데려가 대신 돈을 내준다…….

사회심리학의 매우 고전적인 연구 방법의 하나[26]는 종교 교육을 받는 학생들에게 바로 착한 사마리아인이라는 주제에 관한 종교 교육서를 작성할 것을 제안하는 것이었다. 이웃 동네에 가서 관찰하고 작업실에서 그들의 종교 교육서를 기록해 달라고 했다.

무작위로 선발된 절반의 학생들에게는 시간이 넉넉하다고 말해 주었다. 반대로 절반의 학생들에게는 이미 늦었다고 말하면서 서두를 것을 촉구했다. 신학생들은 이른바 기록 장소라는 곳으로 가는 도중 대문가에 누워 기침하고 신음하는 한 사람(물론 그는 미리 실험자들로부터 부탁을 받은 사람이었다)을 발견했다. 학생들은 어떤 반응을 보였을까? 시간의 압박을 받은 학생들 중에서는 고작 10%가 낯선 사람을 돕기 위해 멈춰 섰다(그들 중 시간이 있다고 생각한 사람이 41%였던 데 반해). 이들은 나쁜 신학생들이었을까? 그렇지 않다. 그들은 그저 자신들이 늦었다고 생각했고, 그들의 과제에 집중한 것뿐이었다. 이런 일상의 함정들이 그들의 종교적 사명과 건전한 독서보다 더 강력하다는 것이 증명된 것뿐이다…….

---

26) J. M. 달리, C. C. 밧슨, 〈예루살렘에서 여리고까지—돕는 행동 안에서 나타나는 상황적 기질적 변수들에 대한 연구 From Jerusalem to Jericho: A study of situational and dispositional variables in helping behaviors〉, 《성격과 사회심리학 저널 *Journal of Personality and Social Psychology*》, 1973년, 27: 100-108.

교훈: 우리의 이상이 어떤 것이든간에(선함이든 행복이든) 삶의 혼
잡함은 우리로 하여금 중도에 그것을 잊게 만들 수 있다…….

언젠가 나는 과잉행동증이 있는 한 젊은 여성을 치료한 적이 있다.
그녀는 매우 심각한 불안증 문제를 갖고 있었다. 치료가 끝날 때쯤, 그
러니까 그녀가 확실히 나아지고 있을 때 우리는 그녀의 일상 생활, 특
히 그녀가 집에 찾아온 친구들을 맞는 방식에 대해 적잖은 세부 사항
들(독일 속담 중에 바로 이 점을 강조하는 것이 있다. "악마는 사소한 것
들 속에 숨어 있다")에 접근할 수 있었다. 그런 방문이나 초대는 그녀
에게 기쁨보다는 근심과 스트레스의 원인이 되었다. 집, 음식, 대화,
회식자들간의 합의 등 모든 게 완벽해야만 했다……. 그래서 우리는
매우 간단한 질문들을 우리 자신에게 던져 보았다. 친구들이 저녁 식
사에 초대됐을 때 어떤 것이 우선일까? 마지막 순간까지 완벽한 접대
준비를 하느라 녹초가 되는 것? 아니면 그들이 도착했을 때 컨디션 좋
은 상태로 있기 위해 편안한 마음으로 그들을 기다리는 것? 그것은 물
로 심리치료법의 목적이기도 했다…….

■ 왜 과잉행동증 환자들은 행복하기가 힘들까?

대답은 간단하다. 왜냐하면 행복은 아무짝에도 쓸모가 없기 때문이다.
그리고 과잉행동증 환자들은 바로 이런 점을 참기 힘들어한다. 나는
철학자 알베르 멤미가 그의 소론집 《행복들》에서 들려준 다음과 같은
일화를 무척 좋아한다. "내가 아는 한 부인은 이렇게 말하는 습관이 있
었다. '요리를 해야지. 그런 다음 빨리 먹어야지. 그러면 빨리 낮잠을

자러 갈 수 있을 거야.' 그러면 그녀의 남편은 이렇게 덧붙였다. '그러면 빨리 죽을 수도 있을 거야.'"

많은 과잉행동증 환자들은 흔히 만년에 가서야 '인생은 무엇을 위해 사용돼야 할까?' 라는 잔인한 질문을 스스로에게 제기함으로써 '내가 진작에 그것을 알았더라면' 증후군을 앓게 된다. 비틀스의 멤버였던 존 레넌은 한 인터뷰에서 이런 이야기를 했다. "인생은 당신이 계획을 세우는 동안 흘러가는 것이다."

■ 행복을 잊지 않으려면 어떻게 해야 할까?

• 그저 생각할 시간을 가져라. 그것이 우선임을 생각하라(또는 정기적으로 다시 생각하라). 흔히 의식하지는 못하지만 과잉행동증의 주된 단점(이자 장점)은 우리가 우리 인생에서 하고 싶은 것에 관해 생각하고 숙고하지 못하게 한다는 것이다.

뤽

"나는 과로와 관계된 우울증에 걸렸어요. 그리고 그것을 계기로 내가 어처구니없게 살았다는 것을 알게 됐죠. 뉴런이 단 하나밖에 없는 근섬유 다발처럼 자극-반응, 자극-반응……그런 식이었죠. 우리는 주위의 요구에 로봇처럼 반응하는 데 익숙해지죠. 그 다음엔 왜 그렇게 사는지, 무엇을 쫓아 뛰는 것인지 잊게 되죠. 우리가 미친 사람처럼 일하는 건 결국 무엇을 위해서인가요?"

• 놓아주는 경험들을 계획하라. 치료할 때 우리는 많은 환자들에게 아무것도 하지 않는 법, 또는 항상 뭔가를 하고 있지 않는 법을 배우

라고 충고한다. 차에 오르자마자 자동차 라디오를 켜거나, 또는 집에 돌아오자마자 음악(더 나쁜 것은 텔레비전)을 켜는 일을 하지 말 것, 휴식 시간에 항상 뭔가를 읽지 말고 천장 또는 창문을 통해 하늘과 구름을 바라볼 것. 주말이나 휴가를 수많은 활동으로 가득 채우지 말 것. 우리는 또 그들에게 직장 또는 가정에서 다른 사람들에게 일을 맡기고 그들이 하는 대로 내버려두는 법을 가르친다. 설령 다른 사람들이 그들 자신이 했을 때보다 덜 잘하더라도——그들이 보기에——말이다.

언젠가 내 환자들 중 한 여성에게 치료 과정의 하나로 아이들에게 주말 식사 일체를 준비하도록 내버려두라고 요청했던 일이 기억난다. 그녀는 '접시를 깨뜨리고 식사를 망칠까봐' 한번도 그래 본 적이 없었다. 그런데 놀랍게도 그것은 결국 무사히 치러졌다. 그리고 특히 그녀는 아무것도 하지 않고 대접을 받는 데 기쁨을 느꼈다. 이를 위해 그녀는 미리 깨진 접시 몇 장과 어정쩡한 음식 맛을 용납해야 했다. 하지만 상담중에 그것을 말했다는 단순한 사실만으로도 충분했다.

치료가 끝나고 상태가 좋아진 그 환자는 이후 가득 채우기와 광적인 압박이 만연해 있는 일상의 수만 가지 장면들을 어떻게 바라보게 됐는지를 내게 들려주었다. "아이들을 공원에 데려갈 때 이제 나는 자기 아이들에게 지나친 자극을 주는 부모들을 알아볼 수 있어요. 그들은 자기 아이들에게 회전목마("자 어서 갈기를 잡아……")나 놀이터("빙글빙글 도는 미끄럼틀을 타, 왜 이 미끄럼틀을 타지 않니?"), 친구들("왜 다른 아이들이랑 놀지 않니? 집에 있을 땐 만날 심심하다고 투덜거리면서……") 을 많이 이용하라고 강요한다. 나도 옛날엔 그랬다고 생각한다. 나는 그것이 우습다. 잠시 후 우리는 우리가 바라던 것과 반대되는 결과에 도달한 것을 깨닫지 못한다. 우리는 우리 아이들을 행복하게 만들어 주고 있는 것이 아니라 그들에게 스트레스를 주고 있는 것이다……"

역정, 분노, 그밖의 적대적인 감정들

부정적 감정들은 정신과 의사들이라면 모두 다 잘 알고 있는 것들이다. 부정적 감정들은 어떤 이들의 의식을 가득 채우고 있으며, 그들의 이런 부정적 감정들은 특별히 짐스러운 세계관과 결부돼 있다. 적대적 감정들에도 다양한 단계가 존재한다. 투덜거리기, 빈정거리기, 토라지기, 미워하기, 괴롭히기…… . 적대적 감정들의 결과로 전반적인 거부증이 나타난다. 사소한 제안을 가지고도 미적거리고, 생각해 보기도 전에 싫다고 하고, 끊임없이 비관적인 예언을 발설하고, 사소한 일을 가지고도 투덜거린다. 그들은 타인을 비난하고 싶은 참을 수 없는 욕구로 괴로워한다…… .

"나는 사람들을 바라보면서 비웃어요…… . 언젠가 테니스 경기를 하는 두 남자를 우리 집 창을 통해 보고 있었죠. 그들은 자기들이 테니스를 잘 친다고 굳게 믿고 있었고, 자신들의 행동을 대단한 것으로 여기며 경기에 열중하고 있었어요. 하지만 테니스도 못 치고 뻣뻣하고 자기들이 멋진 동작이라고 믿는 것을 행하는 데 비장한 태도로 열중해 있는 형편없는 그 두 인간의 모습은 우스웠어요. 참, 여자들도 어리석음, 자기 만족, 바보 같은 착각 면에서 남자들에게 전혀 뒤지지 않아요. 자기가 예쁘다고 믿는 그 모든 추녀들을 보면서 나는 비웃죠…… . 유행이 시키는 대로 차려입고 잡지에서 본 여자들과 비슷하다고 생각하는 그 모든 여성들, 사실 어리석게 속아 넘어간 못생긴 처녀들과 비슷할 뿐예요. 그들은 자기들보다 스무 살이나 어리고 20킬로나 가벼운 소녀들을 소개한 사진들의 덫에 걸린 거죠. 사람들은 참으로 한심해요, 모두들…… . 어제 아침 나는 소포를 찾으러 우체국에 가야 했어요. 나는 출근 전에 일찍 우체국에 들르려고 서둘렀죠. 그런데 이미 기다리는 사람들이 줄 서 있었어요. 그들은 모두 퇴직연금자들, 할아버지 할머니들이었어요! 아침 여덟시에 말이죠! 그들은 하루 종일 다른 할 일이 아무것도 없으면서 열심히 일하는 사람들이 볼일을 볼 수 있는 유일한 시간에 그곳에 온 거예요. 게다가 그들은 아무것도 이해하지 못하고 매번 15분씩이나 창구를 차지하고 있었어요. 늙고 다리가 아프다는 핑계로 기다리는 사람들 앞으로 슬쩍 끼어드는 사람들 얘기는 하지 않더라도 말예요. 창구 뒤의 담당자들, 모두들 팔이라도 부러졌는지 창고로 물건을 찾으러 갈 때마다 또 15분씩 걸리는 그 작자들에 대해서는 말하지 않겠어요. 그들은 여유만만이에요. 그리고 그 대가는 우리가 치르죠! 인간은 감동적인 존재예요. 그 추함, 어리석음, 악의, 교활함이란…… 우리는 그런 것들에 둘러싸여 있다구요!”

이 이야기는 내 환자들 중 하나인 필립이 내게 들려준 것이다. 그가 들려준 이야기는 이밖에도 많다. 그는 심각한 대인공포증 때문에 상담을 받으러 왔는데, 그뒤 상태가 많이 호전되자 삶을 이용하는 데 무능한 점에서 자신을 도와 달라고 내게 간청했다. 그는 매우 부정적이고, 사람들에 대해서나 아들에 대해서나 철저히 낮은 평가로 일관하던 아버지에 의해 교육을 받았는데 불행히도 아버지와 똑같은 세계관을 물려받았던 것이다. 그래서 그의 마음에서는 항상 고통이 떠나지 않았고, 그는 그것의 첫번째 희생자였다.

■ 적대적 감정들의 유혹

이 ‘부정적 감동성’은 누구에게나 일어날 수 있고, 누구든지 엄습할

수 있다. 왜냐하면 이것은 스트레스의 정도와 함께 변화하기 때문이
다. 스트레스를 받으면 받을수록 우리는 우리의 동포들을 비판적 시
선으로 바라보기 쉽다. 하지만 그것이 하나의 습관적인 양식인 경우
그것은 대개 개인의 깊은 병과 결부된 것으로 대개 그 자신 불행한 사
람들로부터 나온다. 나의 조부들 중 한 분은 누군가가 당신을 불쾌하
게 하면 반사적으로 이렇게 말하곤 했다. "저런 식으로 행동하는 걸
보아하니 저자는 틀림없이 불행할 거야."

이런 병은 다양한 원천으로부터 생길 수 있다. 자존의 결여, 번민,
불안, 상처받기 쉬움, 질투, 부러움……. 요컨대 이 병에 걸린 사람에
게는 대단히 쾌적하거나 기분 좋은 것은 아무것도 없다. 쥘 르나르는
이렇게 썼다. "나를 인간혐오자로 만드는 것은 나라는 인간이다." 불
평불만이 많은 사람들은 씁쓸함의 이유를 멀리서 찾을 필요가 없다.
그것은 그들 자신 안에, 그들의 불만 속에 존재한다.

적대적인 감정의 한 양식은 어려움에 처했을 때 해결책보다는 죄인
을 찾으려는 경향으로 나타난다. 그때 그는 반사적으로 '누구에게 잘
못이 있지?' 라고 생각하지만, 사실 그럴 땐 '이제 어떻게 하지?' 라고
말하는 편이 나을 것이다. 이런 반사 작용은 아주 일찍부터 나타날
수 있다.

올해 네 살인 클렐리는 힘든 상황에 처하면 주변 사람들 탓을 하는
것으로 가족간에 유명했다. 외투의 지퍼가 끼면 그건 당연히 그녀를
화나게 만든 오빠나 학교에 빨리 가라고 성화를 부린 어머니 때문이
었다. 장난감을 잃어버렸을 경우 그것은 언니가 장난감을 가지고 놀
다가 제자리에 두지 않았기 때문이었다……

■ 적대적 감정은 편안함을 모독하고
사회적 유대를 망가뜨린다

부정적 감정들은 즉각적인 단점을 하나 갖고 있으니 편안함을 매우 빨리 모독한다는 것이다. 원한이나 분노 등을 느끼면서 기분이 좋기는 어렵기 때문이다. 하지만 이런 적대적 감정들은 또한 훗날 긍정적 감정들이 출현하는 데 방해가 된다. 적대적 감정들은 그 영속성과 지속적 진행을 통해 가능한 심리적 공간을 기꺼이 몽땅 차지해 버리고 말기 때문이다.

적대적 감정들은 또한 장기적인 관점에서도 많은 단점들을 드러낸다. 관대하지 못한 세계관을 발전시키는 행위——부분적으로 본의 아닌——가 지속적인 행복과 양립하기는 어렵다. 왜냐하면 철학자들이 잊지 않고 우리에게 상기시키듯이 지속적인 행복은 대개 최소한의 관용의 실천과 연관이 있기 때문이다. 한편 타인에 대한 불관용, 다른 사람들의 잘못에 대한 이상과민의 형태를 띤 부정주의는 행복해지는 데 없어서는 안 될 사회적 유대의 상실을 가져온다. 그리고 사회적 배척은 그 자체만으로도 여유를 갖고 자신의 지성을 이용하는 능력을 약화시킨다…….[27]

카롤린

"요즘 나랑 사이가 틀어진 한 친구는 사람들 험담을 하느라 시간을

---

27) R. F. 바우마이스터, 〈인지 과정에서 사회적 소외의 효과——예기된 고독이 지적 사고를 감소시킨다 Effects of social exclusion on cognitive processes: Anticipated aloneness reduces intelligence thought〉, 《성격과 사회심리학 저널 *Journal of Personality and Social Psychology*》, 2002년, 83: 817-827.

소비하곤 했죠. 그 애는 항상 부정적이었어요. 그 애가 사람들에 대해 하는 말은 때로는 옳았고 때로는 재미있었지만 내용은 항상 비난이었어요. 하루는 내가 조금 피곤한 상태였는데 그 애가 전화를 걸어왔어요. 30분 뒤 나는 그 애가 자신의 모든 시간을 우리가 거론한 모든 사람들을 흉보는 데 보냈다는 것을 깨달았어요. 나는 그것을 그 애에게 말했고, 아마 약간 무뚝뚝하게 말했을 거예요. 그 애는 그것을 아주 기분 나쁘게 받아들여서 나를 욕하기 시작했어요. 이후로 우리는 말을 하지 않고 있어요. 그 애는 아마 지금 다른 사람들에게 내 흉을 보고 다닐 거예요. 생각해 보면 그 애는 다른 사람들의 불행과 결함들을 필요로 했던 것 같아요. 그게 즐거워서가 아니라 그게 그 애의 일용할 양식이었던 것 같아요. 그런 것을 가지고 기뻐한 것 같지는 않고요. 그것이 자신과 자신의 불완전함에 대해 그 애를 안심시켜 준 것 같아요……."

■ 적대적 감정들에 어떻게 대처할까?

• 사람들로부터 최고를 기대하지 마라. 부정주의자들은 흔히 처음에는 이상주의자들로서 그들의 주위 사람들에게서 완벽함을 기대한다. 또는 어쨌든 행동의 일관성을 기대한다. 그러다가 실망하면 흔히 원한과 냉소에 빠진다. 게다가 그들은 그들 자신에게 실망한 사람들인 경우가 많다.

• 스트레스 상황에서는 스스로 경계하라. 우리는 부정적 감정의 수준이 스트레스의 수준과 평행을 이룬다는 것을 알았다. 그것을 알면 '이 모든 멍청이들이 왜 이렇게 바보처럼 행동하는 거야?' 라고 투덜거리기 전에 자신에게 우선 '오늘 내게 무슨 일이 있었지? 내가 왜 이렇게 기분이 나쁘지?' 라는 질문을 던져 볼 수 있다. 내 환자들 중 한

사람은 주변 사람들에게 오직 '호의나 무관심'만을 느끼게 되는 것을 치료의 목표로 삼고 있었다. 그는 자신이 감정적으로 잘 지낼 때는 사람들에 대한 자신의 시선이 이 양극 사이에서 왔다갔다한다는 것을 알았다. 그리고 거기서 적대적 감정들은 다른 사람들에게서 오는 것이 아니라 자신의 스트레스 수준에서 나온다는 결론을 내렸는데, 이는 아주 적절한 결론이라 할 수 있다.

• 궁극성이란 면에서 자신의 적대적 감정들을 다시 생각하고 적절한 질문들을 자신에게 제기하라. 무엇이 내게 냉소·역정·분노를 일으키는가? 그것들이 내게 유익한가? 그것들이 내게 방해가 되는 것을 바꾸는 데 도움이 되는가? 그렇다면 어떤 다른 유익한 행동을 해야 하는가? 이것이 행동하기를 포기하거나, 자신의 불만을 표현하기를 포기하는 것을 의미하지는 않는다. 다만 이것은 자신의 불만을 어떤 문제에 관한 관심을 불러일으키는 하나의 신호로 간주하는 것이다. 나는 그 점에 대해 생각해 보고 행동하고, 그 다음에는 다른 것으로 넘어가는 것이다……. 요컨대 이것은 우리가 판단을 좋아하는지, 삶을 좋아하는지를 스스로에게 물어보는 것이다.

• "비웃지도 말고 슬퍼하지도 말고 미워하지도 말고, 다만 이해하라." 스피노자의 이 멋진 경구는 모든 연구 계획을 한마디로 표현하고 있다. 시오랑이 이야기한 다음의 일화를 가지고 판단한다면 이 말의 실천은 표면적으로는 결실이 있는 듯하다. "백 살이 다된 퐁트넬에게 어떻게 적은 없고 친구들만 가질 수 있었는지 물었다. 그것은 다음과 같은 두 개의 자명한 이치를 따랐기 때문이었다. 모든 게 가능하고, 모든 사람이 옳다."[28] 이것은 포기일까, 관용일까? 아무튼 세상을 보

---

28) E. 시오랑, 《1957–1972년까지의 노트 *Cahiers 1957-1972*》, 파리, 갈리마르 출판사, 1997년, 801쪽.

는 시선을 수정할 수 있는 좋은 출발점임에는 틀림없다……

당신을 행복으로부터 멀어지게 하는
세 개의 격차

당신이 행복하다고 느끼기 어려운 까닭은 세 가지 단절[29]로 설명할 수 있다.

- 당신의 과거의 행복과 현재의 행복 간의 지나치게 큰 격차.
- 다른 사람들의 행복과 당신의 행복 간의 지나치게 큰 격차.
- 당신이 꿈꾸는 행복과 현실의 행복 간의 지나치게 큰 격차.

■ 향수와 그리움:
'자신의 행복으로부터 유배된 인간…'[30]

리즈

"내 머릿속에는 어린 시절의 행복한 모습들밖에 들어 있지 않아요. 사춘기부터 행복한 모습들은 더 이상 존재하지 않아요. 그저 즐거운 순간들, 작은 기쁨들만이 있을 뿐이죠. 나는 불쾌한 삶을 산 것은 아니지만 행복한 삶을 살았다고는 말할 수 없어요. 나는 아이들이 노는 것

---

29) R. H. 스미스, E. 다이너, D. H. 웨델, 〈행복의 개인간, 사회적 비교 결정 요소—범위 빈도 분석 Intrapersonal and social comparison determinants of happiness: a range-frequency analysis〉, 《성격과 사회심리학 저널 Journal of Personality and Social Psychology》, 1989년, 56: 317-325.

30) R. 모지, 앞에서 언급한 책, 296쪽.

을 보면서 자주 향수를 느끼곤 해요. 내 눈에 그 아이들은 내가 앞으로 영원히 다가갈 수 없는 것에 접근한 것으로 보여요……."

앙리

"6년 전 아내가 죽은 뒤 나는 다시 삶을 시작할 수가 없어요. 우울증에 걸린 건 아니고, 다만 불행할 뿐이에요. 과거의 모습들, 아내가 살아 있을 때의 모습들이 나를 괴롭히고 고통스럽게 해요. 과거의 행복은 나를 매우 슬프게 해요. 왜냐하면 그것이 다시는 영영 오지 않을 거라는 걸 알기 때문이죠……."

우리는 우리가 놓친 행복들, 또는 우리가 누리지 못한 행복들을 그리워할 수 있다. 우리는 우리가 경험하지 못한 것들에 대해 향수를 느낄 수 있다. 우리들 중 일부에게 과거는 고통의 원천일 뿐이지 않을까? 언젠가 한 환자가 내게 말했다. "전에 나는 행복했지만, 이제는 더 이상 행복하지 않아요. 그리고 나는 한번도 행복하지 않은 편이 더 나은 것 같아요. 왜냐하면 행복을 한번도 경험하지 못한 고통이 그것을 잃었을 때의 고통보다 작으니까요."

인생의 모든 경험은 향수와 미련의 대상이 될 수 있지만 그 중에서도 특히 사랑, 우정, 부모의 사랑처럼 행복을 안겨줬거나 안겨준 것으로 간주되는 경험들은 더욱 그러하다. 이를테면 자식들이 집을 떠난 뒤에 부모가 느끼는 향수로 인해 발생하는(이는 진짜 우울증에서 발생하는 것이 아니다) 특수한 심리학적 광경은 '빈 둥지 증후군' 이나 '어머니의 비정상적 향수' 로 묘사된다. 이때 부모들, 특히 어머니들은 가족생활과 관련된 행복한 순간들의 상실을 강조한다. 평범하거나(함께하는 식사, 가족끼리 일요일을 보낼 때의 흥분), 심지어 역정을 돋우는 일(여기저기 널린 장난감이나 옷가지들)로 보이던 것이 돌이켜보니 가치

있고 멋진 일로 여겨진다. 그리고 특히 돌이킬 수 없고, 물론 다른 것과
도 바꿀 수 없는 일로 여겨진다. 만일 당신이 아이들이 없을 때에만 그
들의 방을 어슬렁거리면서 가족의 행복을 의식하는 그런 부모에 속한
다면, 당신은 훗날 부모의 비정상적 향수라는 이 병에 걸릴지 모른다.

　향수는 인간 조건에 내재된 것으로 여겨진다. 이에 관한 흥미로운 이
론 가운데 하나는 영국의 정신분석가 마이클 발린트의 '근본적 결함'[31]
이론과 함께 전개되었다. 우리는 모두 삶의 첫번째 순간들에 대해 무
의식적인 기억을 간직하는데, 이때 그것은 "개인과 그의 환경 간에 완
전한 조화가 존재하는 어떤 세상, 어디서 개인이 끝나고 어디서 바깥
세상이 시작되는지 염려하지도 않고 알 수도 없는 어떤 세상에 대한 최
초의 그림" 형태를 취한다. 따라서 우리는 향수의 영원한 유혹과 함께
살아야 한다. 시인 쥘 라포르그의 "행복은 현재가 없다. 오직 과거와
미래만이 있을 뿐"이라는 말도 거기서 나온 것이다. 행복은 꿈과 향
수 사이에 끼여 있다…….

　하지만 향수는 현재 행복할 수 없는 것에 대한 하나의 변명에 지나지
않을 때가 많다. 향수에 젖은 사람들은 대개 다른 사람들에게 믿게 하
고 싶은 만큼(그리고 그들 자신도 믿고 싶어하는 만큼) 행복한 사람들이
아니었다. 향수에 젖은 한 퇴직자의 아내가 빈정대며 말했듯이. "당신
이 옛날엔 행복했다고요? 농담 좀 그만해요! 당신은 늘 투덜거렸고, 모
든 것에 대해 불평을 늘어놓았어요. 아이들, 일, 걱정거리들에 대해서
말이죠!" 향수의 진짜 문제는 그것이 사실은 (과거의 행복에 대한) 그리
움이라기보다는 (미래의 행복에 대한) 기다림이라는 데 있다. 하지만 깊
은 반성이 없으면 이러한 기다림은 "향수는 뭔지 모를 것에 대한 갈망
이다"라는 생텍쥐페리의 말처럼 수동적인 것이 된다. 우리가 충분히 동

---

31) M. 발랭, 《후퇴의 길 *Les Voies de la régression*》, 파리, 파요 출판사, 2000년.

의하는 인생 계획이 없을 때 병적 향수로 고통을 겪을 위험이 더 큰 것도 그래서이다. 그리고 어쩌면 행복 계획이 없을 때에도 그럴 것이다.

행복에 대한 추억이 또한 행복이 되려면 현재의 행복을 건설하는 데 다시 집중하는 것 말고 어떤 해결책이 있으랴?

이 문제에 관한 환자들의 발언 몇 가지를 소개해 보겠다. "나는 과거의 행복들은 내게 유익했다고 생각하려고 노력해요. 기억나는 것은 행복한 일이에요." "나는 그 행복들을 맞을 준비가 되어 있지 않았어요. 그것들을 아쉬워할 필요는 없어요." "나는 과거로부터 교훈을 이끌어 내려고 노력해요. 오늘 더 행복하려면 그것으로부터 무엇을 배울 수 있을까? 앞으로 저지르지 않는 편이 나은 실수들로는 어떤 것들을 저질렀는가?" "나는 미련과 향수는 내가 이미 도달하는 데 어려움을 겪고 있는 이 행복에 대한 추가적인 장애물들에 불과하다고 생각해요."

■ 질투: 자신과 타인들 간의 격차

"만일 우리가 행복해지기만을 원한다면 그건 곧 이루어질지도 모른다. 하지만 우리는 다른 사람들보다 더 행복해지기를 원한다. 그리고 그것은 거의 항상 어렵다. 왜냐하면 우리는 다른 사람들의 행복한 정도를 과장해서 생각하기 때문이다." 몽테스키외의 이러한 지적은 우리가 추정하는 타인의 행복에 대한 질투가 우리의 행복에 얼마나 장애가 될 수 있는지를 상기시켜 주고 있다.

안-마리

"나는 질투심이 많아요. 항상 다른 사람들이 나보다 더 많이 갖고 있지 않다는 것을 확인해야 하죠. 내가 갖고 있는 것이 내게 적합해도 가까운 누군가가 더 많은 것을 갖고 있으면, 이를테면 나의 언니가 나보다 더 행복해 보인다거나 하면 내 행복은 망가지죠. 나는 병적인 비교 습관이 있고, 그것은 내 삶을 망치고 내 모든 행복을 악화시키죠……. 나는 내가 한 개를 갖고 누군가가 두 개를 가진 것을 참아야 하는 것보다는 둘 다 아무것도 갖지 않는 편을 더 좋아해요. 이를테면 내 언니하고도 그래요. 우리가 어렸을 때 어떤 물건을 갖고 싸우게 되면 나는 언니가 그걸 혼자 차지하는 꼴을 보느니 차라리 울음을 터뜨림으로써 부모님이 개입해서 그 물건을 압수해 가도록 하는 편을 택했어요……. 결국 나도 다른 사람들의 행복이 내게서 아무것도 빼앗아가지 않으며, 그것은 케이크 나누기와는 다르다는 것을 알게 됐죠. 하지만 그러기까지 내겐 오랜 세월이 필요했어요. 그리고 지금도 나는 여전히 주의를 게을리하지 말아야 해요. 왜냐하면 내 안에서 질투심의 공격이 정기적으로 되풀이되기 때문이죠……."

행복은 대개 비교로 인해 타격을 입는다. 따라서 질투는 가장 큰 장애들 중 하나일 수 있다. 질투는 다른 사람들이 가진 것을 소유하려는 욕망이라고 정의할 수 있다. 감정으로서 질투는 좋은 것도 나쁜 것도 아니다. 어쨌든 질투가 생기는 것은 거의 통제할 수 없는 일이다. 모든 것은 우리가 그뒤 그것에 대해 취하게 될 태도에 달린 일이 될 것이다. 적대적 질투("왜 이 바보들이 나보다 더 행복한 거지?"), 우울한 질투("왜 나는 이토록 행복에 무능한 거지?"), 또는 경쟁적 질투("행복한 사람들은 어떻게 하고, 나는 그것을 어떻게 본받을 수 있지?").

질투의 피해자들은 자기들이 왜 그렇게 됐는지를 이해하려고 노력할 뿐만 아니라 다음과 같은 목표, 즉 질투를 수용하고(그것을 부끄러워할 필요가 없다) 이해하고 건설적 해결책들을 모색하는 것(그것을 되씹거나 다른 사람을 해치는 것이 아니라)을 지향해야 한다. 병적 질투를 억제하는 법을 배우려면 항상 두 가지 질문을 스스로에게 제기해야 한다. 하나는 단기적 질문으로 '이런 상황에서는 어떤 일이 벌어질까?' 이다. 하나는 장기적 질문으로 '앞으로 나를 질투심이 덜한 사람으로 만들려면 오늘부터 해야 할 일은?' 이다.

■ 이상병(idéalopathie): 꿈과 현실 간의 격차

이네스

"나는 어떤 일들을 겪을 때보다 그것을 머릿속으로 생각할 때가 항상 더 행복해요. 내 꿈속에서는 모든 것이 항상 더 아름답죠. 이건 나만의 문제인가요, 아니면 모든 인간의 문제인가요?"

행복과 비교

"행복: 타인의 비참함을 바라보는 데에서 생기는 기분 좋은 느낌." 미국인 암브로즈 비어스는 그의 《악마의 사전》[32]에서 행복에 대해 이런 비관주의적 정의를 내리고 있다. 그는 불행에 대해서도 말했다. "불행은 두 가지 범주에 속한다. 자기 자신에게는 불운이고, 다른 사람들에게는 행운인 것이다." 이 말은 우리에게 그의 세계관이 비록 유쾌하지는 않지만 일관성은 있다는 것을 보여준다.

행복은 두 가지 유형의 비교로 인해 타격을 입을 수 있다. 위를 향한 비교와 아래를 향한 비교가 그것이다. 위를 향한 비교를 할 때 우리는 가까운 사람들의 행복과 자신의 행복을 더 기꺼이 비교한다. 모

---

32) A. 비어스, 《악마의 사전 *Le Dictionnaire du Diable*》, 파리, 파요-리바주 출판사, 1989년.

르는 사람이나 접근할 수 없는 사람과는 비교하지 않는 것이다. 그렇지만 부유하고 유명한 사람들이 그들의 사생활을 공개할 때(《피플》지) 위험은 증가한다. 스타들은 그들의 숭배자들과 가까워짐으로써, 그들이 '여느 사람들과 똑같은 사람들'이라는 것을 드러냄으로써 더 많은 질투와 특히 불만을 유발할 우려가 있다. 거기서 우상들도 병, 이혼, 자살, 알코올 중독 같은 불행을 겪는다는 것을 확인한 《피플》지 독자들의 수상한 기쁨이 싹튼다……. 스타들의 우월성이 약해지는 것이다.

아래를 향한 비교를 할 때 우리는 자신의 행복을 가까운 사람들의 행복과 비교하기도 하지만, 모르는 사람들의 행복과도 잘 비교한다. 그러면 '내가 가장 불행한 사람은 아니구나'라는 생각이 들며 안심은 되지만, 그렇다고 행복해지지는 않는다…….

자신의 행복을 건설하거나, 또는 나아가 경험하는 것보다는 상상하는 편이 항상 더 쉽다. 이것이 몽상가들(어쨌든 그 다음에 행동하지 않는 사람들), 불만가들("이런 행복이 내가 소망할 수 있는 최대한인가?")과 불안증 환자들("이것이 지속될 것인가?")의 문제이다.

그렇지만 철학자들은 행복은 우리 욕망의 만족에 그칠 수 없다는 것을 우리에게 상기시키고 있다. 그것은 어쩌면 정반대일지 모른다. 이렇듯 우리가 어쩔 수 없는 욕망들, 특히 그것들을 실현하려는 희망의 포기를 격찬한 사람들은 많다. "희망은 우리를 끊임없이 기만하는 약장수에 불과하다. 그리고 내 경우 행복은 그것을 잃었을 때 비로소 시작됐다."(샹포르) 그렇다면 행복에 대한 희망을 포기해야 할까? 앙드레 콩트−스퐁빌이 다음과 같이 제시한 것처럼. "절망적으로 행복을?" 심지어 어떤 이들에게는 도달해야 할 행복보다는 기다려야 하는 행복이 더 많은 것이다.

해결책은 무엇일까? 라캉은 분석적 치료의 이점에 대해 말하면서 치유가 정신분석가들(어쨌든 그들 중 일부)의 첫번째 관심거리가 아님을 표현하기 위해 "치유는 덤으로 올 것이다"라는 말을 했다. 치유에 관한 한 이 문장은 이론의 여지가 있다. 하지만 치유를 행복으로 바꿔 놓는 것은 가능하다. 따라서 이상병 환자들(그들의 이상주의로 인해 앓고 있는 사람들)에게 한 가지 충고를 하자면 "우선 사십시오. 그러다 보면 행복은 덤으로 올 것입니다"이다. 자 여기 환자들의 발언 몇 가지를 소개하겠다. "마침내 나는 행복은 통제할 수 없다는 것을 알게——그리고 받아들이게——됐어요. 오직 행복의 조건들만을 통제할 수 있을 뿐이라는 것을……." "행복에 대한 욕망이 행복에 대한 필요로, 나아가 강박관념으로 변하면 안 된다는 것을 스스로에게 말하세요." "불완전한 행복을 받아들이세요. 이것만으로도 이미 썩 나쁘지 않으며, 다음 번에는 완전한 행복이 올 거라고 생각하세요……." "인생에는 행복만 있는 게 아니잖아요!"

이상, 미소, 올림픽의 메달들

1992년의 바르셀로나 올림픽 때 학자들은 매 경기의 우승자 세 명이 금·은·동메달을 받으러 시상대에 오르는 장면을 비디오로 녹화했다.[33] 그런 다음 각각의 선수의 얼굴만을 보여주면서 결과를 모르는 관찰자들로 하여금 그들을 평가하게 했다. 관찰자들은 1등을 한 선수는 2등을 한 선수보다 더 행복해 보이고, 2등을 한 선수는 3등을 한 선수보다 더 행복해 보일 거라고 예상했다. 그런데 3등을 해서 동메달을 받은 선수들의 대부분이 2등을 해서 은메달을 받은 선

---

33) P. 르그랑지, 《행복 *Le Bonheur*》, 앞에서 언급한 책, 28쪽.

수들보다 명백히 더 행복해 보였다. 실제로 2등을 한 선수들은 절대
성 안에서 그들의 성적을 생각하기보다 그들이 놓친 1등 자리와 사
라져 버린 꿈(위를 향한 비교)을 생각하고 있었다. 반면 3등을 한 선
수들은 아무 상도 타지 못할 수 있었는데 하나라도 탔다고 생각하고
있었다(아래를 향한 비교)…….

불평의 올바른 사용법

"항상 불평은 고통보다 강하다."

장 드 라 퐁텐

롤라

"내 사무실을 같이 쓰는 동료는 우는 소리 잘하는 불평꾼이에요. 아
침부터 저녁까지 투덜대고 불평하죠. 그리고 항상 뭔가가 '지긋지긋
하다고' 말하고 있죠……. 약간 귀찮기는 하지만 나쁜 사람은 아니에
요. 최근에 우리는 인적 자원에 관한 어떤 교육을 받았어요. 그때 진행
자가 이런 식의 말을 했죠. '불평꾼들은 패배자들이다…….'

내가 슬그머니 동료를 쳐다봤더니 그도 주의 깊게 듣기 시작하더군
요. 그는 묘한 표정을 짓고 있었어요. 보아하니 그 말이 그에게는 충
격을 준 것 같았어요. 특히 그때 우리 회사 안에서는 대량 감원이 있
었거든요. 그러니 패배자로 간주되지 않는 편이 나았죠……. 내 동료
는 그 교육에 관한 이야기를 몇 번이나 내게 다시 말했어요. 그리고 이
후로 그는 자신이 무의식적으로 하던 것, 아침부터 저녁까지 불평하던
것에 관해 생각하기 시작했어요.

이제 그는 전보다 훨씬 덜 투덜대요. 더 이상 끊임없이 불평하지 않아요. 기적 같은 일이죠…….”

■ 모든 종류의 불평들…

불평이란 무엇인가? 그것은 자기가 느끼는 불행이 부당한 것, 비정상적인 운명으로 지각될 때 그것에 대해 항의하는 것이다. 성서에는 하느님이 인간에게 조종의 여지를 남겨주는 것, 따라서 그를 불행과 대면하게 하는 쪽을 택한 것을 이해하지도 받아들이지도 못하는 사람들의 불평이 가득하다. 당연히 우리는 정의롭고 독실한 사람이었던 욥을 생각해 볼 수 있다. 하느님은 그의 믿음을 시험하기 위해 사탄으로 하여금 그를 괴롭히고 파멸시키도록 내버려두었다('욥처럼 딱하다' 라는 표현이 여기서 나왔다). 성서에는 또한 지난날 예루살렘 점령과 신전 파괴를 슬퍼하는 내용의 애가의 저자로 간주되던 예언자 예레미야——그의 이름은 하소연을 뜻하는 예레미아드(jérémiades)에서 나왔다——도 있다.

익살스럽게 다뤄진 불평은 때로 흥취가 있다. 공동체 안에서 끊임없는 불평과 항의로도 유명하지만, 또한 익살로도 유명하던 한 예수회 수사가 생각난다. 기분이 좋은 날이면 그는 “어떻게 지내나?”라 짓궂은 친구의 질문에 “글쎄, 불평하지 않을 까닭이 없지”라고 대답하곤 했다.

감정적 또는 물질적 도움을 얻고자 우리의 어려움에 타인의 관심을 끌기 위해 행해지는 불평은 가끔 한번씩 나타나던 것이 습관적인 것으로 될 수 있고, 따라서 세상과의 관계의 한 유형을 나타낼 수도 있다. 불평은 우리가 자신을 불의 또는 반복적 불운의 피해자로 인식한다는 것을 증명한다.

불평은 외적인 것일 수도 있고(불평을 듣거나 듣지 않는 누군가를 향한), 내적인 것일 수도 있다. "내가 아무 말도 하지 않는다고 해서 속으로도 불평하지 않는 것은 아니에요." 언젠가 어떤 여성 환자가 말했다. 불평으로 양육된 내적인 독백이 행복한 감정이 들어올 여지를 주지 않는 것은 두말할 나위가 없다.[34]

■ 나는 불행하다 고로 나는 불평한다인가, 아니면 나는 불평한다 고로 나는 불행하다인가?

불평의 결과로 두 가지 커다란 단점이 나타난다.

반복되는 불평은 희생양 만들기 현상을 이끌어 낸다. 그것은 끊임없이 자신을 다른 사람들, 사회 또는 운명의 희생자로 느끼는 인생관을 드러낸다. 어려움에 대한 반응의 습관적 유형으로서 불평은 타인의 고려나 경청에 대한 과도한 기대를 표현한다. 대가족 안에서 막내의 울음의 목표는 부모가 개입해서 질서를 회복해 주는 것일 때가 많다. 훗날 어른들은 자기가 행한 불평으로부터 악인에 대한 처벌이나 고통에 대한 사죄는 아니더라도 최소한 지각된 부당함에 대한 인정을 기대한다.

습관적인 불평의 또 다른 단점은 문제에 대한 수동성과 무위를 유도하는 것이다. 불평은 외부의 개입에 대한 기대——또는 그러한 개입이 불가능함에 대한 비탄을 의미하는 것일 때가 많다.

---

34) V. B. 스코트, 〈반추하는 사고의 특징적 한도의 발전 The development of a trait measure of ruminative thought〉, 《개성과 개인차 Personality and Individual Differences》, 1999년, 26: 1045-1053.

불평과 정신요법

오늘날 '무기력한 정신요법'(때로는 몇 년 동안이나 고개를 끄덕이며 환자들의 불평을 듣는 데 만족하는 정신분석학자들)의 한계는 점점 더 많이 드러나고 있다. 인습 타파적인 정신분석가 프랑수아 루스탕은 그의 저서 《불평의 끝》에서 불평의 남용을 고발하고, 마지막으로 병적인 불평의 본질을 강조하고 있다. "병적인 불평은 정당한 괴로움, 정당한 고통을 존중하지 않는다. 불평은 그것들을 가중시킨다. (…) 불평은 지속적이기 때문에 슬픔을 퍼내는 대신 그것을 키우는 반복적 고착이 된다."

나는 지금 정신과 의사에게 불평을 털어놓으면 안 된다고 말하는 것이 아니다. 고독한 사람들 또는 자기 자신에 대해 말하는 데 어려움을 겪는 사람들(수치심, 죄책감 또는 단순히 익숙하지 않아서)에게 토킹 큐어(말을 통한 치료)는 진정한 해방이 될 수 있다. 하지만 첫번째 단계를 지나면 불평에 만족하는 것은 잘못된 세계관을 강화시킬 수 있고, 자신의 행동을 고치기보다는 자신이 옳다고 생각하게 만들 수 있다.

■ 불평하고 싶은 욕구를 어떻게 해결해야 할까?

• 우리에게 닥친 어려움들을 우리를 엄습한 부당한 일들로 간주하지 말고 해결해야 할 문제로 간주할 것. 가능하면 매번 우리를 사건들의 피해자로서가 아니라 우리 인생의 주인공으로 자리매김하는 편이 우리에게 이롭다.

• 불평은 문제의 해결책을 가르쳐 주어야지 그것을 대체해서는 안 된다는 것을 상기할 것. 다른 사람들에게나 자기 자신에게 불평하고픈

욕구는 철저히 다음과 같은 몇몇 질문들의 대상이 되어야 한다. '이것은 내게 유용한가?' '이것은 내게 유익한가?' '이것은 다른 사람들로 하여금 나를 위로하거나 나를 도와주게 만드는가?' 더 평범하게는 '불평을 시작해야 할까 말까?' 또는 '언제 불평하기를 그만두어야 할까?'

이 노력들의 목적은? 그것은 단순히 '불평이 고통을 넘어서는 것을 더 이상 참지 않기'[35]에 이르는 것이다.

불평의 기술…

적응된 불평	해가 되는 불평
일시적	만성적, 습관적
해결책 모색을 준비한다	불평 자체에 만족한다
어려움이 닥칠 때만	어려움 뒤에도 오랫동안 지속된다
진정시켜 준다	진정시켜 주지 않는다, 나아가 악화시킨다
대화자의 여유와 청취 능력을 고려한다	대화자의 여유와 청취 능력을 고려하지 않는다
한정된다(사건에 대한 불평)	일반화된다(운명에 대한 불평)

---

35) F. 루스탕, 《불평의 끝 *La Fin de la plainte*》, 파리, 오딜 자콥, 2000년.

행복의 귀환을 준비하라…

> "불행: 통상적인 근심보다 조금 더한 것. 인생의
> 톱니바퀴가 우리의 통제하에 있지 않다는 것을 강력
> 하게 환기시키는 것."
>
> 암브로즈 비어스

"불행이오? 우리는 반드시 불행과 맞닥뜨리게 돼 있죠." 일부 체념한 환자들은 때로 내게 이렇게 말한다.

맞닥뜨리다……. 때로 우리에게는 선택의 여지가 없다. 하지만 불행의 상황(실제로 대처해야 하는 것도 이것이다)을 불행의 시각 또는 불행의 건설과 혼동하지 말자. 삶이 우리에게 부과한 것보다 더 불행해지지 않을 수 있다.

이런 계획의 목표는 무슨 일이 닥쳐도 행복하다고 느끼는 것이 아니라 오히려 불운에 직면했을 때 우울에 빠지도록 내버려두지 않는 것, 불행한 느낌과 그것의 전이에 맞서 싸우는 것, 슬픔에 주어진 공간을 차츰 줄여나가는 것이다…….

요컨대 그것은 행복의 귀환을 준비하는 것이다. 그리고 "현자는 기쁨을 갈망하지 않고, 고통의 부재를 갈망한다"는 아리스토텔레스의 교훈은 첫번째 단계일 뿐이다. 왜냐하면 불행을 억제하는 것은 아직 행복을 창조하는 것이 아니기 때문이다.

제8장

행복을 가꾸고 보호하기

쥘 르나르

당신은 행복에 다가가기를 원하는가?

그렇다면 당신에게 제기될 첫번째 질문은 이것이다. '행복의 비결'이 존재할까? 여기서 나는 심리학에서 자주 헐뜯기는 비결이란 단어를 기꺼이 사용했다. 비결이란 하나의 목표를 이루어 주기 위해 마련된 일련의 충고들이다. 심지어 사전에는 이렇게까지 나와 있다. "하나의 익숙한 작업을 성공시키기 위한 특별한 조치."[1] 우리는 일상 생활에서 우리를 도와줄 수 있는 비결들, '요령들' 에 끊임없이 도움을 청하고 있다. 그것들을 그저 우리가 원하는 목표에 되도록 다가가게 해주기 위해 우리의 노력을 정비하는 하나의 방식으로 간주하자.

행복의 분야에서 비결은 그것이 확실한 보장('이 방법은 매번 통할 거야') 또는 의무('통하는 방법은 이것밖에 없어')로 이해될 때에만 유해

---

1) 《르 로베르 사전》, 앞에서 언급한 책.

하다. 이런 인식은 그것들이 자체의 내용을 전달하는 방식에 많이 의존한다. 구루(브라만교의 스승)의 가르침("치유되기를 원하는가? 여기 길이 있다")이 정신과 의사의 충고("이렇게 해보세요. 이 방법이 도움이 되는지 봅시다")와 본질적으로 같지 않은 이유가 여기 있다. 구루의 가르침은 드러난 진실이고, 정신과 의사의 충고는 평가해야 할 제안이다.

'행복의 비결'은 물론 제안에 불과하지만 이것은 행복에 관심을 가진 사람에게 유익하다. 행복의 비결은 어떤 이들을 더 행복하게 만들어 준 방법을 그에게 들려준다. 행복의 비결을 들을 때는 신중해야 한다. 그것들이 우리에게 적합할 것이라고 아무것도 말해 주지 않는다. 게다가 우리가 보았다시피 행복의 비결은 발판에 불과하며, 다만 행복의 출현을 용이하게 해줄 수 있을 뿐이다.

두번째 질문은 전체적인 의지, '행복의 계획'에 대한 관심과 관계가 있다. 미라보는 1738년 친구 보브나르그에게 보낸 편지에서 이렇게 말했다. "친구여, 그날그날 사는 것은 철학자의 본분에 어긋나는 일일세. 그렇다면 자네는 무엇을 지속적으로 생각하고 연구하고 있는가? 자네의 생각의 범위를 넘는 것은 아무것도 없네. 그러니 잠시라도 우리의 유일한 목표가 되어야 하는 것, 즉 행복을 향해 고정된 계획을 세워 보지 않겠나?"[2]

행복의 추구를 삶의 우선권으로 삼아야 할까? 그리고 이 경우 얼마나 큰 에너지를 거기에 할애해야 할까? 두 가지 태도가 가능하다. 포기하기나 시도하기가 그것이다(게다가 변형도 다양하다: 시도하는 자들을 비난하면서 포기하기, 또는 포기하는 자들을 비난하면서 시도하기).

만일 우리가 시도하기로 마음먹었다면 이 '행복 계획들' 안에는 수

---

2) R. 모지가 인용함, 앞에서 언급한 책, 261-262쪽.

많은 전략들이 존재하며, 그것들은 그것들의 방법을 발화하자마자 지각할 수 있다. 따라서 이때 사용하는 어휘들이 매우 중요하다. '행복의 추구'(우리가 그것을 발견할 수 없을 거라고 가정하는)라고 할 것인가, 또는 '탐색'(더 신비적이고 철저한)이라고 할 것인가? 행복의 탐구라 할 것인가, 또는 스탕달의 표현대로 '행복의 사냥'이라 할 것인가? 아니면 노벨상 수상자 버트런드 러셀[3]처럼 '행복의 정복'(호전적이고 의지주의적이다)이라 할 것인가, 아니면 달라이 라마처럼 '행복의 예술'[4]이라 할 것인가?

이 마지막 표현이 가장 행복한 것일 듯싶다. 왜냐하면 이 표현은 행복에 대한 접근의 특징을 나타내는 변화를 더욱더 뚜렷하게 구분하기 때문이다. 예술적 창조처럼 행복은 노력과 계시, 숙고와 직관, 통제와 포기가 뒤섞인 결과로서 주어진 순간의 은총이 다음날에도 여전히 존재할 것인지에 대해서는 어떠한 확신도 없다…….

우리는 이 책에서 계속 자신의 행복을 증대시킬 수 있는 수많은 방향들('비결들')을 상기시켰다. 이제 결론으로 자신의 방식('계획')을 마련할 수 있는 몇 가지 보충 요소들을 소개하겠다.

---

3) B. 러셀, 《행복의 정복 *La Conqu te du bonheur*》, 파리, 파요 출판사, 1962년.
4) S. S. 달라이 라마, H. 퀴틀레르, 《행복의 기술 *L'Art du bonheur*》, 파리, 로베르 라퐁 출판사, 1999년.

행복을 결심하기

"행복하기를 원해야 하고, 거기에 응분의 기여를
해야 한다. 우리가 행복에게 겨우 입장만을 허용하고
문을 열어둔 채 편파성 없는 구경꾼의 입장으로 남아
있으면 그 다음엔 슬픔이 들어올 것이다."

알랭

폴

"전에 나는 행복을 기다렸지만 이제 나는 행복을 건설하죠. 어머니는
내가 여섯 살 때 돌아가셨어요. 아버지는 일 때문에 너무 바빠서 누이
들이나 나와 놀아줄 시간이 없었어요. 아버지 자신도 매우 불행했음이
틀림없어요. 아무튼 행복에는 소질이 없는 분이었어요. 나는 맥락도
논리도 법칙도 없는 인생에서 길을 잃은 매우 걱정이 많은 아이였어
요. 사춘기 때 나는 많은 아이들이 그런 것처럼 내가 젊어서 죽을 거
라고 확신했죠.

그뒤 어쩌다 보니 나는 결혼을 하고 아이들을 둔 서른 살 가장이 되
어 있었어요. 여전히 인생을 누릴 줄 모르고, 근심과 욕망 속에 빠져
안정을 찾지 못하고 있고 행복하지도 못해요. 아내와도 여러 차례의
심각한 위기가 있었죠. 그때까지 나는 행복을 기다리고 있었는데 그것
은 왔다가 가버렸어요. 한순간 나는 너무나 어리석은 한 가지를 깨달
았어요. 내가 행복을 위해 아무런 노력도 하지 않았다는 것이었어요.
나는 가족의 금전적 편안함을 위해 운동을 해가면서 직장에서 치열하
게 일했어요. 하지만 나의 행복을 위해서는 아무것도 하지 않았어요.
아무 생각도 하지 않았고, 아무 방법도 사용해 보지 않았고, 아무 결합
도 응용해 보지 않았어요. 아무것도.

┌───┐

리뉴의 군주에 의해 제안된 이상적 행복의 계획

18세기에 행복에 할애된 논문들이 대단히 유행한 결과 우리에게 재치 있는 몇몇 작품들이 남게 되었다. 그리하여 리뉴의 군주에 의해 시차는 있지만 감동적인 어느 행복한 하루의 계획이 나오게 되었다. 당대 유럽 세계주의자의 완벽한 표본인 이 오스트리아의 원수는 당시 지식인들의 언어였던 프랑스어로 한 권의 저서를 남겼다. 그의 행복 계획은 여섯 개의 항목을 내포하고 있었다.[5]

"잠에서 깰 때 이런 생각들을 해야 한다. 1) 오늘 나는 누군가를 기쁘게 해줄 수 있을까? 2) 어떻게 하면 나를 즐겁게 해줄 수 있을까? 3) 점심에는 무엇을 먹을까? 4) 상냥하거나 매력적인 사람을 만날 수 있을까? 5) 내가 무척 좋아하는 모모 부인에게 나도 그렇게 보일 것인가? 6) 외출하기 전에 몇 가지 새롭고 재치 있고 유용하거나 유쾌한 진실에 관한 이야기를 읽거나 쓸 것인가?——그러고 나서 원한다면 위의 여섯 가지 항목을 이행해야 한다."

하지만 방법은 장기적인 관점에서 계획되기도 했다. "자신의 행복을 총결산하는 데 일주일에 이틀을 할애하라. 우리의 삶을 검토해 보자. 나는 매우 건강하다…… 나는 부유하다, 나는 어떤 역할을 하고 있다, 나는 존경받고 있다, 사람들은 나를 좋아하거나 존경한다……. 이런 요약이 없으면 우리는 자신의 행복한 여건에 대해 무감각하게 된다."

└───┘

그런데 이것을 안다는 사실만으로도 나는 충분히 바뀔 수 있었어요. 행복이 중요하다는 것을 자각하고, 거기에 노력을 쏟아붓기로 결심하고, 거기에 이르기 위해 필요한 시간을 갖는 것. 내 경우에는 이 모든 것이 효과가 있었어요……."

---

5) R. 모지가 인용함, 앞에서 언급한 책, 42쪽.

■ 행복해지기 위한 노력들?

반복되는 행복들은 흔히 어떤 고행의 산물이다. 이 경우 고행은 기독교적 의미에서의 '절제'가 아니라 어원적 의미에서 그리스어로 연습을 의미하는 아스케시스(askésis)이다. 행복은 선언되거나 소집되지 않는 대신 지속적으로 조금씩 가꿔지고 건축되는 것이다. 물론 그것은 마음의 준비를 하거나 용이하게 하는 것만을 할 수 있다. 그리고 우리가 보았다시피 그런 사람들은 다른 이들보다 더 많은 재능을 타고난 개인들이다. 하지만 노력과 연습은 여전히 모든 사람에게 필요하다. 다만 이 노력들이 어떤 이들에게서는 감지되지 않을 뿐이다. 왜냐하면 그것들은 삶의 한 방식이 됐기 때문이다.

그렇다면 '하루에 하나의 행복한 생각'[6] 같은 개론서들을 계속 비웃어야 할까? 행복에 관해 조사를 하는 동안 나는 그런 저서들로부터 도움을 받은 사람들을 많이 만났다. 그들은 그렇다고 그런 책들의 한계에 속지도 않았다. 행복을 다룬 모든 책들에는 한계가 있기 때문이다. 물론 우리가 들을 마음이 없을 때, 우리가 적절한 기분, 즉 그것들을 제안하는 저자와 같은 기분이 아닐 때 행복에 관한 충고들은 항상 우리를 성가시게 한다.

한편 자신들의 편안함을 너무 노골적으로 과시하는 일부 '행복의 보디빌더들'은 그들의 고요함의 영속성 자체에 의해 의심을 받게 될 것이다. 그들은 도정에서 겪는 그들의 혼란과 난관들을 말없이 통과하고 있는 것이 아닐까? 독자는 때로 사람들이 제안하는 행복들이 숨막히

---

6) 이를테면 M. 오클레르의 고전적인 《행복서 *Le Livre du bonheur*》(파리, 쇠유 출판사, 1959년)나 D. 글로세의 《행복의 작은 길 *Petits chemins du bonheur*》(파리, 플라마리옹 출판사, 1999년)을 보라.

는 것으로 드러나는 듯한, 그것들의 무게로 압도할 것 같은, 특히 자신의 개성의 일부를 잃어버리게 할 것 같은 느낌을 받을 수 있다. 왜냐하면 우리는 행복보다는 고통 속에서 우리의 유일성을 더 많이 발견하는 듯하기 때문이다.

하지만 그러한 방식의 우발적인 남용이 그것의 타당성과 유용성을 망각하게 해서는 안 된다. 일상 생활이 끊임없이 우리로 하여금 본질로부터 멀어지게 하는 만큼 더욱더 그러하다.

《되찾은 시간》에서 마들렌의 행복한 추억을 되찾기 위한 끈질긴 싸움을 묘사하고 있는 프루스트의 말에 다시 한번 귀기울여 보자. "나는 여러 번 다시 시작하고 거기에 매달려야 한다. 우리로 하여금 모든 어려운 일, 중요한 활동을 회피하게 만드는 비열함은 매번 내게 그냥 내버려두라고, 힘들이지 않고 반추할 수 있는 지금의 나의 걱정, 미래의 나의 욕망만을 생각하면서 차를 마시라고 충고했다."

우리로 하여금 모든 어려운 일을 회피하게 만드는 비열함…… 나는 이보다는 용이함, 되는 대로 하기의 유혹, 즉 일상 생활의 유혹, 체념, 비관주의라는 말이 더 쉽게 떠오른다. 그렇다, 확실히 우리의 행복에는 적잖은 노력이 필요하다…….

■ 모든 형태의 행복을 맛보기

내가 환자들과 함께 행복에 관해 연구할 때 우리는 이다(있다), 가지다, 하다, 속하다 등 네 개의 동사를 사용하여 그것을 생각한다. 우리의 일상적인 행복은 거의 대부분 이 범주들 가운데 하나에 할당된다.

• 이다(있다): 이것은 눈을 뜨고, 존재하는 것을 기뻐하고, 오직 살아 있다는 것을 느끼는 것으로 충분한 모든 행복을 일컫는다. 이것은

거의 동물적인 행복이다.

• 가지다: 이것은 우리가 좋아하는 한 권의 책, 하나의 물건을 갖는 행복이기도 하지만 또한 사람들이 높이 평가하는 곳에서 사는 행복, 겨울에 따뜻하게 있을 수 있고 밤에 환하게 있을 수 있는 행복이기도 하다.

• 하다: 이것은 걷고 일하고 친구들과 말하고 상상하고 창조하고 만들고 고치는 행복이다.

• 속하다: 이것은 한 가족 안에서 살고, 우리를 존중하는 어떤 집단 속에서 살고, 친구들의 공동체로부터 사랑받는 행복이다.

이 네 종류의 행복들은 너무나 단순하고 기초적인 것이어서 우리는 그것들을 곧 잊어버리고 만다. 훈련은 바로 그것들을 정기적으로 바라보고, 음미하고, 보호하고, 살리고, 되살리고, 그 수를 확대하는 데 있다. 영어에서는 이러한 훈련을 가리키기 위해 무척 아름다운 표현을 사용한다. 카운트 유어 블레싱즈(**Count your blessings**, 너의 행운을 세어 보라)[7]가 그것으로, 이는 삶이 당신에게 베푼 혜택들을 음미하라는 뜻이다…….

여기 내 친구 올리비에가 털어놓은 유년기의 추억 한 가지를 소개하겠다.

"나의 아버지는 무척 독실한 신자였어. 내가 아주 어렸을 때 아버지는 매일 밤 내 방에 와서 입맞춤을 해주었지. 그러면 우리는 함께 내 침대 옆에서 무릎을 꿇고 기도했지. 기도는 아주 간단했어. 세 부분으로 나뉘어 있었고, 세 단어로 요약될 수 있었으니 용서 · 도움 · 감사가 그

---

7) J. L. 세르방-슈레베르의 인터뷰, 《심리학 *Psychologies*》, 2002년, 213호, 114쪽.

것이었지.

용서란 하느님께 우리가 그날 저지른 잘못을 용서해 달라고 청하는 것이었는데 나는 별로 좋아하지 않았어. 나는 스스로 뉘우칠 짓을 아무것도 저지르지 않은 날도 많았기 때문에 그건 어른들의 일로 보였거든…… . 도움이란 어떤 어려운 일을 실현할 수 있도록 힘을 북돋아 달라고 하느님께 청하는 거야. 그것만으로도 이미 흥미롭지만 나는 한술 더 떠서 뭔가를 발견하려고 무리해야 했어. 한편 그 두 가지 점에 대해서 아버지는 절대로 고집을 부리지 않았지.

그와는 대조적으로 아버지는 감사에 관해서는 결코 양보하지 않았지. 하루 동안 특별히 긍정적인 일이 아무것도 일어나지 않은 것 같은데도 아버지는 내게 그건 불가능한 일이라고 말했어. 그래서 우리는 하느님께 감사할 수 있는 단순하고 사소한 것들을 잔뜩 발견할 때까지 함께 찾았어. 때로 나는 이런 종류의 것들을 오랫동안 찾아야 했어. 날씨가 좋았던 것, 잃어버린 줄 알았던 축구용 긴 양말을 되찾은 것 등. 또 어떤 때, 이를테면 슬펐거나 울화가 치민 날에는 아버지가 내게 무리한 것을 강요하고 폭력을 행사한다는 느낌이 들었어. 하지만 하루 중 좋았던 순간들을 회상하는 것은 대개는 기분 좋은 일이었어. 때로 기도는 정말 웃겼고, 농담으로 끝나곤 했어. 우리는 즐거운 신앙을 갖고 있었지.

내가 사춘기가 됐을 때 우리는 이 작은 의식을 그만뒀고, 이제 나는 기도하는 법도 잊어버렸어. 하지만 돌이켜보면 그 모든 순간들은 멋있었어. 그것은 내게 성공이나 선물 말고 다른 것들로도 기뻐할 수 있다는 것을 가르쳐 줬어. 그리고 또 산다는 것은 하나의 행운이라는 것을 결코 잊지 않는 법도."

■ 우울함에 복종하지 않기

클레르

"어젯밤 7시경이었어요. 직장에서 피곤한 하루를 보낸 나는 세 살 된 막내딸과 주방에 있었어요. 딸아이가 열심히 요구르트를 먹는 동안 나는 잔뜩 어질러진 주방을 치우고 있었죠. 아직 해야 할 그 모든 일들로 내 머릿속은 꽉 차 있었어요. 자기 전까지 바쁠 것 같았고, 힘든 내 일이 기다리고 있었죠⋯⋯. 딸아이가 내게 말을 걸었지만 나는 이 모든 사소하지만 괴로운 것들에 정신이 팔려 있었기 때문에 간신히 대답하고 있었어요.

그러다 갑자기 나는 하던 일을 멈췄어요. 뭔가가 제대로 돌아가지 않고 있었죠. 나는 그런 상황이 우스꽝스럽다는 것을 깨달았어요. 나는 딸아이가 내게 계속 조심하라고 말하는 것이 성가시게 느껴졌어요. 하지만 그건 내가 설거지한 접시를 그 애 앞에 놓았기 때문에 그랬던 거예요.

나는 스폰지를 내려놓고 그 애 옆에 가 앉았죠. 우리는 잠시 평온하게 이야기를 나눴죠. 나는 완전히 그 상황에 몰입해서 딸아이를 지켜보고, 딸아이의 말을 귀기울여 들었죠. 그러자 점차 내 안에서 생겨나는 행복의 작은 파동이 느껴졌어요. 그런 다음 우리는 퍼즐을 했고, 딸아이가 자기 전에 읽는 책을 읽어줬어요. 하지만 여느 때처럼 '빨리, 빨리, 식사도 준비해야 하고 전화도 몇 통 해야 돼'라고 생각하면서 그렇게 하지 않았어요. 내게 시간이 있다고 생각했고, 정말로 중요한 것은 지금 내가 하고 있는 일이라고 생각했어요.

남편이 집에 돌아왔을 때 아무것도 먹을 게 없었고, 주방은 뒤죽박죽이었지만 나는 기분이 좋았어요. 그리고 해야 할 모든 일들이 더 이상 극복할 수 없는 일들로 여겨지지 않았어요⋯⋯."

정상적인 하루 동안에도 우리는 여러 번 네거리 앞에 서게 된다.

우리는 틀에 박힌 행동, 스트레스에 넋이 나가 있는 성인으로서의 기분(왜냐하면 삶이 항상 쉬운 것은 아니기 때문이다)을 계속 끌고 가는 쪽을 택할 수 있다.

하지만 우리는 우울함을 명백히 거역할 수도 있다. '정지'를 누르고 손을 놓는 편을 택할 수 있다. 언제나 이런 식으로 행동할 수는 없으며, 인생의 제반사들은 계속 진행돼야 한다. 하지만 이따금 한번씩 그렇게 하는 것으로 충분하다. 우리가 조금 전까지는 생각도 못한 샛길로 한번 가보는 것이다.

자 여기 앞의 클레르가 얘기한 유사한 시퀀스들의 목록이 있다.

— 귀가하면서 걸음을 멈추고 케이크를 사기.

— 저녁 때 곧바로 귀가하지 않고 영화관에서 친구를 만나기.

— 일요일 아침 집에 할 일이 여전히 많아도 죄의식을 갖지 않고 침대에 누워 있기…….

가능한 한 자주 작은 행복들을 자신에게 잔뜩 안겨주면서 경쾌하게 사는 것이다…….

■강박관념이 아니라 하나의 목표

행복의 추구에 관해 콩트-스퐁빌이 한 말은 매우 적절하다. "정말로 중요한 것에 몰두하라. 그것은 일, 행동, 기쁨, 사랑, 결국은 세상일 것이다. 그래서 만일 행복이 온다면 추가로 올 것이고, 만일 행복이 오지 않는다 해도 네게 덜 아쉬울 것이다."

물론 행복이 우선이라는 결정을 내려야 하지만 또한 그것이 아무것에도 의존하게 하지 않도록, 그것이 우리가 자유로이 움직일 수 있게 내버려두도록 주의해야 한다. 그것이 목표를 갖는 것과 강박관념으로 고통을 겪는 것의 다른 점이다. 앞에서 한 충고(노력하라)와 상반된다고? 그렇지 않다. 이것은 모든 학습의 어려움 중 하나일 뿐이다. 처음엔 열중하고, 그 다음엔 거기서 해방되는 것……

천만다행히도 행복에 대한 기대 · 준비 · 추구는 행복을 마련해 줄 수도 있고, 행복의 출현을 용이하게 해줄 수도 있다. 디드로는 이렇게 썼다. "나의 행복의 가장 좋은 부분을 내게서 빼앗지 마라. 내가 기대하는 행복은 항상 내가 누리는 행복보다 크다." 쥘 르나르는 같은 내용을 훨씬 더 명쾌하게 지적했다. "행복은 그것을 찾는 것이다……."

■ 행복의 정원 가꾸기

정원 가꾸기와 마찬가지로 행복은 즉시 보상받지 못하는 노력의 산물이다. 우리는 앞장에서 잡초를 잡아 뽑는 일에 해당한다고 할 수 있는 것을 보았다. 하지만 행복의 정원 가꾸기에는 잡초 제거뿐 아니라 씨뿌리기, 물주기, 그밖의 다른 많은 일들이 필요하다. 한결같이 인내심을 요하는 작업들이고 때로는 실망스러운 결과, 여느 때보다 더 초라한 수확을 안겨줄 수도 있다. 쾌락 중독자들이 행복을 거의 경험하지 못하는 것도 그래서이다. 그들에게는 더 빠른 보상이 필요한 것이다.

오지 않는 행복, 또는 스치기가 무섭게 다시 떠나가 버리는 행복감과 대면했을 때의 실망은 아마도 우리 시대 고유의 습관들, 즉 모두에게 쉬운 접근을 환영하는 현상에 의해 증대된 듯하다. 하지만 행복은 시간과 노력을 요구한다. 천만다행히도 실험에 따르면 우리는 대개 하루 동안 할 수 있는 일은 과대평가하지만(그리고 그로 인해 실망할 수도 있다), 1년 동안 할 수 있는 일은 과소평가하는 것으로 나타났다(이 경우 너무 빨리 포기하지만 않는다면 우리는 기분 좋게 놀랄 것이다).

■ 위를 향한 완만한 경사

좋은 결심들(다이어트, 금연, 규칙적인 운동 등)을 포기하는 주된 이유들 중 하나는 우리가 목표들을 위반할 때 우리 머릿속에서 일어나는 일이다. 우리는 이를테면 파티 때 다시 담배를 피우기 시작한 것이 그만둘 수 없는 명백한 증거라고 생각하는 경향이 있지만, 그때 우리는 중도에 있을 수 있는 단순하고 경미한 사건에 불과한 것을 돌이킬 수 없는 재범으로 만들 수 있다.

행복의 경우에도 마찬가지다. 행복하기 위해 더 많이 노력하기로 결정했다고 해서 항상 기분이 좋을 수는 없다('자네는 행복을 추구하고 있다면서 기분이 안 좋은가 보네'라는 주위 사람들의 비꼬는 지적들에도 불구하고). 행복하기 위해 노력하는 것은 단순히 우리가 행복을 차차 더 많이 더 오래 느끼고, 더 이상 그것을 망치거나 무시하지 않기를 바라는 것이다. 모든 것들이 우리의 좋은 결심들을 좋게 또는 나쁘게 교란시키기 위해 자연스럽게 돌발하는 인생의 여러 가지 사건들의 기능을 한다.

정신과 의사들은 개인의 발달 곡선이 절대로 직선이 아니고 오히려 필연적으로 톱니 모양을 하고 있으며, 톱니들은 그만큼의 헛디딤, 사기 저하, 우울증 재발 뒤의 재출발에 해당된다는 것을 잘 알고 있다. 장기적으로 곡선이 완만하게 올라가는 동안에는 아무 걱정이 없다. 만일 그렇지 않다면 앙드레 지드의 다음과 같은 구절을 상기해 보라. "상승하는 것이기만 하다면 그 경사를 따라가는 것이 좋다."

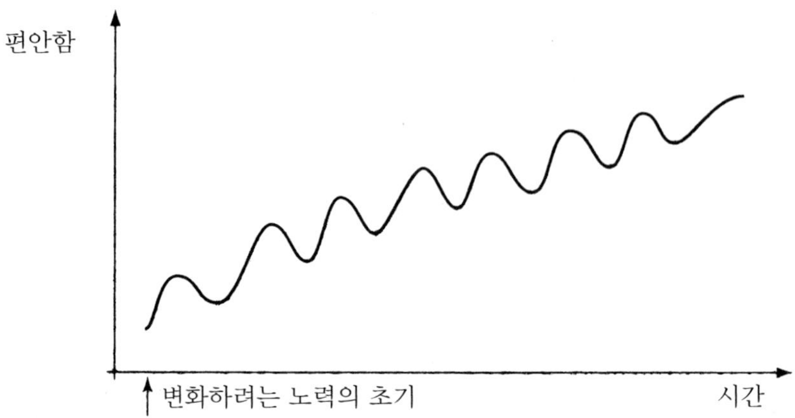

개인적 변화의 곡선

톱니 모양의 불가피한 움직임에 따라서가 아니라 곡선의 전체적인 움직임에 의거하여 자신의 발전을 평가해야 한다.

■ 눈을 뜨고 있기

"눈을 뜬 채로 죽음 속으로 들어가도록 노력하자." 마르그리트 유르스나르는 로마의 황제 하드리아누스의 입을 통해 그렇게 말했다. 이 문장이 행복에 적용될 수 있을까? 행복에 대한 자각을 연마하는 것은 자신의 행운을 절대로 망각하지 않고 진부하게 하지 않는 것을 전제로 한다. 이 책의 독자인 프랑스인들의 경우 풍요롭고 평화롭고 안전한 근로 여건과 능률적인 보건 체제를 갖춘 민주주의 국가에서 사는 행운 말이다. 행복이 세상과 세상의 불행을 향해 열려 있는 정도와 불가분의 관계에 있는 것도 그 때문이다. 한편 우리는 일단 감동이 지나고 난 뒤 멜로 영화나 비극적 소설의 역할은 있을 수 있는 불행에 대한 우리의 자각을 증진시키고, 우리로 하여금 행복에 대한 가능성을 더욱더 분명하게 포착하게 하는 것이 아닌가 자문해 볼 수 있다.

자 여기 이에 관해 철학자 시오랑이 충고하는 훈련법을 소개하겠다.[8] "20분 동안만이라도 묘지에 가보라. 그러면 당신의 슬픔이 물론 사라지지는 않았지만 거의 지나가 버렸음을 알게 될 것이다……. 무(無)를 자각하면 당신에게 일어나는 모든 일들은 그것들의 정상적인 비율을 지키고, 과도한 절망의 특징인 미친 비율을 취하지 않는다." 우리도 말했다시피 행복의 취약함에 대한 자각은 인생의 취약함에 대한 의식과 본질적으로 같다. 하지만 불안증 환자들은 우리가 해서는 안 되는 생각이 어떤 것인가를 정확히 보여주고 있다. "불행이 언제라도 우리를 엄습할 수 있는데 어떻게 행복하겠는가?" 반면 행복한 사람들은 우리에게 그 반대를 입증한다. "불행이 언제라도 있을 수 있기 때문에 반대로 가능한 한 가장 행복한 사람이 되려고 노력해야 한다."

아이의 죽음에 대한 불안 속에서 사는 한 젊은 엄마를 치료한 일이 기억난다(그녀의 자매들 중 하나가 신생아 돌연사로 한 아이를 잃었다). 치료는 길고 힘들었는데 그것은 그런 불안증을 고칠 수 있는 방법은 희박한 위험에 대해 안심시키는 것이 아니라(이 방법은 주위 사람들과 의사들이 이미 시도해 봤다) 반대로 환자로 하여금 죽음에 대해 생각해보고, 죽음에 대해 더 이상 생각하지 않는 것이 아니라 오히려 더 잘 생각하고, 마지막으로 그에 대해 말할 수 있도록 도와주는 것이기 때문이다. 그녀의 불안은 그녀가 아이와 함께 행복해하는 것을 철저히 방해했다. 그녀는 아이에게서 취약한 존재, 죽음에 의해 위협받는 존재만을 보았다.

경우에 따라 일어날 수도 있는 아이의 죽음에 대해 오랫동안 이야기를 나눈 끝에, 그리고 죽음에 대한 생각에 대면하는 수많은 치료적 훈

---

8) E. 시오랑, 《대담 *Entretiens*》, 파리, 갈리마르 출판사, 1995년, 314쪽.

련을 실시한 끝에[9] 그 환자는 차츰 핵심을 파악하게 되었다. 그것은 내일 무슨 일이 닥치건 지금 해야 할 가장 중요한 일은 오늘 자신의 아이와 함께 있음으로 인한 행복에 온 정신을 쏟아야 한다는 것이다. 치료가 끝날 무렵 그녀는 유일하고도 본질적인 문제에 관해 나와 토론하기에 이르렀다. "만일 내 아이가 죽는다면 오늘 나는 무엇에 몰두해야 할까? 불안일까, 행복일까?"

인간의 얼굴을 한 행복

라파엘

"나는 행복하다는 것에서 때로는 수치심에 가까운 거북함을 느낀다. 지구상에 비참함이 존재하기 때문만은 아니다. 왜냐하면 나는 나의 개인적인 행·불행이 거기에 큰 변화를 가져오지 못한다는 것을 알기 때문이다. 내가 거북한 것은 행복하다는 것이 다른 사람들을 방해하고 화나게 할 수 있고, 나아가 더 나쁘게는 행복으로 인해 그들 자신의 어려움을 상기하게 함으로써 그들을 불행하게 만들기 때문이다. 내가 임신했을 때 아이를 가질 수 없었던 내 친구 앞에서 거북함을 느끼던 일이 기억난다. 어떤 사람들을 마주했을 때에도 나의 행복으로 인해 같은 감정을 느끼게 된다. 그럴 때 때로 나는 내가 행복하다는 사실을 감추고 말하지 않는다……."

---

9) R. 라두쇠르, A. 마르샹, J. M. 부아베르, 《불안장애. 인지 행동적 접근 *Les Troubles anxieux. Approche cognitive et comportementale*》, 파리, 마송 출판사, 1999년.

■ 자신의 행복으로 남들을 화나게 하지 않으려면?

심각한 우울증을 경험한 작가 피에르 다니노[10]는 이렇게 기록했다. "사람들은 자신들의 행복은 모르지만 다른 사람들의 행복은 절대 놓치지 않는다."

행복은 풍요로움이며——아마 가장 큰 풍요로움일 것이다——어쨌든 다른 사람들의 역정이나 질투를 야기해서는 안 되는 유일한 것이다. 왜냐하면 행복은 비물질적인 것이고, 모두에게 열려 있기 때문이다. 그렇지만 우리가 앞에서 보았듯이 행복은 사람들을 화나게 만드는 동기도 될 수 있다. 역설적이게도 행복은 아름다움과 마찬가지로 타인의 눈에는 하나의 모욕이 될 수 있다(작가 미셸 투르니에는 아름다움은 '우리에게 무자비하게 상처를 준다'고 말했다). 실제로 행복은 건강이라는 또 다른 풍요로움에 훨씬 더 가깝다. 왜냐하면 건강은 유전적 행운과 개인적 노력의 혼합이기 때문이다. 아마도 이런 역정은 행복이 지나치게 불공평하게 분배된 풍요로움이라는 데에서, 그리고 거기에 도달하기 어려운 사람들이 많은 데에서 오는 듯하다.

"행복하게 살려면 숨어서 삽시다." 플로리앙은 그의 우화에 나오는 귀뚜라미의 입을 빌려 그렇게 말한다. 이 격언을 어떤 의미로 읽어야 할까? 행복은 우리가 세상과 떨어져 살 때 더 쉽게 찾아온다? 아니면 행복은 타인을 불쾌하게 하지 않으려는 조심성을 내포한다? 조심성도 필요하지만 그것이 다는 아니다……

---

10) P. 다니노, 《36도 아래 *Le 36 dessous*》, 파리, 아셰트 출판사, 1966년.

■ 행복의 의무

행복해야 할 의무란 말을 처음으로 한 사람은 디드로이다. "오직 하나의 의무밖에 없으니 그것은 행복해야 한다는 것이다."

또한 행복으로 인한 의무들도 있다. 행복은 모든 다른 형태의 풍요로움이 갖는 도덕적 의무들에 복종하는 것이 옳다. 우리가 이미 보았다시피 이타주의는 행복한 사람에게 더 쉬웠다. 행복은 본디 너그러운 것이기 때문이다. 그저 가능한 한 자주 행복을 다른 사람과 나누고, 다른 사람에게 다시 분배할 생각을 해야 한다.

■ 만인의 행복이 존재할까?

인간은 사회적 동물이다. 동포들을 고려하지 않고 어떻게 자신의 행복을 생각할 수 있겠는가? 인간 공동체 안에서 실현성 있는 유일한 행복은 타인에게서 아무것도 빼앗지 않는 행복이다. 지드는 말했다. "대다수를 희생시킴으로써 얻어지는 행복은 어떤 것도 받아들이지 마라."

이것은 아마도 많은 이들이 꿈꾸는 행복의 유토피아의 전제 조건일 것이다. 행복한 사람들은 때리거나 폭력을 행사하거나 사람을 죽이지 않는다. 그들은 모든 사람들에 대해 험담을 하거나, 그들과 다른 사람들을 미워하거나, 그들처럼 생각하지 않는 사람들을 나쁘게 말할 필요를 느끼지 않는다……. 우리는 이런 유토피아가 '위로부터' 결정되지 않는다는 것, 사회의 모든 구성원들이 그렇게 행할 때에만 그것이 지속적으로 존재하기를 바랄 수 있다는 것을 알고 있다. 이것은 보리스 비앙이 우리에게 상기시키는 것이기도 하다. "만인의 행복은 각자의 행복으로 만들어진다⋯⋯."

낙관주의: 막스, 캉디드, 그리고 물에 빠진 생쥐들

"낙관주의: 그녀가 늦는다는 건 그녀가 올 거라는
뜻."

사샤 기트리

아드리앙

"대학에서 막스를 만났죠. 시내에 있는 아파트를 다른 대학생과 나
눠 쓰기 위해 작은 광고를 붙였더라고요. 척 보기에도 그는 명랑하고
유쾌한 청년이었어요. 하지만 그뿐만이 아니었죠. 그는 충실한 믿음을
지닌 낙관주의자였어요. 나는 기꺼이 그런 표현을 쓰고 싶은데, 왜냐
하면 막스는 그냥 미래를 믿는 게 아니라 열광적인 믿음을 갖고 있었
거든요(그는 인류의 지성을 확신한다고 말하곤 했어요). 그는 또 충실한
낙관주의의 신자였어요. 다시 말해 친구들은 그의 낙관주의가 실천에
옮겨지는 것을 일상적으로 보았죠.

한번은 우리가 비행기를 타야만 하는 적이 있었어요. 그런데 도중에
너무 지체되는 바람에 비행기가 이륙하기 15분 전인데도 아직 공항에
도착도 하지 못하고 있었어요. 내가 포기할 생각에 돌아가려 하자 막
스는 그런 생각이 떠오를 수 있다는 사실에 무척 놀란 표정으로 돌아
가기를 단호히 거절하며 말했어요. '세상일은 모르는 거잖아. 누가 알
아? 혹 조종사도 교통 체증을 겪고 있을지?' 실제로 그런 일이 일어났
는지는 모르겠지만 아무튼 공항에 도착했을 때 우리가 탈 비행기가

한 시간 늦게 출발한다는 안내가 나왔어요. 그래서 우리는 비행기를 탈 수 있었어요. 막스는 나보다 비행을 더 즐겼어요. 왜냐하면 나는 오는 길에 스트레스를 많이 받았기 때문이죠. 반면에 그는 더 숙명론자 같은 태도를 보였어요. '사람은 할 수 있는 일만 할 뿐이야. 신경질낸다고 해서 더 빨리 가는 건 아니잖아.'

여자들을 꼬일 때 막스는 누구 앞에서도 망설임이 없었죠. 심지어 가장 예쁜 여자들 앞에서도 그는 주저하지 않고 항상 자신의 운을 시험해 보았어요. 하지만 그도 눈치가 있었고, 절대 고집을 부리지는 않았어요. 가망이 없는 것 같다고 느끼면 시간 낭비하지 않았죠.

'그래도 시도해 봐야 하는 거야.' 그는 그냥 그렇게만 설명했어요. '그래야 자신의 행운을 감지할 수 있거든. 멀리서 지켜보다가 파티가 끝나 버리면 알 수가 없잖아.' 그는 부드럽고 웃는 인상이었기 때문에 그런 시도는 종종 먹히곤 했어요. 하지만 만일 그렇지 않을 경우 그는 자신의 실패에 전혀 충격받지 않고 곧 다른 여자에게 접근했어요. 게다가 그는 거절을 실패로 받아들이지도 않았어요.

어느 날 우리가 그의 낙관주의(사실 우리는 여자들에게 접근하는 그의 방식에 많은 관심을 갖고 있었죠)에 관해 말하고 있을 때, 그가 우리에게 이렇게 설명했어요. '반대되는 명백한 증거가 없다면 나는 항상 선험적으로 긍정적인 것에서부터 출발해. 그리고 의심스러울 때에도 절대로 그만두지 않아. 실패하는 건 정상이야. 시도하지 않는 게 비정상이지.'

막스는 시험을 별로 좋아하지 않았어요. 하지만 대충대충 복습을 함에도 불구하고 시험 성적은 좋았어요. 그는 그가 알고 있는 것을 최대한 끌어냈어요. 왜냐하면 절대 서두르지 않았기 때문이죠. 그는 항상 잘될 거라고 확신하고 있었어요. 그렇다고 그가 아무렇게나 한 것은 아니에요. 그는 상급반 학생들을 상대로 매우 효과적인 조사를 한 뒤 그 결과에 따라 자신의 노력을 조정했어요. 그는 열심히 노력해야 할 과목과 더 쉽게 접근할 수 있는 과목이 어떤 것인지 알고 있었죠…….

슬픈 일이나 걱정거리가 있을 때에는 막스도 영향을 받았지만 결코 무너지지는 않았어요. 그는 비 온 뒤 다시 해가 나타나는 것처럼 행복이 돌아오리라는 것을 정말로 확신하고 있었죠. 과연 그랬어요. 낙천가의 인생은 항상 그렇게 진행됐어요. 불행에 빠져 허우적거리는 것은 비관주의자들밖에 없어요.

나는 막스의 낙천주의가 어디에서 온 것인지 도저히 알 수가 없었죠. 그는 평범한 부모님 밑에서 평범한 삶을 살았거든요. 그의 아버지는 항상 웃는 얼굴의 이탈리아 태생 벽돌공이었고, 그의 어머니는 한 번도 목소리를 높이지 않고 다섯 아이를 유유히 돌보는 용감한 주부였거든요.

졸업한 뒤 우리는 만나지 못했어요. 그와 그의 낙천주의에 대한 나의 마지막 기억 역시 공항이 무대였어요. 이 공항에서의 기억이 다른 기억들보다 내게 더 강한 영향을 줬다고 생각되는데, 그건 내가 비행기 타는 것을 두려워하기 때문이죠. 비행기에 타려는 데 막스가 표와 여권을 잃어버린 거예요. 스튜어디스는 약간 신경질을 냈고, 많은 사람들이 우리 뒤에서 기다리고 있었죠. 솔직히 내가 그였다면 나는 가슴이 쿵쾅거리고 걱정스러웠을 거예요. 그는 사람들이 지나갈 수 있도록 태연히 옆으로 비킨 뒤 나를 보고 농담을 하는 거예요. "좋아, 5분 전 수하물 검사소에 있을 때만 해도 갖고 있었으니까 어디 멀리 있지는 않아. 분명 곧 다시 찾게 될 거야……." 그는 이런 식이예요. 어떤 종류의 스트레스도 없이.

막스는 고등학교 프랑스어 선생이 된 것으로 알고 있어요. 그가 가르치는 학생들의 부모들은 기뻐할 거예요. 왜냐하면 그는 책에서 배울 수 없는 것들을 아이들에게 가르쳐 줄 것이기 때문이죠……."

■ 낙관주의란 무엇인가?

낙관주의의 정의는 "어떤 상황의 호의적인 결과에 대한 행복한 신뢰감"[11]에 의해 "사물의 불쾌한 측면은 무시하고 좋은 쪽만 취하게" 만드는 성향을 언급하고 있다.

낙관주의는 심리학에서 매우 폭넓게 연구돼 온 인격 차원인데, 왜냐하면 그것은 만족감·행복감과 밀접한 관계가 있기 때문이다.[12] 대개 낙관주의자들은 보다 나은 정서적 안락함과 한결 고급스런 삶의 질을 누리는 것으로 인정받고 있다.[13] 실험심리학의 연구들은 낙관주의가 건강에 미치는 유리한 효과를 거의 만장일치로 증명하고 있는데,[14] 그것은 일련의 수술들의 전개[15] 또는 중병에 걸렸을 때 관련 치료처럼 상당히 광범위한 분야에서 나타나고 있다.[16]

왜냐하면 낙관주의는 하나의 정신적 태도(미래를 신뢰하는)에만 그치는 것이 아니라 삶의 어려움에 직면했을 때 더 적극적인 자세와 구

---

11) 《르 로베르 *Le Robert*》 사전, 앞에서 언급한 책.

12) C. 피터슨, 〈낙관주의의 미래 The future of optimism〉, 《미국의 심리학자 *American Psychologist*》, 2000년, 55: 44-55.

13) M. F. 샤이어, 〈낙관주의, 비관주의, 심리적 웰빙 Optimism, pessimism and psychological well-being〉, E. C. 창, 앞에서 언급한 책, 189-216쪽에서.

14) C. 피터스, 〈비관주의적 설명 방식은 육체적 질병의 위험 요소이다—35년간의 장기적 연구 Pessimistic explanatory style is a risk-factor for physical illness: A thirty-five year longitudinal study〉, 《성격과 사회심리학 저널 *Journal of Personality and Social Psychology*》, 1988년, 55: 23-27.

15) S. 겔라티, 〈수술 결과에서 낙관주의의 역할 Le rôle de l'optimisme dans les suites opératoires〉, 《행동 인지 요법 저널 *Journal de thérapie comportementale et cognitvie*》, 2000년, 10: 5-14.

16) S. 겔라티, 〈건강심리학에서 본 낙관주의 개념 Le concept d'optimisme en psychologie de la santé〉, 《행동 인지 요법 저널 *Journal de thérapie comportementale et cognitive*》, 2000년, 10: 5-14.

체적인 태도들, 즉 지원과 정보의 탐색, 문제를 해결하거나 자신의 기분을 개선시키기 위한 전략의 응용 같은 것들에 의해서도 표현되기 때문이다.[17]

심리학적 지식과 관련된 현재의 자료들은 낙관주의에 대해 좀더 명확한 정의를 제시할 수 있게 해준다. 불확실한 일에 직면했을 때 호의적인 해결책이 존재할 거라고 예상하고 그것을 용이하게 하기 위해 행동하는 것이 그것이다. 따라서 낙관주의는 생각이고 행동이다.

■ 낙관주의에 대한 희화와 비난들: 캉디드

낙관주의를 반대하는 수많은 편견들이 끈질기게 지속되고 있다. 낙관주의는 의심스럽다. 끽해야 농담의 대상이 될 뿐이다. "낙관주의자는 볼펜을 들고 십자말풀이를 하기 시작하는 사람이다." 최악의 경우 그것은 명철함과 지성의 결여로 간주된다. 그리고 이 모든 것이 볼테르와 그의 유명한 소설 《캉디드》의 잘못이다!

볼테르의 작품들 중에서 가장 유명한 이 철학적 콩트는 사실 신의 창조의 뛰어남을 확신하고 '모든 게 좋다'——간단히 말하자면——는 세계관의 신봉자인 독일의 철학자 라이프니츠의 주장에 반대하는 풍자였다.

단순하고 정직한 심성을 지닌 독일 청년 캉디드는 태생은 귀족이지만 사생아였기 때문에 툰더-텐-트롱크 남작에 의해 양육된다. 성에

---

17) I. 브리세티, 〈사회적 망의 발달, 인생 과도기 동안의 심리적 조정 The role of optimism in social network development, coping and psychological adjustment during a life transition〉, 《성격과 사회심리학 저널 *Journal of Personality and Social Psychology*》, 2002년, 82: 102-111.

서 그는 라이프니츠와 마찬가지로 "모든 것이 최선의 상태에서 최선의 상태로 간다"는 학설의 지지자인 팡글로스 박사의 제자가 된다. 이런 가르침, 그리고 유쾌한 청춘은 그를 다소 순진한 낙천가로 만든다. 그러나 그는 박사의 합법적인 딸 퀴네공드에게 키스하다가 남작에게 들키는 바람에 이 천국으로부터 갑작스럽게 추방된다. 그때부터 캉디드에게 어려움이 시작된다. 이국적이고도 가혹한 수많은 모험들은 그를 부에노스 아이레스에서부터 콘스탄티노플까지 인도하고, 그에게 이성을 찾아주는(볼테르에 의하면) 역할을 하게 된다. 마침내 그는 자신의 낙천적 믿음에서 벗어나 더 이상 형이상학에 매여 있기를 원치 않고 겸허하게 은둔하여 '자신의 정원을 가꾼다.'

볼테르는 낙관주의에 한을 품고 있었을까?《캉디드》를 쓸 무렵 그는 리스본의 지진(1755년 도시 전체를 파괴함으로써 유럽을 공포에 떨게 한)이나 7년 전쟁의 참화에 의해 깊은 충격을 받은 상태였다. 왕에 의해 추방되어 스위스 국경에 가까운 페르네에서 망명 생활을 한 볼테르는 당시 점점 더 커져 가는 비관주의에 사로잡혀 있었다. "언젠가 모든 게 잘되겠지, 그건 우리의 희망이다. 오늘 모든 게 좋다, 그건 환상이다."[18]

우리가 비관주의자들보다 낙관주의자들을 더 기꺼이 비난하는 연유는 무엇일까? 사실은 그들과의 동행을 더 추구하면서도 말이다. 행복 학교의 모범생들에 대한 일말의 질투 때문일까? 이것은 특히 우리가 낙관주의로부터 극히 제한된 면, 즉 세상에 항상 긍정적인 면이 있는 것은 아닌데도 세상을 그렇게만 보려는 의지만을 지각하기 때문이다. 낙관주의 안에는 현실의 어두운 측면에 초점을 맞추지 않으려는 어떤 맹목성, 어떤 편협한 욕구가 들어 있을지 모른다. 볼테르는 그의

---

18) 볼테르, 《캉디드 *Candide*》, 파리, 아셰트 출판사, 1991년.

콩트에서 자신의 철학적 입장에서의 허무함의 증거로 캉디드의 인생 여정에 세상의 모든 불행을 깔아놓는 짓궂은 장난을 친다.

실제로 현대 지식은 낙관주의가 단순히 하나의 정신 상태(최악이 아니라 최선을 예상하는)일 뿐만 아니라 개입된 태도(최선이 나타날 수 있도록 행동하는 것)를 내포하는 전체적인 태도임을 입증한다는 것이 확인됐다. 그러므로 볼테르가 믿은 것과 달리 낙관주의는 '잔인한 세상'에서 인생에 완벽하게 적응하는 것이다…….

■ 낙관주의의 지성

낙관주의의 지성, 몽테를랑은 그의 수첩에 남긴 글에서 그것을 이렇게 직관하였다. "어떤 지성의 증거도 세상을 있는 그대로 보는 지성, 그리고 일상적 표현을 사용하자면 그런 세상이 좋다고 생각하는 지성, 그리고 느긋하게 있을 수 있는 지성보다 뛰어날 수는 없다." 낙관주의자의 확신은 명철함과 만족이 완벽하게 공존할 수 있다는 것이다.

자기 만족의, 혹은 눈먼 낙관주의는 사실 질투심 많은 비관주의자들의 발명품에 불과한 것으로 보인다! 대부분의 낙관주의는 사실 지적이다. 다시 말해 사람들이 생각하는 것보다 명석하고 유연성 있고 식별력이 있는 것이다.[19]

곤란에 처했을 때 낙관주의자들은 비관주의자들보다 더 끈기 있게 밀고 나간다('이 문제에는 반드시 해결책이 있을 거야'). 다만 그들의 노

---

19) L. G. 아스핀월, 〈낙관주의의 작동 과정 이해하기—낙관주의자가 확신과 행동을 절제 있게 적용하는 것에 대한 시험 Understanding how optimism works: An examination of optimist's adaptative moderation of belief and behavior〉, E. C. 창, 앞에서 언급한 책, 217–238쪽.

력이 헛되고, 다른 곳에서 더 효과적일 것으로 여겨지는 경우엔 다르다. 심리학 실험 중에 이를테면 지원자들에게 실제로는 풀 수 없는 기하학 문제(퍼즐)들을 풀라고 요구하는 것이 있었다. 이 시험에는 선택의 여지가 없었기 때문에 낙관주의자들과 비관주의자들이 구별되지 않았다. 모두들 주어진 20분 동안 답을 찾으려고 노력했지만 결과는 전무했다. 반대로 다른 실험 조건에서 세 개의 퍼즐 문제를 제시하되 풀 수 없는 문제를 맨 위에 놓았을 때 낙관주의자들은 비관주의자들보다 평균적으로 4분씩 일찍 그 첫번째 문제를 포기하고 다음 문제로 넘어갔다.[20]

낙관주의자들은 불쾌한 것들을 보고 싶어하지 않는다고 단언하는 전설 또한 실험에 의해 부인되고 있다. 그리하여 대학생들에게 건강 면에서의 어떤 위험들(영양 섭취, 일광 노출, 흡연 등)에 관한 정보가 실린 소책자를 나눠주고 그것을 읽는 시간을 측정했다. 예상과 달리 낙관적인 대학생들은 중립적인 정보들보다 경계하라는 내용의 정보들을 읽는 데 더 많은 시간을 보냈다. 그리고 불쾌한 정보들과 관계가 있는 학생들일수록 그것들을 더 많이 읽었다.

흡연가들은 담배의 폐해에 관한 정보를, 비타민 과다 복용자들은 과다 복용의 위험에 관한 정보를 더 많이 읽었다.[21] 실제로 그후에 낙관주의적 대학생들은 그들에게 적절한 것으로 여겨지는 부정적 정보들에 따라 그들의 행동을 많이 수정했다.[22] 낙관주의자들의 이런 적응

---

20) L. G. 아스핀월, 〈낙관주의와 자제가 있으면 대안의 존재 하에 해결할 수 없는 과제들로부터 더 빨리 해방될 수 있다 Optimism and self-mastery predict more rapid disengagement from unsolvable tasks in presence of alternatives〉, 《동기와 감정 *Motivation and Emotion*》, 1999년, 23: 221-245.

21) L. G. 아스핀월, 〈낙관주의와 부정을 구별하기 — 낙관주의적 확신이 있으면 건강을 위협하는 요소들에 대해 주의할 수 있다 Distinguishing optimism from denial: optimistic beliefs predict attention to health threats〉, 《성격과 사회심리학 저널 *Personality and Social Psychology Bulletin*》, 1996년, 22: 993-1003.

력 높은 지성은 다양한 기제로 설명할 수 있지만, 그것들 중 하나는 많은 연구에서 증명됐다. 긍정적 감정의 역할이 그것이다. 한 사람의 기분이 긍정적일수록 그는 자신의 만족, 건강과 관련된 메시지들에 더 민감해진다는 것이다.[23]

따라서 현실은 흔히 낙관주의자들의 심리와 결부되는 쿠에의 방법(자기암시요법) 또는 타조의 어리석은 회피와는 거리가 멀다…….

■ 긍정적 환상들?

따라서 '눈먼' 낙관주의는 존재하지 않으며, 명철함은 비관주의보다는 낙관주의와 더 가까운 것으로 보인다. 그렇지만 낙관주의와 행복 안에서 거부의 역할이라는 미묘한 이론적 관점에 접근하지 않으면 안 된다. 디드로의 정부였던 퓌지외 부인은 이를테면 이렇게 썼다.

"나는 나를 절망시키는 자명함보다 행복하게 만들어 주는 착오가 더 좋다."

낙관주의는 분명 일련의 '긍정적 환상들'을 기반으로 한다. 긍정적 환상들이란 다른 환상들보다 더 해로울 것도 없고, 낙관주의 안에서는 늘 그렇듯 그 효과도 공인된 확신들일 뿐이다. 노인들(평균 63세)

22) S. E. 테일러, 〈낙관주의, 심리적 고통, 그리고 에이즈의 위험이 있는 남성들 간의 위험도 높은 성행위 Optimism, coping, psychological distress and high-risk sexual behavior among men at risk for AIDS〉, 《성격과 사회심리학 저널 *Journal and Social Psychology Bulletin*》, 1992년, 63: 460-473.

23) R. 라구나탄, Y. 트로프, 〈좋은 기분과 빈틈없음 간의 팽팽한 줄 위를 걷기— 설득력 있는 메시지를 처리하는 과정에서 자원으로서의 기분 Walking the tightrope between feeling good and being accurate: mood as a resource in processing persuasive messages〉, 《성격과 사회심리학 저널 *Journal of Personality and Social Psychology*》, 2002년, 83: 510-525.

을 상대로 실시된 연구 결과 23년이라는 중단 없는 기간 동안 노화에 대해 긍정적 시각을 가진 노인들('나는 내가 항상 건강하다고 느낀다' '흐르는 시간은 내게 항상 많은 것들을 가르쳐 준다' 등)이 부정적 시각을 가진 노인들보다 평균 7년 반이나 오래 사는 것으로 나타났다.[24]

인생은 아름다워

낙관주의의 기능에 관한 가장 가슴 아프고 가장 빛나는 예들 중 하나는 영화 《인생은 아름다워》(1999)를 통해 제시되었다. 가혹하면서도 미소짓게 만드는 이 우화에서 이탈리아 감독 로베르토 베니니는 어린 아들과 함께 포로수용소에 강제 수용된 한 아버지의 역할을 연기한다. 아이를 강제수용소 세계의 폭력과 고통으로부터 보호하고 싶은 아빠는 터무니없는 '긍정적 환상'을 만들고, 아들로 하여금 그것을 믿게 만든다. 그는 아들에게 수용소 안에서의 생존을 일종의 약간 격렬한 실물 크기의 트랙 경기로 소개하면서 1등(소년이 꿈꾸는) 상품, 즉 진짜 탱크를 차지하려면 승리하기 위해 함께 노력해야 한다고 말한다. 이런 환상을 믿게 하기 위해 쏟은 아버지의 노력 덕에 소년은 살아서 그곳을 벗어나게 되고, 결국 포로들을 석방시켜 주러 온 미군 탱크를 타게 된다…….

중병으로 고통받는 사람들이 사용하는 긍정적 환상들('나는 이 병을 이겨낼 거야. 모든 게 다시 예전으로 돌아갈 거야……')에 관한 설득력 있는 연구들은 그밖에도 많이 존재한다.[25] 다만 이런 '긍정적 환상들'은 문제에 대한 평가나 확인만을 대상으로 하지 않고(만일 그것이 현실

---

24) B. R. 레비, 〈장수는 나이 먹음에 대한 긍정적인 자기 인식에 의해 증대된다 Longevity increased by positive self-perceptions of aging〉, 《성격과 사회심리학 저널 *Journal of Personality and Social psychology*》, 2002년, 83: 261-270.

이라면 낙관주의자들과 비관주의자들 간에 차이가 없다), 우리가 '효율
성의 기대'라 부르는 것도 대상으로 한다는 것을 기억하자. 다시 말해
대처하기 위해 뭔가를 시도할 수 있다는 확신 말이다. 그리고 거기에
서 낙관주의자들과 비관주의자들 간의 거리가 멀어진다.

많은 인문학 전공자들이 관심을 갖고 있는 이 긍정적 환상에 관해
서는 많은 작업들이 현재 진행중이다. 우리는 이를테면 단기적으로 봤
을 땐 명백한 그것들의 이득이 장기적으로도 여전히 유효한지,[26] 또는
그것들이 이떤 분야에는 잘 적용되고 다른 분야에는 잘 적용되지 않는
지(학습에서의 성공보다 중병과의 투쟁에서 더 잘 적용되는지)를 확인하
려고 노력하고 있다. 달리 말하면 이렇다. 낙관주의의 이미 증명된 혜
택에 고정된 한계가 존재할까? 몇 년 안에 해답이 나올 것이다. 그때까
지는 낙관주의자로 남자. 또는 낙관주의자가 되는 법을 배우자……

■ 생쥐들을 낙관주의자로 만드는 방법

벽면이 매끄러운 큰 물통을 준비하여 우유처럼 불투명한 액체와 충
분한 수의 생쥐를 집어넣어라. 생쥐를 되는 대로 두 집단으로 나누고,
그것들을 모두 한 마리씩 물통에 빠뜨려라. 물은 생쥐들의 발이 닿지
않을 만큼 깊어야 한다.

---

25) S. E. 테일러, 〈심리적 자원, 긍정적 환상과 건강 Psychological resources,
positive illusions and health〉, 《미국 심리학자 American Psychologist》, 2000년, 55:
99-109.
26) R. W. 로빈, J. S. 비어, 〈자기에 대한 긍정적 환상—단기적 이득과 장기적 비
용 Positive illusions about the self: Short-term benefits and long-term costs〉, 《성격
과 사회심리학 저널 Journal of Personality and Social Psychology》, 2001년, 80:
340-352.

흥미로운 발견을 하기 위해 다음과 같은 작전을 상상해 보라. 첫번째 집단의 생쥐들은 물에 잠긴 섬이 있는 물통 안에서 헤엄치는 특권을 갖는다. 물에 잠긴 섬이란 수면 아래 있어 보이지는 않지만 생쥐들이 혹시 있을지 모르는 탈출구를 찾아 미친 듯이 수영하다가 우연히 발견할 경우 잠시 쉴 수도 있고 체력을 회복할 수도 있는 작은 승강대이다. 반대로 두번째 집단의 생쥐들은 물에 잠긴 섬을 가질 권리가 없으며 쉬지 않고 헤엄쳐야 한다.

두 집단 생쥐들의 수영 시간은 대충 비슷하다는 것을 확인하라(피곤함이 당신의 결과를 왜곡하지 못하도록). 생쥐들을 물통에서 꺼내라. 용감한 생쥐 수영 선수들이 몸을 말리고 체력을 회복하도록 놔두라. 그런 다음 다시 그들을 젖빛 액체 속에 한 마리씩 빠뜨려라. 편애는 끝. 이번에는 어디에도 발 닿을 곳이 없다. 물속의 섬은 사라졌다. 이때 생쥐들이 얼마 동안 필사적으로 헤엄치다가 녹초가 되고 낙담하여 물에 빠지는지를 측정하라(그래도 때맞춰 생쥐들을 물통에서 꺼내주면 그들은 당신에게 감사할 것이다).

그러면 당신은 무엇을 발견하게 될까? 첫번째 헤엄 때 우연히 숨겨진 섬의 존재를 발견한 생쥐들은, 첫번째 실험에서 아무데에서도 숨을 돌릴 수 있다는 희망이 없다는 것을 확신한 생쥐들보다 두 배 이상 오랫동안 헤엄칠 수 있었다.[27] 약간 지체된 난파와 구조의 경우 생존자들 중에는 첫번째 집단의 생쥐들이 압도적으로 많았다.

---

27) R. G. 모리스의 견해에 따르면, 〈공간의 국부화는 지역적 단서의 존재를 필요로 하지 않는다 Spatial localization does not require the presence of local cues〉, 《학습과 동기 *Learning and Motivation*》, 1981년, 12: 239-260. R. 브랜다이스, 〈기억과 학습에 관한 연구에서 모리스의 물속 미로의 사용 The use of the Morris Water Maze in the study of memory and learning〉, 《국제 신경과학 저널 *International Journal of Neuroscience*》, 1989년, 48: 29-69.

■ 낙관주의는 어디에서 오는가?

독자는 생쥐들을 낙관주의적으로 만드는 방법을 알았다. 또한 낙관주의는 배울 수 있다는 것도 알았다…….

인간이 낙관주의를 습득하는 메커니즘도 생쥐들의 경우와 별반 다르지 않다. 우리의 노력에 대한 보상이 주어진 과거의 경험이 있을 경우 그것은 우리를 낙관주의로 몰고 갈 것이다(적어도 우리가 정기적으로 성공한 분야에서는). 반대로 반복된 실패들, 특히 행동할 수 없는 무력(우리가 '학습된 무력감' 이라 부르는 것)한 분위기 속에서 딱히 할 일이 없이 당하는 실패들은 비관주의, 그리고 곤란이 닥쳤을 때 후퇴와 수동성 외 다른 출구를 찾지 않으려는 경향을 끌어낸다.

우리는 또 낙관적인 부모든 비관적인 부모든 부모라는 본보기, 그리고 부모가 자식들의 노력을 격려하거나 비난하는 방식이 한 개인이 장차 낙관주의를 가질 수 있는 능력에 매우 큰 영향을 끼치는 것도 알고 있다.[28]

부정적인 인생 경험들(애정 결핍, 정신적 · 육체적 폭력, 부모로부터 버려진 경험 등)이 일찍 발생할 때, 흔히 우리가 '인격장애' 라 부르는 것이 나타나게 된다. 이런 장애들은 특히 매우 비정상적인 타인과의 관계 양식(이를테면 지나친 의존이나 통제되지 않는 공격성)과 사회적 관계에 대한 매우 비관적인 신념들('나는 이것이 어떻게 끝날지 이미 알고 있어')을 특징으로 한다. 하지만 심리학에서 항상 그렇듯 만고불변의 진리는 없다……. 그런 환자들을 대상으로 행해진 최근의 한 연구[29]

---

28) **M**. 셀리그만, 《낙관주의 배우기 *Apprendre l'optimisme*》, 파리, 앵테르에디시옹 출판사, 1994년.

는 치료 도중 낙관주의의 등장과 발전, 그리고 인생에 대한 부정적 신념들(그것들이 매우 오래된 것들인 경우에도)의 감소 간에 밀접한 상호 작용이 있다는 것을 증명했다.

■ 낙관주의의 실천

철학자 알랭은 이렇게 썼다. "비관주의는 기분에서 나오고, 낙관주의는 의지에서 나온다." 그렇다, 항상 그리고 계속 노력을 해야 하는 것이다! 여기 가능한 방침들 중 몇 가지를 소개하겠다.

긍정적이지도 말고, 부정적이지도 말라

우리가 보았듯이 낙관적 사고는 현실주의 · 신뢰 · 실용주의를 특징으로 한다. 이것은 또 비관적 사고만큼이나 틀에 박힌 긍정적 사고와도 거리가 멀다.

낙관적 사고: 현실적 사고…

긍정적 사고	낙관적 사고	비관적 사고
'아무 문제없어. 모든 게 완벽하게 잘될 거야.'	'문제는 있지만 나는 적응할 거야.'	'문제들을 극복할 수 없어.'
'나는 완벽하고, 세상 모든 사람이 나를 좋아해.'	'나는 장점도 있고, 단점도 있어. 그리고 이런 나를 많이 사랑해 주는 사람들이 있어.'	'나는 초라해. 그리고 아무도 나를 사랑할 수 없어.'

---

29) A. 호파트, H. 섹스턴, 〈성격 문제에 관한 도식 집중식 인지 치료 과정에서 낙관주의의 역할 The role of optimism in the process of schema-focused cognitive therapy of personality problem〉, 《행동 연구와 치료 *Behaviour Research and Therapy*》, 2002년, 40: 611-623.

생각하라, 그리고 행동하라

자신의 낙관주의를 발전시킨다는 것은 생각하는 만큼 행동하는 것을 일컫는다. 완전한 낙관주의자가 되는 것은 자신의 생각을 행동으로 옮기는 것이다. 낙관주의로 이끄는 이런 방식의 타당성과 효율성은 많은 연구들이 증명한 바 있다.[30]

자신의 예언을 확인하라

전개해야 할 노력은 대개 다음에 요약한 네 개의 주요 단계로 구성될 것이다. 우리는 환자에게 주어진 상황에 직면했을 때 다음과 같은 것들을 고려하도록 요구한다.

- 최악의 결과(비관적 사고).
- 그런 다음엔 가능한 최선의 결과(긍정적 사고).
- 마지막으로 상황에 따라 가장 있을 법한 타협. 이러한 방식의 주된 목적은 현실적인 사고, 긍정적 사고와 비관적 사고의 중도에 이르는 것이다. 왜냐하면 대개는 둘 다 들어맞기 어렵기 때문이다.
- 그리고 특히 네번째 단계로 결과를 방법적·체계적으로 확인하는 것이 중요하다. 사실이 최선의 심리치료사가 될 때가 많다.

---

30) J. H. 리스킨프, 〈모든 병에 대한 최고의 치료법—낙관주의 훈련 For every malady a sovereign cure: Optimism training〉, 《인지 심리치료 저널 *Journal of Cognitive Psychotherapy*》, 1996년, 10: 105–117.

선험적으로 믿음을 가져라?

루이

"낙관주의는 신뢰에 관한 이야기이다. 인생, 그리고 타인과의 관계에 접근하는 데에는 결국 두 가지 방법이 있다. 우선 선험적으로 신뢰하지 않는 방법. 즉 믿지 않는 것부터 시작하여 벌어지는 일에 따라 상황이나 개인에 대한 시각을 조금씩 조정해 나아간다. 이는 효과적이지만 조금 피곤한 방법이다. 또는 반대로 하는 방법도 있다. 즉 단번에 믿어 버리고 분별력을 잃지 않고 그 결과를 지켜본다. 내가 보기에 이것은 첫번째 방법만큼 효과적이면서 삶을 훨씬 더 유쾌하게 만드는 방법인 것 같다. 운좋게도 나는 신뢰와 명철함을 동시에 가르쳐 준 부모에 의해 길러졌다. 나는 항상 사람들에게 기회를 준다. 모든 새로운 관계가 시작될 때 유표는 20점 만점의 10점 지점에 있다. 곧 그것은 올라가거나 내려간다. 다른 사람들은 그들의 유표를 0에 놓고 출발하는 것으로 알고 있다. 이 경우 그들의 신뢰를 쟁취해야 한다.

또 다른 사람들은 선험적으로 당신에게 20점 만점의 20점을 준다. 내 아내도 그렇다. 그녀로 하여금 부정적인 판단을 내리게 하려면 정말로 못된 짓을 해야만 한다. 그녀는 항상 사람들에게서 변명거리를 찾는다. 지나치게 낙관적인 것이다! 그녀가 사는 방식의 단점은 자신이 누군가에 대해 잘못 생각했다는 것을 깨달을 때 실망한다는 것이다. 하지만 결국 그런 일은 그렇게 자주 일어나지 않는다. 또는 반드시 비극적인 것은 아니다……"

낙관주의는 결국 삶에 대한 선험적인 신뢰 외에 아무것도 아니며, 그것은 위험하거나 실망스런 경우에도 대응할 수 있다는 확신과 결부되

비관주의에 정신요법으로 개입한 예

(장-필립, 33세, 우울증 재발을 막기 위해 인지 치료중에 있음)

상황	자동적인 생각	곰곰이 생각해 볼 때 닥칠 수 있는 최악의 일	곰곰이 생각해 볼 때 닥칠 수 있는 최선의 일	곰곰이 생각해 볼 때 결국 일어날 법한 일	내가 할 수 있는 유용한 일	현실에서 실제로 벌어진 일
파리 외곽 순환도로에서의 교통 체증.	약속 장소에 절대 시간 맞춰 도착하지 못할 것이다.	거대한 교통 체증에 다섯 시간이나 갇혀 있게 된다.	아주 빨리, 5분 안에 길이 뚫린다.	늦겠지만 상대는 나를 기다릴 것이다.	좋은 기분으로 도착하기 위해 휴식을 취한다. 지체에 스트레스까지 더 할 필요는 없다. 한번에 하나의 근심으로 충분하다.	약속 시간에 10분 늦었다. 하지만 상대방 역시 교통 체증에 묶여 있었기 때문에 우리는 동시에 도착했다.
50명이 참여하는 파티를 집에서 열기로 되어 있다.	사람들이 너무 많아서 파티를 즐기지도 못할 것이다.	사람들은 지루해하고 먹을 것과 마실 것도 모자란다. 너무 비좁아서 기물들을 파손한다	모든 초대된 사람들에게 일년 중 최고의 파티가 된다.	여느 때와 마찬가지로 전반적으로 파티가 될 것이다. 좋은 친구들이니까.	가구를 최대한 들어내고 먹을 것과 마실 것을 넉넉히 준비한다.	컵은 몇 잔 깼지만 상당히 즐거운 파티였다.
고용을 위한 인터뷰	너무 스트레스를 많이 받아서 좋은 인상을 남기지 못한다.	채용되지 않는다	예상보다 훨씬 더 좋은 자리에 나를 발탁한다.	그들은 지원자들이 흔히 스트레스를 받는다는 것을 알고 있다. 그런 일에 익숙하기 때문이다.	인간 관계 분야에서 일하는 친구와 반복 연습을 함으로써 대비한다.	채용됐다!

어 있다. 우리가 이미 말했듯이 낙관주의는 하나의 세계관(현실적이면
서도 적당히 긍정적인)뿐만 아니라 세상을 바꾸려는 태도들, 즉 자기를
주장할 줄 아는 것, 자기 통제력을 발전시키는 것 등을 근거로 한다.

　다시 한번 우리는 온화하고 무능한 행복의 이미지로부터 상당히 멀
리 오게 되었다. 행복은 능동적인 것이다. 그리고 지적인 것이기도 하
다……

자신의 행복 지능을 연마하기

"뇌는 행복해지는 데 반드시 필요한 장기이다."

내 환자들 중 하나

레미

　"장차 아내가 될 사람을 만났을 때 가장 먼저 온 건 문화적 충격이
었어요. 그녀는 중산층에 속했고, 나는 노동자 계층에 속했죠. 그녀는
학업에는 별로 흥미가 없었고, 나는 꾸준히 노력하는 학생이었죠. 그녀
는 명랑했고, 나는 걱정이 많았죠. 그리고 우리가 사는 방식은 완전히
달랐어요. 우리가 처음으로 함께 밤을 보낸 다음날 아침 일이 기억나
네요. 생각해 보면 그날 아침 식사는 시사하는 바가 컸던 것 같아요.
대개 나는 아침 식사를 5분 만에 해치웠죠. 선 채로 커피를 벌컥벌컥
마시면서 이미 그 뒤에 할 일들, 즉 공부할 것, 장 볼 것, 강의 들을 것
등을 생각하고 있었죠. 그날 아침 우리는 그녀 집에 있었는데, 그녀는
상에 하얀 식탁보를 깔고 음악을 틀고 음식을 준비하면서 내게 이렇
게 말했어요. "우리가 함께하는 첫번째 아침 식사야. 즐거운 시간을 만
들자. 찬성이지?" 나는 약간 당황했죠. 나는 속으로 이 모든 겉치레가

> 무슨 소용이 있겠느냐고, 시간 낭비일 뿐이라고 생각했어요. 나는 행
> 복의 야만인이었고, 그녀는 문명인이었던 거죠. 우리의 관계가 깊어짐
> 에 따라 나는 그녀가 행복한 순간들을 가능한 한 많이 경험하고 싶어
> 한다는 것을 알게 됐죠. 그리고 그녀가 나보다 엄청 뛰어난 한 가지를
> 갖고 있다는 것도요. 그건 바로 행복의 지능이었어요……."

행복에 자신의 노력과 지능을 상당 부분 할애할 필요가 있다. 하지만
어떤 사람들은 어쩌면 행복의 지능이란 것이 존재할지도 모른다는 것
을 우리에게 증명한다. 그것은 무엇으로 이루어지며, 특히 어떻게 연
마하고 발전시켜야 할까?

■ 행복한 사람을 관찰하기

행복에 대한 소질은 다양하고 미묘한 심리적 기제로부터 나오며, 그
에 대해선 우리가 제1장에서 이야기한 바 있다. 유일한 방법, 또는 있
을 수 있는 유일한 방식이란 존재하지 않는다——두고 보면 알게 될
것이다. 모든 복잡한 현상에 직면했을 때 최선의 학습은 타당성 있는
본보기들을 직접 관찰하는 것이다. 심리학자들이 '사회적 학습'[31]이라
부르는 것이 그것이다. 행복에 재능이 있는 사람들은 어떻게 행동할
까? 이때 행복의 선생님들을 선택하여 그들의 태도를 관찰하면 좋다.
그들이 반드시 그 사실을 알고 있을 필요는 없다. 행복은 충고보다는
본보기에 의해 더 잘 전달되는 법이므로…….

---

31) A. 반두라, 《사회적 학습 *L'Apprentissage social*》, 브뤼셀, 마르다가 출판사,
1980년.

알리스

"내가 아는 중에서 행복에 가장 많은 재능을 타고난 사람들 중 하나는 피에르 삼촌이에요. 하지만 삼촌이 아주 행복한 어린 시절을 보낸 건 아니에요. 아주 어렸을 때 아버지가 돌아가셨기 때문에 삼촌은 기숙사로 들어갔어요. 삼촌은 아주 일찍부터 꽤 중증의 류머티즘으로 고생했고, 그 병은 평생 삼촌의 핸디캡이 됐어요. 하지만 그럼에도 불구하고 삼촌은 행복한 삶을 살았고, 항상 자신이 행복하다고 말하죠——특히 그것을 몸으로 보여주죠. 그 말이 설득력이 있는 건 삼촌이 그것을 주장하는 게 아니라 보여주기 때문이에요.

한번은 삼촌이 외국 여행중에 우리 집에서 주무신 적이 있어요. 우리 집은 작은 아파트였기 때문에 우리는 아이들 방에서 바닥에 매트를 깔고 거기서 삼촌을 주무시게 했어요. 삼촌의 건강 문제 때문에 조금 걱정이 되긴 했지만 삼촌이 우리 침대를 거절했죠. 다음날 아침 우리는 매우 걱정이 되어 밤새 잘 주무셨는지 물어보았죠. "그런데 알리스야, 나는 방바닥의 매트 위에서 잔 것이 아니고 그보다 훨씬 특별한 어떤 세상에 있었단다. 그건 이 방에 있는 이 모든 장난감, 어릴 적 물건들, 행복한 삶의 증거들, 그리고 네 아들이 꿈을 꾸면서 내는 작은 소리들 덕분이었지. 잊을 수 없는 밤이었어. 다른 데에서는 이런 인생의 강렬함을 결코 맛볼 수 없었을 게다. 나 같은 노인네에게 너는 청춘의 샘을 제공해 준 거야. 잠을 잘 못 잔 건 괜찮다. 잠은 남은 생애 동안 얼마든지 잘 수 있잖니!"

또 한번은 삼촌과 함께 파리를 방문한 적이 있는데, 날씨가 고약해서 장대비 속에서 완전히 길을 잃고 비에 흠뻑 젖은 채 사촌들과의 약속 시간을 지나쳐 버린 적이 있어요. 나는 택시를 불렀어요. 일단 비를 피하고 행선지로 향하게 되자 나는 계속 나의 불만을 터뜨렸어요. 비에 흠뻑 젖었고, 춥고 배고팠고……. 하지만 삼촌은 이미 이 모든 부정적인 인상들을 떨치고 운전사와 본격적인 대화에 들어간 거예요. 택시에서 내리면서 삼촌은 내게 말했어요. "아주 때맞춰 왔지? 우리는 길도 잃고 어찌할 바를 모르고 있었는데, 이 택시가 우리를 구해 주었구나. 게다가 기사는 아주 재미있고 유쾌한 사람이었어. 그리고 드디어 우리는 우리 집에 도착했구나!"

삼촌은 행복에 대해 믿을 수 없는 본능적 욕망과 능력을 갖고 있어요. 삼촌의 뇌는 내 것과 다른 것 같아요. 삼촌은 나와 같은 것을 보지 않고, 같은 방식으로 그것을 경험하지 않아요. 어느 가을날 우리는 숲을 산책하고 있었죠. 나는 생각에 잠겨 있었어요. 그러다 갑자기 삼촌이 나보다 백 미터 뒤에 있다는 걸 알았죠. 그것도 깜짝 놀란 표정으로요. 내가 달려갔을 때 삼촌은 숨이 멎을 만큼 무척 감동하고 있었어요. "지금 여기 있다는 것이 얼마나 행복한지 모르겠구나! 이 모든 아름다운 풍경은 너무나 놀라워. 우리가 얼마나 운이 좋은지 알겠지!" 삼촌 덕에 나는 처음과는 다른 기분으로 산책을 마칠 수 있었어요. 하지만 나는 정말 놀랐어요. 그때 삼촌의 나이가 일흔 살이었고, 가을이 지나가는 것은 이미 수없이 많이 보았을 것이기 때문이죠. 하지만 아니었어요. 삼촌에게 가을은 항상 '감탄스러운' 것이었고, 이파리가 붉게 물든 나무들을 보는 것은 항상 숨이 멎을 듯한 감동이었던 거예요.

내 인생에서 내게 가장 큰 감동을 준 건 사람이에요. 그렇지만 나는 낯간지러운 가르침들을 제시하는 행복의 교사들의 말은 믿지 못하겠어요. 하지만 삼촌은 달라요. 삼촌은 한번도 내게 행복에 대한 충고를 해준 적이 없어요. 삼촌은 설교가 아니라 행동을 보여주었어요. 삼촌은 말없이 내게 행복에 관해 많은 것을 가르쳐 주었죠. 왜냐하면 삼촌은 그것을 체험했으니까요……."

■작은 행복들

행복이 어떻게 '작을' 수 있을까?

그렇지만 그것은 명백한 사실이다. 모든 행복의 천재들은 이 작은 행복들을 강조한다. "작은 금 조각으로 발견되는 금과 마찬가지로 행복도 부스러기의 형태로 나타난다. 그렇다고 그것을 얕보아야 할까?"[32] 행복의 순간들은 완전한 몫의 행복에서 나온다. 앞에서 확인했듯이 대단치 않은 순간들을 행복한 의식의 순간들로 변화시키려면 우리가 그것을 자각하고 눈을 크게 뜰 줄을 알아야 한다.

게다가 모든 과학적 연구들은 행복한 순간들의 빈도가 그것들의 강도보다 중요하다는 것을 확인하고 있다. 단 한번의 큰 행복보다 다수의 작은 행복들이 더 나은 것이다.[33]

우리는 '위대한 사랑이 아니면 아무것도 필요 없다' 라는 믿음이 낭만적인 영혼들에게 커다란 큰 피해를 입힌 것을 알고 있다. 행복의 경우도 마찬가지이다. 큰 행복들은 왼쪽에, 작은 행복들은 오른쪽에, 중간 행복들은 가운데에…… 이런 식으로 행복의 서열을 매길 필요가 없다. 맨 먼저 나타난 모든 행복들을 맞아들이려고 노력해야 한다. 물론 우리는 조금 행복할 수도 있고, 작은 행복을 느낄 수도 있다. 그렇다 해도 그것이 행복이라는 데에는 변함이 없다.

앙드레 콩트-스퐁빌은 "당신은 행복하십니까?"라는 질문에 이렇게

---

32) A. 메미, 《행복의 훈련 *L'Exercice du bonheur*》, 파리, 아를레아 출판사, 1995년, 11쪽.

33) E. 다이너, R. J. 라센, 〈정서적 웰빙의 경험 The experience of emotional well-being〉, M. 루이스, J. M. 하빌랜드, 《감정 입문서 *Handbook of Emotions*》, 뉴욕, 길포드 프레스, 1993년, 407쪽.

대답했다. "거의 행복하다고 해두죠. 다시 말해 행복합니다."[34]

평범한 삶 속에서 행복의 반대말이 항상 불행인 것은 아니다. 행복의 반대말은 세상에 대한 무관심이며, 그것은 결국 권태와 무분별에 이르기 마련이다. 그러므로 행복은 각성과 감수성, 노력과 포기의 혼합물이며, 그것이 이 작은 행복들의 돌발을 가능하게 한다……

■ 분별을 잃지 말되 포기하지 않기

세르주 갱스부르는 노래했다. "여보게, 사랑하는 것을 갖지 못할 때에는 가진 것을 사랑해야 한다네……." 실제로 어떤 행복들은 인생과의 작은 타협들 위에서 세워진다. 또 어떤 행복들은 큰 포기를 요구할 때도 있다. 우리는 마담 드 스타엘의 인용구를 알고 있다. "영광은 행복의 빛나는 죽음이다." 반대로 때로는 행복이 모든 형태의 영광에 대한 신중한 포기는 아닐까?

물질적인 목표들(성공, 명성, 부)에 극단적으로 종속되면 행복(기쁨이 아닌)과의 항구적인 조화가 불가능한 것으로 확인되고 있다. 어떤 소명이나 열정의 추구에 바쳐진 삶도 마찬가지이다. 재미있는 인생이 항상 행복한 인생인 것은 아니다(하지만 그런 인생에는 부족한 것이 별로 없다……).

하지만 설령 행복이 때로는 포기로부터 시작된다고 해도, 포기한다고 해서 누구나 행복해지는 건 아니다. 곧이어 건설(또는 가꿈……)이 필요하다.

---

34) A. 콩트-스퐁빌, 《절망적으로 행복을 *Le Bonheur, désespérément*》, 낭트, 플랭 퓌 출판사, 2000년, 102쪽.

그리고 지혜가 포기로 이어져서는 안 된다. 아니라고 말할 수 있는 것, 해가 되는 사람을 멀리할 수 있는 것, 불쾌한 활동들로부터 빠져나오는 것, 이 모든 것이 행복에 필요하다. 이에 대해 루소는 이렇게 썼다. "내게 필요한 행복의 종류는 내가 원하는 것을 하는 게 아니라 내가 원하지 않는 것을 하지 않는 것이다."

■ 감사하는 마음과 행복

비르지니

"옛날에 나는 부모님을 많이 원망했어요. 두 분의 끊임없는 충돌, 두 분의 병(어머니는 알코올 중독이었고, 아버지는 우울증을 앓았어요), 그리고 마지막으로 두 분의 이혼, 이 모든 것으로 인해 나는 내가 겪는 모든 정신적인 어려움들이 부모 때문이라고 생각했어요. 그뒤 인생이, 그리고 나의 모든 노력이 그러한 생각을 바꿔 놓았어요. 오늘날 나는 거의 행복한 삶을 살고 있는 것 같아요. 그리고 나의 과거와도, 따라서 나의 부모와도 화해한 것 같아요. 두 분의 잘못을 잊지는 않았지만 그분들이 일부러 그런 것은 아니라는 것도 알고 있어요. 나는 특히 내가 그분들에게 빚진 것이 있다는 것을 알았어요. 두 분은 내게 공부·책·자연을 사랑하고 타인을 존중하는 법을 가르쳐 주었어요. 그밖에도 지금 내가 행복할 수 있게 되기까지의 바탕이 되는 많은 것들을 가르쳐 주었어요. 왜냐하면 오늘 나는 더 행복하고, 두 분에게 감사하게 여길 수 있게 됐으니까요. 이런 감사는 나의 행복을 더하게 해요. 그리고 아마도 두 분의 행복도 더해 주겠죠……."

몇몇 은총의 순간들을 제외하고 '관례적인' 행복은 무에서 불쑥 솟

아오르지는 않는다. 행복에 앞서 하나의 역사가 전개되며, 행복은 어떤 과정의 결말이다. 이 과정은 흔히 개인의 본질에서 나오며, 그에 관해선 앞에서 이야기했다(우리의 역사와 우리의 노력). 행복은 또 집단의 본질에서도 나온다. 우리 행복, 또는 우리 가능성의 일부는 우리보다 앞서 산 사람들, 우리로 하여금 지금과 같은 여건에 도달할 수 있게 해준 사람들 덕이다. 그 첫줄에는 물론 우리의 부모도 있겠지만 우리의 조상 또는 인류 전체도 있다.

그것을 의심하는 사람들을 위해 감사하는 마음의 훈련은 만족감과 견고한 상관 관계를 맺고 있다는 것을 다양한 연구들이 확인한 바 있다.[35] 이에 관한 어떤 연구는 대학생들을 10주 동안 추적했는데, 그 중 일부는 누군가에 대한 감사의 마음을 불러일으키는 사건들을 적어도 일주일에 다섯 개씩 기록하라는 명령을 받았다. 다른 학생들에게는 스트레스를 주는 사건을 최소한 다섯 개씩 기록하라고 시켰다. 연구가 끝났을 때 '감사하는 마음'에 속한 학생들은 행복과 만족의 등급에서 더 높은 점수를 받았는데 이는 의미심장한 일이었다.[36]

감사하는 마음은 우리가 모든 것을 다른 사람들에게 기대해야 한다거나 우리의 행복이 모두 다른 사람들 덕이라는 말이 아니다. 감사하는 마음은 그저 우리가 그들에게 빚진 것을 자각하고 있음의 증거이다. 오래전부터 이것을 미덕으로 꼽아온 철학자들은 심리학자들보다 먼저 이를 이해하여 이렇게 환기시켰다. "감사하는 마음이 자기가 빚진 것을 기뻐하는 반면, 자만은 그것을 망각하는 편을 더 좋아하는 듯

---

35) M. E. 맥컬러프, 〈감사하는 성향―개념상의, 경험상의 지형도 The grateful disposition: A conceptual and empirical topography〉, 《성격과 사회심리학 저널 Journal of Personality and Social Psychology》, 2002년, 82: 112-127.

36) R. A. 에먼스, C. A. 클럼퍼, 〈인간의 강점으로서의 감사―증거 평가하기 Gratitude as human strenght: Appraising the evidence〉, 《사회, 임상심리학 저널 Journal of Social and Clinical Psychology》, 2000년, 19: 56-69.

하다."[37] 그들이 보기에 감사하는 마음은 행복의 요소들 중 하나임이 분명하다.

■ '모든 일이 잘 돌아갈 때 행복해하기…'

항상 단순하게 만들 필요가 있다…….

우리가 겨냥하는 것이 복잡하고 미묘할수록, 그것이 어렵고 엄청날수록 더욱더 단순하게 만들 필요가 있다.

그러므로 독자가 이 책을 내려놓으면서 노력해야 할 것들 중 첫번째는 "모든 일이 잘 돌아갈 때에는 행복해하려고"[38] 노력하는 것이 될 것이다. 이는 표면적으로는 상당히 조촐한 계획이지만 가장 쓸모 있는 사용법으로 확인될 것이다.

모든 일이 잘 돌아갈 때 행복해하기로 결심하는 것, 이것만으로도 이미 상당한 것이다. 행복할 수 있는 순간들을 더 이상 망치지 않기로 결심하는 것이다. 우리가 기대하는 행복이 때로 예상한 것보다 작을 때도 있지만, 그래도 그것을 맛보는 것이다. 우리에게 주어진 것을 놓치지 않는 것이 행복 건설의 첫 단계이자 가장 기본적인 단계임을 이해하는 것이다. 이는 행복 계획들 중에서 가장 똑똑하고 가장 실용적인 계획이다…….

---

37) A. 콩트-스퐁빌, 《위대한 덕성들에 관한 소론 *Petit Traité des grandes vertus*》, 파리, PUF 출판사, 1995년.

38) A. 콩트-스퐁빌, 《절망적으로 행복을 *Le Bonheur, désespérément*》, 앞에서 언급한 책, 21쪽.

결 론

자 이제 모든 게 분명해졌다. 그렇지 않은가?

동화들은 항상 '그들은 행복하게 살았습니다……'로 끝나는데(서문을 보라), 그것은 행복이 재미가 없어서가 아니다. 반대로 행복은 모든 사람을 열광시킨다…….

경험하는 것보다 상상하는 것이 더 낫기 때문도 아니다. 아무에게나 둘 중 하나를 선택하게 해보라…….

행복이 존재하지 않아서도 아니다. 우리는 모두 그것을 알았다…….

그렇다. 이야기들이 항상 '그들은 행복하게 살았습니다'로 끝나는 것은 이보다 훨씬 더 단순한 이유 때문이다. 그것은 불행에 대해 이야기하는 데 쓰이는 동화들은 우리에게 이렇게도 말하고 있기 때문이다. 행복은 가능하며, 그에 관한 이야기를 듣는 것보다는 그것을 만나러 가는 편이 낫다고…….

당신은 이 모든 것을 알고 있었다. 그렇지 않은가? 물론 행복은 가능하다. 하지만 인생은 동화가 아니기 때문에 이야기의 결과를 쓰는 것은 당신의 몫이다.

그러므로 당신에게 행운과 용기와 행복이 있기를!

당신의 행복 지수는?

이어지는 질문들의 목표는 당신을 어떤 범주 안에 묶어두려는 것이 아니다. 그것은 당신의 에고를 위해 아첨하는 내용이 될 수도 있고('나는 힘든 상황을 잘 극복했어!') 당신의 확신을 위한 안락한 것이 될 수도 있다('저런, 나는 하나도 놀랍지 않아!').

이런 도구들이 여기 있는 것은 특히 당신과 행복 간의 사적이고 은밀한 관계를 좀더 생각해 보게 하기 위함이다. 그리고 경우에 따라서는 당신이 변화하려는 노력의 첫 단계를 나타내기 위해서일 수도 있다.

I 행복에 대한 당신의 정서적 소질을 평가하기 위한 질문들

아래 질문들의 목표는 유쾌한 감정들을 느낄 수 있는 소질을 평가하는 것이다. 이것은 기존의 두 가지 질문표를 참고하여 작성된 것이다.[1]

이 소질들은 필수 조건이 아니며, 단순히 행복감을 느끼기 위한 '능력들'이라고 부를 수 있는 것을 보여준다. 행복에는 다른 많은 차원들이 내포된다. 그리고 타고난 재능이 반드시 성공을 만드는 것은 아니다. 토끼와 거북의 우화를 떠올려 보라……

당신의 현재 상황에 가장 부합하는 칸에 표하라.

	맞다	틀리다
1) 나는 자주 기분이 좋다.		
2) 우스운 영화, 농담, 이야기는 나를 즐겁게 해주지 못한다.		
3) 나는 문제에 봉착했을 때 쉽게 물러선다.		
4) 나는 고독을 즐긴다.		
5) 나는 걱정거리를 빨리 털고 일어선다.		
6) 나는 자주 이유 없이 슬프다.		
7) 나는 미래를 믿는다.		
8) 나는 걱정이 많은 사람이다.		

---

1) H. J. 아이젠크, S. B. G. 아이젠크, 《아이젠크의 성격 질문표 입문서 *Manual of the Eysenck Personality Questionnaire*》, 샌 디에고, CA 출판사, 〈교육 산업적 검사 서비스 Educational and Industrial Testing Service〉, 1975년. 왓슨 외, 〈긍정적 부정적 감정에 대한 간단한 측정법의 발전과 인정 Development and validation of brief measures of positive and negative affects〉, 《성격과 사회심리학 저널 *Journal of Personality and social Psychology*》, 1988년, 54: 1063-1070.

■ 결과 계산법

대답에 따라 당신의 점수를 계산하려면 다음의 도표를 사용하라. 이를테면 만일 1번 문제에 '맞다' 쪽에 표를 했다면 당신에게는 4점이 주어지고, '아니다' 쪽에 표를 했다면 0점이 주어진다.

당신의 총점은 0점부터 24점까지 다양할 수 있다.

	맞다	틀리다
1) 나는 자주 기분이 좋다.	4	0
2) 우스운 영화, 농담, 이야기는 나를 즐겁게 해주지 못한다.	0	2
3) 나는 문제에 봉착했을 때 쉽게 물러선다.	2	0
4) 나는 고독을 즐긴다.	0	2
5) 나는 걱정거리를 빨리 털고 일어선다.	2	0
6) 나는 자주 이유 없이 슬프다.	0	4
7) 나는 미래를 믿는다.	4	0
8) 나는 걱정이 많은 사람이다.	0	4

■ 결과를 해석하는 법

• 6점 이하를 얻었을 경우: 행복을 느낄 수 있는 당신의 정서적 소질은 적은 것으로 보인다. 이 결과가 당신의 개인적인 인상과 일치하는가? 만일 그렇다면 당신의 만족감에 대한 소질을 개발하기 위해 노력해야겠지만, 잃은 것은 아무것도 없다. 많은 사람들의 경우 행복에 대한 접근은 흔히 평생을 통해 점진적으로 이루어진다. 만일 당신의 어려움이 너무 크다면 정신과 의사에게 도움을 청할 수 있다.

• 8점에서 14점 사이인 경우: 당신의 정서적 소질은 중간이라고 해

두자. 당신은 생각하고 행동하는 시간을 가짐으로써, 그리고 당신의 행복을 당신 인생의 우선권들 중 하나(최고의 우선권은 아니더라도)로 고려함으로써 더 좋은 결과를 얻을 수 있다. 이제부터 행복에 대한 당신의 소질은 당신에게 달렸다.

• 당신이 16점 이상을 얻었을 경우: 당신은 행복에 대한 좋은 정서적 소질을 물려받았으며, 행복한 인생을 건설할 수 있는 카드를 손에 쥐고 있다. 하지만 그래도 당신의 재능을 망치지 않도록 주의하라. 그리고 행복은 하나의 풍요로움이라는 것을 잊지 마라. 다른 사람들도 그것을 이용하게 하라!

II 당신의 만족감과 일 간의 관계를 평가하기 위한 질문들

일은 건강을 의미한다……. 하지만 일이 항상 행복을 의미할까? 다음의 질문들은 당신에게 이 점을 생각해 볼 것을 제안한다.

당신의 현재 상황에 가장 부합하는 칸에 표하라.

	맞다	틀리다
1) 나는 한번도 '일요일 밤 증후군'(주말이 끝나는 데 따른 우울함과 구슬픔)을 느낀 적이 없다.		
2) 다시 해야 한다면 나는 같은 일을 택하겠다.		
3) 직장 동료들과의 회식 시간이 즐겁다.		
4) 일하고 있을 때 때론 시간을 잊어버리곤 한다.		
5) 나는 내 자리에 맞는 만족스러운 자율성을 갖고 있다.		
6) 나는 상사들과의 대화에 만족한다.		
7) 내 일은 개인적 차원에서 나를 발전시킨다.		
8) 지난달에 직장에서 있었던 유쾌한 순간 세 번을 말할 수 있다.		
9) 내 일 안에서 발전할 가망성이 있다.		
10) 나의 서열은 나의 성공을 증명한다.		

■ 결과 계산법

'맞다'는 대답이 나올 때마다 1점씩 계산하라.

■ 결과를 해석하는 법

- '맞다' 는 대답이 3개 이하일 경우: 당신과 당신의 일 사이에는 문제가 있는 듯하다. 부서 결정의 문제인가(당신이 선택하지 않는 부서에서 일하는 것)? 적응의 문제인가(당신의 현재 근무 조건이 흡족하지 않은가?), 아니면 주로 나쁜 근무 환경의 문제인가?
- '맞다' 는 대답이 4개에서 6개일 경우: 당신은 중간에 있다. 당신의 일은 성숙의 원천도 고통의 원천도 아니다. 당신은 이것을 개선할 수 있는가?
- '맞다' 는 대답이 7개 이상일 경우: 당신의 일이 당신의 개인적 발전에 기여하는 것이 분명하다.

III 당신의 인생 만족도에 관한 질문들

이 작은 질문표는 다수의 개인적 집단들에게 사용하기 위해 구상된 한 연구 방법[2]을 적용한 것이다. 겉보기에 단순한 것도 그 때문이다. 이 질문들의 목표는 행복의 주관적 감정의 요소들 중 하나, 즉 자기 삶에 대한 전체적인 만족을 탐색하는 것이다(다른 하나는 정서적인 만족감이다).

각 항목마다 당신이 해당 항목에 찬성하거나 찬성하지 않는 정도를 나타내는 점수를 고르면 된다(그리고 오른쪽 칸에 기입하라).

전적으로 찬성하면	7점
찬성하면	6점
약간 찬성하면	5점
찬성도 반대도 아니면	4점
반대하는 편이면	3점
반대하면	2점
전적으로 반대하면	1점

---

2) E. 다이너 외, 〈인생의 가치 기준에 대한 만족 The Satisfaction With Life Scale〉, 《성격 평가 저널 Journal of Personality Assessment》, 1985년, 49: 71-75. W. 파봇, E. 다이너, 〈인생의 가치 기준에 대한 만족에 관한 리뷰 Review of the Satisfaction With Life Scale〉, 《심리학적 평가 PsychologicalAssessment》, 1933년, 5: 164-172.

1) 결국 내 인생은 내가 바라던 것에 가깝다.	
2) 나는 좋은 생활 여건을 누리고 있다.	
3) 나는 내 삶에 만족한다.	
4) 가능한 범위 안에서 나는 내 인생으로부터 가장 좋은 것을 이끌어 냈다.	
5) 다시 살아야 한다면 나는 내 인생에서 거의 아무것도 바꾸지 않겠다.	
총 점	

■ 결과 계산법

총점을 계산하라.

당신의 점수는 5점(이는 당신이 현재의 삶에 전혀 만족하지 못함을 가리킨다)부터 35점(반대로 이는 최대한 만족함을 증언하는 수치이다)까지 나올 수 있다.

■ 결과를 해석하는 법

참고로 말하면 대부분의 사람들은 21점에서 25점 사이의 점수를 얻었다(미국에서).

- 5점에서 21점까지: 당신은 당신의 삶에 평균치보다 덜 만족한다.
- 21점에서 25점까지: 당신은 평균에 속한다.
- 26점 이상: 당신은 당신의 삶에 평균치보다 더 만족한다.

IV 일상의 작은 행복들의 등급

우리는 여기서 당신에게 일상적 만족의 작은 원천들을 명확히 밝히기 위한 자기 평가 등급을 제시하는 바이다. 당신은 당신 개인의 행복 건설을 위해 여기서 영감을 얻을 수 있다. 이 등급은 가벼운 우울증을 앓는 환자들에게 제시된 치료 계획에서 유래하였다.[3] 이것은 두 가지 이점이 있다. 일상 생활에서 다양한 유쾌한 활동들을 개관할 수 있게 해주는 점(그리고 이 분야의 개인적 총결산을 할 수 있게 해주는 점), 뿐만 아니라 그것의 개인화도 가능하게 해주는 점.

각각의 활동마다 당신은 그것이 야기하는 기쁨의 정도뿐만 아니라 당신이 전달에 그 활동을 실천한 횟수를 기록해야 한다. 이 두 숫자를 곱한 값이 만족도를 나타낸다. 이렇게 하다 보면 빈번히 행하지만 당신이 보기에 즐겁지 않은 활동은, 즐겁지만 그것을 실천할 시간을 별로 갖지 못하는 활동보다 높은 점수를 안겨주지 않을 것이다. 따라서 이 등급은 5장에서 언급한 탑-다운(위에서 아래로)과 바텀-업(아래에서 위로) 두 차원의 결합을 시도하는 것이다.

---

3) P. 르윈슨과 M. 그라프, 〈유쾌한 활동과 우울증 Pleasant activites and depression〉, 《진단, 임상심리학 저널 *Journal of Consulting and Clinical Psychology*》, 1973년, 41: 262-268.

■ 질문표 사용법

• 각각의 활동마다 그것을 행하면서 얻은 기쁨의 정도를 0에서 2 까지의 숫자로 나타내라.

　　0은 기쁘지 않다.

　　1은 약간 기쁘다.

　　2는 많이 기쁘다.

• 전달 동안의 빈도도 같은 식으로 표시하라.

　　0은 전달 행한 적이 없는 활동.

　　1은 한 번에서 여섯 번 행한 활동.

　　2는 일곱 번 이상 행한 활동.

이 활동이 안겨준 만족의 '양' 은 이 두 숫자를 곱한 값으로 정해진다. 이를테면 만일 '신선한 공기를 마시는 것' 이 당신에게 많은 기쁨을 안겨주지만(2점) 전달에 두 번밖에 행하지 않았다면 당신이 얻는 만족도 점수는 2×1=2가 될 것이다. 이 만족도 점수는 0에서 4까지 변할 수 있다.

	기쁨 (0에서2까지)	빈도 (0에서 2까지)	얻은 만족감 (기쁨×빈도)
1) 신선한 공기를 마시는 것			
2) 잘 먹는 것			
3) 식당에 가는 것			
4) 밤에 잘 자는 것			
5) 긴장을 풀고 있는 것			
6) 평화로움을 느끼는 것			

	기쁨 (0에서2까지)	빈도 (0에서 2까지)	얻은 만족감 (기쁨×빈도)
7) 여유로운 시간을 갖는 것			
8) 웃는 것			
9) 멋진 공연이나 멋진 경치를 보러 가는 것			
10) 햇볕을 쪼이는 것			
11) 깨끗한 옷을 입는 것			
12) 라디오를 듣는 것			
13) 음악을 듣는 것			
14) 독서			
15) 동물들과 있는 것			
16) 다른 사람들을 구경하는 것			
17) 다른 사람들에게 미소짓는 것			
18) 누군가를 처음 만나는 것			
19) 누군가와 유쾌한 대화를 나누는 것			
20) 유익한 대화를 갖는 것			
21) 누군가의 어떤 일을 축하하는 것			
22) 어떤 단체에 가입하는 것			
23) 명랑하거나 행복한 사람들과 함께 있는 것			
24) 친구들과 함께 있는 것			
25) 옛 친구들을 만나는 것			
26) 친구들과 술 한잔 마시는 것			
27) 친구들이나 친지들이 잘 지내는 것을 보는 것			
28) 내가 좋아하는 사람들을 생각하는 것			
29) 내가 좋아하는 사람과 함께 있는 것			
30) 사랑한다는 말을 듣는 것			
31) 누군가의 마음에 드는 것			

	기쁨 (0에서 2까지)	빈도 (0에서 2까지)	얻은 만족감 (기쁨×빈도)
32) 누군가에게 사랑을 표현하는 것			
33) 애무			
34) 키스			
35) 섹스			
36) 내 삶에서 신의 존재를 느끼는 것			
37) 도와 달라는 또는 조언을 달라는 청을 받는 것			
38) 뭔가를 분명히 말하는 것			
39) 누군가가 내 말에 관심을 갖는 것을 보는 것			
40) 사람들을 웃기는 것			
41) 어떤 일을 계획하거나 주최하는 것			
42) 데이트, 소풍, 바캉스 준비			
43) 마음 편히 운전하는 것			
44) 어떤 일을 잘 해내는 것			
45) 어떤 계획의 성공을 보는 것			
46) 어떤 일을 배우는 것			
47) 칭찬을 듣는 것			
48) 앞으로 닥칠 유쾌한 어떤 일을 생각하는 것			
총 점			

　당신은 질문표의 몇몇 항목들을 보고 놀랄지 모른다. 이 등급은 금전적인 이유로 우울증을 앓는 환자들에게도 적용하기 위해 구상되었다는 것을 잊지 마라. 그래서 깨끗한 옷에 관한 11번 문제(이 질문은 미국에서 처음 만들어졌다), 자동차 운전에 관한 43번 문제(미국에서 자동차는 프랑스에서보다 훨씬 더 많이 자율성과 행복을 상징한다)가 나오게 된 것이다.

■ 결과 계산법

세 개의 칸에서 얻은 점수를 모두 합계하라.

- 첫번째와 두번째 칸에서 0점에서 96 사이의 점수를 얻어야 한다.
- 세번째 칸에서 총점은 0에서 192점 사이가 될 것이다.

■ 결과를 해석하는 법

당신은 다양한 강도의 심리적 어려움들을 표현하는 어떤 집단의 점수와 당신이 이 등급에서 얻은 점수의 합을 비교해 볼 수 있다. 그 집단의 점수는 다음과 같다.[4]

- 기쁨: 평균 점수 51점(35점에서 67점까지 있다)
- 빈도: 평균 점수 49점(27점에서 71점까지 있다)
- 만족도: 평균 점수 72점(34점에서 110점까지 있다)

만일 당신이 평균 혹은 그 이상에 속한다면, 당신의 인생은 아주 만족스러운 작은 행복들을 당신에게 대량으로 안겨주고 있음에 틀림없다. 하지만 당신은 작은 점수를 획득한 항목이 어떤 것들인가를 살펴봄으로써 그것들을 더욱 증대시킬 수 있다(지나치게 행복한 경우란 있을 수 없기 때문이다……). 아니면 완벽한 것을 피하고, 계속 그런 식으로 살 수도 있다…….

---

4) J. 반 릴래르, 《자기 경영 *La Gestion de soi*》, 브뤼셀, 마르다가 출판사, 1992년. 79-82쪽.

만일 당신이 평균 이하에 속한다면, 이 질문표는 일상의 작은 행복들 면에서 이 명백한 결핍에 관해 생각해 보는 기회가 될 수 있다. 그것들 중 몇 가지의 빈도를 증대시켜야 할까? 특히 당신에게 기쁨을 야기하지만(첫번째 칸을 참조하라) 그다지 자주 실천하지 못하는 것들(두 번째 칸을 참조하라)을, 아니면 목록에 없는 새로운 것들을 만들어 내야 할까(물론 항목들에 제한은 없다)?

V 당신이 느끼는
행복의 측면에 관한 질문들

우리는 네 가지 분야에서 행복을 느낄 수 있다.

- 행동(action; 외적, 움직임의 행복)

- 만족(satisfaction; 외적, 퇴보적 행복)

- 통제(maîtrise; 내적, 움직임의 행복)

- 평정(sérénité; 내적, 퇴보적 행복)

각각의 질문마다 당신의 현재 관점과 가장 가까운 대답을 골라 해당 문자에 표하라.

1) 당신은 행복을	
• 추구한다.	(A)
• 음미한다.	(SE)
• 느낀다.	(M)
• 받아들인다.	(S)
2) 보름간의 휴가가 주어지면 당신은	
• 무인도에서 은둔 생활을 하겠다.	(SE)
• 시골에 큰 별장을 빌려 자식들, 손자들과 지내겠다.	(S)
• 스쿠버 다이빙이나 서예를 배우겠다.	(M)
• 옛 친구들과 여행을 하겠다.	(A)
3) 당신이 가장 행복하다고 상상하는 동물은?	
• 말	(A)
• 코끼리	(S)
• 고양이	(SE)
• 새	(M)

4) 당신을 가장 전율하게 만드는 행복은?	
• 해질녘 행글라이더를 타고 산 위를 나는 것.	(M)
• 누군가의 목숨을 구하는 것.	(A)
• 품속에서 아이를 재우는 것.	(SE)
• 스톡홀름에서 노벨상을 받거나 할리우드에서 오스카상을 받는 것.	(S)
5) 행복한 순간, 당신은 무엇을 하겠는가?	
• 곧장 새로운 계획들을 세운다.	(M)
• 앉아서 당신이 걸어온 길을 회상한다.	(S)
• 기쁨의 비명을 지르고 발을 구른다.	(A)
• 눈을 감고 행복을 만끽한다.	(SE)
6) 당신이 음악을 좋아하는 방식	
• 친구들과 콘서트에 가서 듣는 것.	(A)
• 음반을 사서 듣고 싶을 때 트는 것.	(S)
• 음악을 연주하는 것.	(M)
• 음악을 떠올리며 콧노래로 부르는 것.	(SE)
7) 행복을 하나의 동사로 표현하면	
• 앞으로 나아가는 것.	(M)
• 건설하는 것.	(S)
• 포기하는 것.	(SE)
• 나누는 것.	(A)
8) 가장 아름다운 죽음은	
• 자다가 죽는 것.	(SE)
• 사랑을 나누다가 죽는 것.	(A)
• 가족 모임 뒤에 죽는 것.	(S)
• 당신이 좋아하는 일에 빠져 있다가 죽는 것.	(M)
9) 당신이 좋아하는 집을 어떻게 할 때 가장 행복한가?	
• 지을 때	(A)
• 유지하고 아름답게 꾸밀 때	(M)
• 거기에 살 때	(S)
• 그곳을 떠났다가 다시 찾을 때	(SE)
10) 아이와 관계되어 행복한 순간들	
• 아이에게 뭔가를 가르쳐 줄 때	(M)

• 아이를 생각할 때	(SE)
• 아이의 장난감을 같이 가지고 놀 때	(A)
• 아이가 사는 모습을 지켜볼 때	(S)

■ 결과 계산법

네 문자(A, S, M, SE)를 각각 몇 개나 획득했는지 세어 보라. 그리고 총계를 아래 표에 기록하라. 당신 대답의 총계는 10이 되어야 한다.

행복의 유형	해당 문자의 개수
행동	A의 총계=
만족	S의 총계=
통제	M의 총계=
평정	SE의 총계=

■ 결과를 해석하는 법

당신은 각각의 행복의 측면마다 0점에서 10점까지의 점수를 얻을 수 있다. 당신의 점수가 한 분야에서 높을수록 그것은 당신이 특히 좋아하는 분야가 될 것이다.

하지만 당신이 가장 낮은 점수를 획득한 분야에 대해서도 생각해 보라. 당신의 행복 능력을 좀더 확대하려면 그 분야들을 개발하는 편이 좋을 것이다.

■ '행동의 행복'에 속하는 대답이 많이 나왔다면

당신의 행복 좌우명은 '행동하기와 나누기'이다.

이 유형의 행복은 외적 사건들에 참여함으로써 느끼는 충만함과 결부돼 있다. 이것은 우리가 어떤 활동을 집단으로 실행할 때 느낄 수 있는 행복이다. 이를테면 공동 작업, 가족이나 친구들과의 여가 등. 이것은 행동의 행복이지만 또한 관계, 나눔, 소속의 행복이기도 하다.

이런 행복의 일회성은 어떤 피상성, 외향성의 쾌락과 자극에 대한 철저한 추구, 자신의 존재감을 느끼기 위해 타인에게 의존하는 현상을 낳을 수 있다. 하지만 행동으로 인한 행복의 미덕 또한 상당히 현실적이다. 이것은 자신을 쉽게 표현, 지각하고, 따라서 주위 사람들에게 쉽게 마음을 터놓고 마음을 전달한다. 행복은 풍요로움이며, 그것을 나누는 것은 의무에 속한다…….

■ '만족의 행복'에 속하는 대답이 많이 나왔다면

당신의 행복 좌우명은 '앉아서 음미하기'이다.

이 유형의 행복은 개인에게 맡겨진 목표들의 달성 덕에 느끼는 내적인 만족과 퇴보와 관련된 것이다. 이는 유물론적 행복이 이를테면 우리가 타인을 돕고 나서 느끼는 감정에서 올 수도 있다는 말이 아니다. 이는 세상과의 관계에서 오는 행복이지만 행동보다는 퇴보 안에서 더 많이 느껴지는 정신화된 행복이다.

이 만족 행복의 유형에 지나친 특권을 부여하는 것은 유물론(목표가 달성된 경우) 혹은 불만(목표가 달성되지 못했을 경우)을 낳을 수 있다.

그렇지만 행동의 행복은 시도하고 건설할 수 있는 강력한 에너지의 원천을 의미한다. 왜냐하면 우리가 흔히 알고 있는 것과 달리 행복은 창조성, 동기 부여와도 완벽하게 조화할 수 있기 때문이다…….

■ '통제의 행복'에 속하는 대답이 많이 나왔다면

당신의 행복 좌우명은 '뛰어들고 끝까지 가는 것'이다.

이런 유형의 행복의 특징은 자기가 좋아하고 구사하는 활동 속에 완전히 몰입하고 흡족해하는 행동이다. 우리는 생각이 조화롭게 흐르는 느낌, 특히 거기서 나오는 기분을 '플로' 상태라 부른다.

어떤 강렬한 활동의 개인적 특권에 집중된 이런 통제의 행복만을 연마하다가는 최선의 경우 행동주의, 일 혹은 행동에의 종속으로, 최악의 경우 이기주의로 귀착할 염려가 있다. 하지만 통제의 행복은 탁월함과 실력의 인정도 가능케 한다. 이것은 자기 초월을 열망하는 남녀들의 주된 양식이다…….

■ '평정의 행복'에 속하는 대답이 많이 나왔다면

당신의 행복 좌우명은 '존재하기, 그리고 세상과 거리두기'이다.

이 행복은 감수성, 휴식, 세상의 진행과의 거리두기의 혼합을 기반으로 한다. 이런 사람은 인생의 사건들 옆에 존재하되 거기에 빠져들지 않는 것에서 행복을 느낀다. 이런 거리는 무관심에서 나오는 것이 아니다. 왜냐하면 이런 행복은 거의 항상 삶의 한순간 돌발하기 때문이다. 이를테면 모든 사람이 아직 자고 있을 때 여명을 보거나 석양을 볼 때, 어떤 노래를 들을 때, 그저 아무 일 없이 살아 있다는 것이 행복함을 깨달을 때…….

살면서 이런 평정의 행복만을 개발할 경우 어떤 형태의 수동성, 체념, 인생에 필요한 투쟁들로부터의 이탈을 낳을 수 있다. 그렇지만 이 행복은 내적 평화와 관용에의 접근을 촉진하며, 수많은 부정적 감정들보다 더 나은 삶의 토대가 될 수 있다…….

VI 비관주의와 낙관주의에 관한 질문들

이 질문표는 낙관주의와 '조정의 이유' (우리에게 닥치는 일은 우리에게 달렸을까, 아니면 우연과 다른 사람들에게 달렸을까?)를 평가하기 위해 마련된 두 개의 학문적 도구[5]에서 영감을 얻은 것이다. 이 두 자료는 자신의 행복을 건설하고 보존하는 능력에서 중요한 역할을 하는 것으로 확인되고 있다.

당신의 현재 관점과 가장 가까운 문장에 해당하는 칸에 표하라.

1	항상 사람들과 사이좋게 지낼 수 있다.		도저히 사이좋게 지낼 수 없는 사람들이 있다.
2	아무것도 하지 않고 가만히 있는 것을 무척 좋아한다.		항상 몰두할 수 있는 어떤 것이 필요하다.
3	최악을 예상하는 것이 더 잘 대비할 수 있게 해준다.		미래를 믿는 것이 인생을 더 유쾌하게 만든다.
4	걱정거리가 있을 때 나는 '하룻밤 자고 나면 좋은 생각이 나겠지' 라고 생각하며 잠든다.		나는 해결되지 않은 문제들을 남겨두고 하루가 끝나는 것을 좋아하지 않는다.
5	우리는 자신의 과거로부터 벗어날 수 없다.		우리는 항상 자신의 운명을 바꿀 수 있다.

---

5) M. F. 샤이어외, 〈낙관주의와 신경증 구별하기—인생 방향 결정에 대한 검사의 재평가 Distinguishing optimism and neuroticism: A reevaluation of the Life Orientation Test〉, 《성격과 사회심리학 저널 *Journal of Personality and Social Psychology*》, 1994년, 67: 1063-1078. J. B. 로터, 〈강화에 대한 내적 통제 대 외적 통제에 대한 일반화된 예상들 Generalized expectancies for internal versus external control of reinforcement〉, 《심리학 논문 *Psychological Monographs*》, 1966년, 80(609호).

6	때로 나는 화가 난다.			나는 쉽게 신경질을 내지 않는다.
7	나는 진보라는 개념을 믿는다.			나는 자주 인류가 파멸을 향해 달리고 있다고 생각한다.
8	하나의 걱정거리가 생겨야 한다면 생길 것이다.			최악의 경우는 절대 확실한 것이 아니다.
9	나는 특히 해가 지는 모습을 좋아한다.			나는 해가 뜨는 모습을 보는 편을 좋아한다.
10	나는 살면서 흔히 운이 좋다.			대개 나는 운이 없다.
11	우리는 사태의 추이를 바꿀 수 있다.			대개 우리는 사태의 추이를 따른다.
12	사랑의 슬픔은 평생 간다.			한 사람 잃어도 대신할 사람은 얼마든지 있다.
13	직업적 경력에서는 항상 능력이 차이를 만든다.			성공을 설명하는 요인으로는 능력 외 배경, 운, 타협 등 다른 것들도 많다.
14	나는 정사각형을 좋아한다.			나는 원이 더 좋다.
15	어떤 물건을 잃어버렸을 때, 항상 찾기를 포기할 때 그것을 되찾고 만다.			잃어버린 물건을 바로 되찾지 못하면 그 물건이 더 이상 필요 없을 때에야 그것을 되찾게 된다.
16	사람들의 견해를 바꾸려고 노력하는 것은 대개는 무모한 짓이다. 왜냐하면 모든 것이 상대적이기 때문이다.			오류에 빠진 사람들을 설득하려고 노력하는 것은 항상 그럴 만한 가치가 있는 일이다.

■ 결과 계산법

만일 당신이 1, 4, 7, 10, 11, 13, 15번 문제에서 왼쪽 칸을 선택했다면 1점씩 셈하라. 이 문제들의 경우 오른쪽 칸은 점수가 없다.

만일 당신이 3, 5, 8, 12, 16번 문제에서 오른쪽 칸을 선택했다면 1점씩 셈하라. 이 문제들의 경우 왼쪽 칸은 점수가 없다.

2, 6, 9, 14번 문제들은 질문표의 구조를 교란시키기 위해 만든 것이다…….

따라서 당신은 0점부터 12점에 이르는 총점을 얻을 수 있다.

■ 결과를 해석하는 법

• 3점 이하: 당신은 당신이 비관주의자에 속한다는 것을 알아도 놀라지 않을 것이다……. 불확실한 어떤 일에 대면했을 때마다 당신은 부정적으로 내다보는 경향이 있다. 당신은 또한 우리 삶의 흐름에 영향을 미칠 수 있는 방법이 전혀 없다고 생각한다. 따라서 행복한 순간들과 공존을 잘할 수 있는, 다른 인생관을 개발하는 것이 당신의 일거리이다. 안심하라. 당신이 생각하는 것과 달리(이는 정상이다. 왜냐하면 지금 지휘권을 가진 건 당신의 비관주의이기 때문이다) 변화는 가능하다…….

• 4점에서 8점까지: 당신은 명백한 낙관주의적 능력을 갖고 있지만 때로 비관주의라는 마귀의 손아귀에 다시 잡히곤 한다. 이것은 결국 삶에서 상당히 효과적인 입장을 나타낼 수 있다. 당신의 낙관주의는 상황이 그것을 요구하거나 허용할 때에만 활성화된다. 그런 상황인지를 확인하는 것은 당신이다. 하지만 당신은 아직 발전할 수 있다. 이를테면 당신이 비관주의의 것으로 인정하는 특권들을 생각해 보라. 그것들이 그토록 명백한가? 또한 역경 속에서도 더 많이 낙관주의자가 되는 방법, 즉 자신과 싸우기에 이르러서도 믿음을 잃지 않는 방법을 생각해 보라. 이 모든 것이 당신 자신에 관한 흥미진진한 연구이다…….

• 9점 이상: 당신은 낙관주의자들의 행복한 가족 집단에 속해 있다. 당신은 선험적으로 미래를 믿으며, 또한 미래를 건설하고 그것의 방향

을 바꿀 수 있는 당신의 능력을 믿는다. 당신은 되새기는 것을 좋아하지 않는다. 생각하고 행동하고 그 다음 다른 것으로 넘어가는 것, 그것이 삶에 대한 당신의 전략에 가깝다. 당신의 낙관주의 덕에 당신은 만족감과 행복감에 더 쉽게 접근할 수 있다. 그것을 소중히 간직하고 지속적으로 연마시켜라. 그리고 이 분야에 재능이 없는 당신의 측근들과 그것을 나누는 것을 잊지 마라…….

더 많은 것을 알고 싶다면

행복과 만족의 심리학에 관한 저서들

〈아메리칸 사이콜로지스트 American Psychologist〉, 행복, 탁월함, 최적의 인간 기능에 관한 특별호, 통권 55권, 2000년 1월 1일호.

M. 아르길, 《행복의 심리학 *The Psychology of Happiness*》, 런던, 테일러 & 프란시스 출판사, 2001년.

F.와 L. 카발리−스포르자, 《행복학 *La Science du bonheur*》, 파리, 오딜 자콥 출판사, 1998년.

E. C. 창, 《낙관주의와 비관주의−이론, 연구, 실천을 위한 관련 *Optimism and Pessimism. Implications for Theory, Research and Practice*》, 워싱턴 DC, 미국심리학협회, 2001년.

M. 크식스젠트미할리, 《잘사는 것−일상 생활을 위한 심리학 *Living Well. The Psychology of everyday Life*》, 런던, 피닉스 출판사, 1997년.

D. 케인만, E. 다이너, N. 슈워츠, 《웰빙−쾌락적 심리의 기초 *Well−being. The Foundations of Hedonic Psychology*》, 뉴욕, 러셀세이지재단, 1999년.

P. 레그렌지, 《행복 *Le bonheur*》, 브뤼셀, 드 뵈크 출판사, 2001년.

D. 리켄, 《행복−기쁨과 만족의 본질과 자양물 *Happiness. The Nature and Nurture of Joy and Contentment*》, 뉴욕, 세인트 마틴스 그리핀 출판사, 1999년.

D. G. 마이어스, 《행복의 추구 *The Pursuit of Happiness*》, 뉴욕, 에이본 북스 출판사, 1992년.

C. R. 스니더, S. J. 로페즈, 《긍정적 심리 안내서 *Handbook of Positive*

Psychology》, 옥스퍼드, 옥스퍼드대학출판사, 2002년.

R. E. 테이어, 《매일의 기분의 원천 *The Origin of Everyday Mood*》, 옥스퍼드, 옥스퍼드대학출판사, 1996년.

J. 반 릴래어, 《자기 경영 *La Gestion de soi*》, 브뤼셀, 마르다가 출판사, 1991년.

D. 왓슨, 《기분과 기질 *Mood and Temperament*》, 뉴욕, 길포드 출판사, 2000년.

행복의 철학과 역사에 관한 저서들

알랭, 《행복론 *Propos sur le bonheur*》, 파리, 갈리마르 출판사, 1928년.

아우구스티누스, 《행복한 삶 *La Vie heureuse*》, 파리, 파요 에 리바주 출판사, 2000년.

A. 드 보통, 《철학의 위안 *Les Consolations de la philosophie*》, 파리, 메르퀴르 드 프랑스 출판사, 2001년.

P. 브뤼크네르, 《영원한 황홀-행복의 의무에 관한 에세이 *L'Euphorie perpétuel. Essai sur le devoir de bonheur*》, 파리, 그라세 출판사, 2000년.

마담 뒤 샤틀레, 《행복론 *Discours sur le bonheur*》, 파리, 파요 에 리바주 출판사, 1997년.

A. 콩트-스퐁빌, 《위대한 덕성에 관한 소론 *Petit Traité des grandes vertus*》, 파리, PUF 출판사, 1995년.

A. 콩트-스퐁빌, 《철학 사전 *Dictionnaire philosophique*》, 파리, PUF 출판사, 2001년.

A. 콩트-스퐁빌, 《절망적으로 행복을 *Le Bonheur, désespérément*》, 낭트, 플랭 푀 출판사, 2000년.

M. 콩쉬, 《몽테뉴 혹은 행복한 의식 *Montaige ou la conscience heureuse*》, 파리, PUF 출판사, 2002년.

에피쿠로스, 《행복에 관한 편지 *Lettre sur le bonheur*》, 파리, 천일야 출판사, 1993년.

L. 페리, 《성공한 삶이란 무엇인가? *Qu'est-ce qu'une vie réussie?*》, 파

리, 그라세 출판사, 2002년.

R. 모지, 《18세기 프랑스 문학과 사상 속에 나타난 행복의 개념 *L'Idée du bonheur dans la littérature et la pensée française au XVIIIe siècle*》, 제네바, 슬라트키네 출판사, 1979년.

플루타르크, 《내적 평정 *La Sérénité intérieure*》, 파리, 파요 에 리바주 출판사, 2001년.

L. 프리오레프, 《행복-철학 문학 선집 *Le Bonheur. Anthologie de textes philosophiques et littéraires*》, 파리, 메조뇌브 에 라로즈 출판사, 2000년.

B. 러셀, 《행복 정복 *La Conquête du bonheur*》, 파리, 파요 에 리바주 출판사, 2001년.

A. 쇼펜하우어, 《행복의 기술 *L'Art d'être heureux*》, 파리, 쇠유 출판사, 2001년.

P. 테야르 드 샤르댕, 《행복에 관하여 *Sur le bonheur*》, 파리, 쇠유 출판사, 1966년.

P. 반 덴 보쉬, 《철학과 행복 *La Philosophie et le Bonheur*》, 파리, 플라마리옹 출판사, 1997년.

B. 베르줄리, 《행복에 관한 작은 철학 *Petite philosophie du bonheur*》, 툴루즈, 밀랑 출판사, 2001년.

일상에서의 행복의 훈련에 관한 저서들

달라이 라마와 H. 퀴틀레르, 《행복의 기술 *L'Art du bonheur*》, 파리, 로베르 라퐁 출판사, 1999년.

P. 들레름, 《행복-그림과 수다들*Le Bonheur. Tableaux et bavardages*》, 파리, 에디시옹 뒤 로세 출판사, 1986년.

P. 들레름, 《맥주의 첫 한모금, 그밖의 사소한 기쁨들 *La Première Gorgée de bière, et autres plaisirs minuscules*》, 파리, 갈리마르 출판사, 1997년.

P. 들레름, 《암살된 낮잠 *La Sieste assassinée*》, 파리, 갈리마르 출판사, 2001년.

A. E. 엘리스, 《당신 자신을 행복하게, 그리고 외부 환경에 의해 전혀 방

해받지 않는 사람으로 만드는 방법 *How to make Yourself Happy and Remarkably Less Disturbable*》, 아타스카데로, 임팩트 출판사, 1999년.

A. 메미, 《아, 얼마나 큰 행복인가! *Ah, quel bonheur!*》, 파리, 아를레아 출판사, 1999년.

A. 메미, 《행복의 훈련 *L'Exercice du bonheur*》, 파리, 아를레아 출판사, 1995년.

A. 메미, 《행복들 *Bonheurs*》, 파리, 아를레아 출판사, 1992년.

D. 니븐, 《행복한 사람들의 100가지 단순한 비밀-과학자들이 배운 것, 그리고 당신이 그것을 사용하는 법 *The 100 Simple Secrets of Happy People. What Scientists have learned and how you can use it*》, 샌프란시스코, 하퍼 콜린스 출판사, 2000년.

D. 노게, 《삶의 기쁨들 *Les Plaisirs de la vie*》, 파리, 파요 에 리바주 출판사, 2000년.

P. 쌍소, 《느림의 효용 *Du bon usage de la lenteur*》, 파리, 파요 에 리바주 출판사, 1998년.

M. 셀리그망, 《낙관주의 배우기 *Apprendre l'optimisme*》, 파리, 앵테르에디시옹 출판사, 1994년.

J. L. 세르방-슈레베르, 《만족하고 살기 *Vivre content*》, 파리, 알뱅 미셸 출판사, 2002년.

S. C. 보건, 《반은 채우고 반은 비우고-제어하고 낙관주의자로 사는 법 *Half Empty, Half Full. How to take Control and Live life as an Optimist*》, 올랜도, 하커트 출판사, 2000년.

많은 잡지들이 특별호에서 행복이라는 주제를 다루었다

〈보자르 마가진〉, '현대 미술, 18세기 회화, 만화, 디자인, 유행, 광고 속에 나타난 행복을 132쪽에 걸쳐 다루다 *132pages de bonheur dans l'art contemporain, la peinture du X VIII° siècle , la BD, le design, la mode, la publicité*,' 188호, 2000년 1월.

〈마가진 리테레르〉, '행복의 유혹 *La tentation du bonheur*,' 389호, 200

년 7-8월.

〈르 누벨 옵세르바퇴르〉, '행복의 용법 *Le bonheur, mode d'emploi*,' 특별판 36호. 1999년.

〈심리학 잡지〉, '행복의 기록 *Dossier Bonheur*,' 161호, 1998년 4월.

〈인문학〉, '행복, 고대 철학에서 현대 심리학까지 *Le bonheur, de la philosophie antique la psychologie contemporaine*,' 75호, 1997년 8-9월.

헌 사

이 책의 초안을 잡는 데 도움이 되는 글들을 쓴 앙드레 콩트-스퐁빌,

사소한 기쁨(과 행복)들을 찬양하는 용기를 낸 필리프 들레름(《고독하지 않은 홀로되기》의 저자, 東文選),

《18세기 프랑스 문학과 사상에 나타난 행복의 개념》이라는 불후의 회상록으로 내게 커다란 독서의 행복을 안겨준 로베르 모지에게 이 책을 바친다.

감 사

이 계획의 전단계에서 관심 깊은 존재로 있어준 오딜 자콥,

편집자로서, 그리고 심리적으로 도움을 준 카트린 메예르,

절도 있고 지속적인 능률성을 보여준 장-제롬 르누시,

그들의 곁에서 일하는 행복을 안겨준 파리 생트 안느 병원 대학병원국의 앙리 루 교수님,

장-피에르 올리에 교수님,

따뜻한 충고를 해준 프레데릭 팡제, 학문적 도움을 준 자크 방 릴레르 등 동료와 친구들,

기꺼이 내 글을 읽어보고 본인들의 치료에 관한 글들을 (옳게) 비판해 준 아니, 크리스틴, 로르, 모, 장-마르크 등 환자들,

이 원고에 적절한 주를 달아준 미주와 클레망스,

자신들의 의견, 체험, 인용구들을 제공한 다니엘 로페르, 피에르 부아자르, 자크-프랑크 드 조안니, 플로리앙 클렌느펜, 베르트랑 레장드르, 피에르 리카르, 에티엔 등 친지들과 행복한 프라쉬 가족(이 가족의 증언들은 이 책 여기저기서 등장한다)에게 감사를 표한다. 혹시 내가 잊었을지 모르는 사람들에게 용서를 구하는 바이다. 나는 나를 감싸고 있는 행복에 관해 수없이 많이 말했다…….

물론 내게 행복을 베풀어 주시고 행복에 도달할 수 있게 해주신 부모님에게도 감사드린다.

마지막으로, 특히 내게 많은 좋은 충고를 해주고 이 책이 태어나고 작성되는 데 기꺼이 참여해 준 나의 세 딸에게 감사를 표하는 바이다.

김교신
서강대학교 불문과 졸업
역서:《라틴 문학의 이해》《노동의 종말에 반하여》
《경제, 거대한 사탄인가?》《문학은 무슨 소용이 있는가?》
《맞불 · 2》《위기의 대학》
《행복해지기 위해 무엇을 배워야 하는가?》
《아이들에게 들려주는 선사시대 이야기》
《아이들에게 들려주는 이슬람 이야기》 등

행복의 단상

초판발행 : 2005년 1월 20일

東文選
제10-64호, 78. 12. 16 등록
110-300 서울 종로구 관훈동 74번지
전화 : 737-2795

편집설계 : 劉泫兒 李妦夈

ISBN 89-8038-519-6 04180
ISBN 89-8038-000-3 (세트/문예신서)

東文選 現代新書 81

영원한 황홀

파스칼 브뤼크네르

김웅권 옮김

"당신은 행복해지기 위해 사는가?"

당신은 왜 사는가? 전통적으로 많이 들어온 유명한 답변 중 하나는 "행복해지기 위해서 산다"이다. 이때 '행복'은 우리에게 목표가 되고, 스트레스가 되며, 역설적으로 불행의 원천이 된다. 브뤼크네르는 그러한 '행복의 강박증'으로부터 당신을 치유하기 위해 이 책을 썼다. 프랑스의 전 언론이 기립박수에 가까운 찬사를 보낸 이 책은 사실상 석 달 가까이 베스트셀러 1위를 지켜내면서 프랑스를 '들었다 놓은' 철학 에세이이다.

"어떻게 지내십니까? 잘 지내시죠?"라고 묻는 인사말에도 상대에게 행복을 강제하는 이데올로기가 숨쉬고 있다. 당신은 행복을 숭배하고 있다. 그것은 서구 사회를 침윤하고 있는 집단적 마취제다. 당신은 인정해야 한다. 불행도 분명 삶의 뿌리다. 그 뿌리는 결코 뽑히지 않는다. 이것을 받아들일 때 당신은 '행복의 의무'로부터 해방될 것이고, 행복하지 않아도 부끄럽지 않게 될 것이다.

대신 저자는 자유롭고 개인적인 안락을 제안한다. '행복은 어림치고 접근해서 조용히 잡아야 하는 것'이다. 현대인들의 '저속한 허식'인 행복의 웅덩이로부터 당신 자신을 건져내라. 그때 '빛나지도 계속되지도 않는 것이 지닌 부드러움과 덧없음'이 당신을 따뜻이 안아 줄 것이다. 그곳에 영원한 만족감이 있다.

중세에서 현대까지 동서의 명현석학과 문호들을 풍부하게 인용하는 저자의 깊은 지식샘, 그리고 혀끝에 맛을 느끼게 해줄 듯 명징하게 떠오르는 탁월한 비유 문장들은 이 책을 오래오래 되읽고 싶은 욕심을 갖게 한다. 독자들께 권해 드린다.　　　　　　　　　　— 조선일보, 2001. 11. 3.

東文選 現代新書 44,45

쾌락의 횡포

장 클로드 기유보

김웅권 옮김

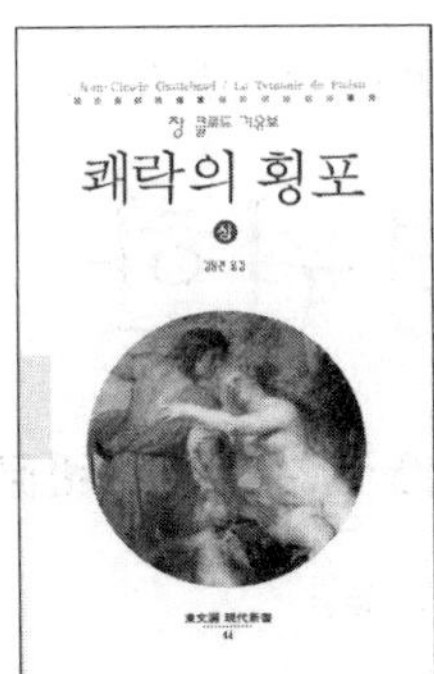

　섹스는 생과 사의 중심에 놓인 최대의 화두 가운데 하나라고 할 수 있다. 성에 관한 엄청난 소란이 오늘날 민주적인 근대성이 침투한 곳이라면 아주 작은 구석까지 식민지처럼 지배하고 있는 것이다. 이제 성은 일상 생활을 '따라다니는 소음'이 되어 버렸다. 우리 시대는 문자 그대로 '그것' 밖에 이야기하지 않는다.

　문화가 발전하고 교육의 학습 과정이 길어지면 길어질수록 결혼 연령은 늦추어지고 자연 발생적 생식 능력과 성욕은 억제하도록 요구받게 되었지 않은가! 역사의 전진은 발정기로부터 해방된 인간을 금기와 상징 체계로부터의 해방으로, 다시 말해 '성의 해방'으로 이동시키며 오히려 반문화적 현상을 드러내고 있다. 저자는 이것이 서양에서 오늘날 일어나고 있는 현상이라고 말한다. 서양에서 60년대말에 폭발한 학생 혁명과 더불어 본격적으로 시작된 '성의 혁명'은 30년의 세월을 지나 이제 한계점에 도달해 위기를 맞고 있다. 성의 해방을 추구해 온 30년 여정이 결국은 자체 모순에 의해 인간을 섹스의 노예로 전락시키며 새로운 모색을 강요하고 있는 것이다. 인간은 '섹스의 횡포'에 굴복하고 말 것인가?

　과거도 미래도 거부하는 현재 중심주의적 섹스의 향연이 낳은 딜레마, 무자비한 거대 자본주의 시장이 성의 상품화를 통해 가속화시키는 그 딜레마를 어떻게 극복할 것인가? 저자는 역사 속에 나타난 다양한 큰 문화들을 고찰하고, 관련된 모든 학문들을 끌어들이면서 폭넓게 성 문제를 조명하고 있다.

東文選 現代新書 50

느리게 산다는 것의 의미 1, 2, 3

피에르 쌍소

김주경 옮김

"삶의 길을 가는 동안 나 자신을 잃어버리지 않을 수 있는 능력과 세상을 받아들일 수 있는 능력을 확고히 심어주는 책"

우리에게 다가오는 사건을 기쁘게 받아들일 수 있는 능력을 갖기 위해서 필요한 지혜가 있다. 그것은 갑자기 달려드는 시간에게 허를 찔리지 않고, 허둥지둥 시간에게 쫓겨다니지도 않겠다는 분명한 의지로 알 수 있는 지혜이다. 우리는 그 지혜를 '느림' 이라고 불렀다.

느림은 우리에게 시간에다 모든 기회를 부여하라고 속삭인다. 그리고 한가롭게 거닐고, 글을 쓰고, 타인의 말에 귀를 기울이고 휴식을 취함으로써 우리의 영혼이 숨쉴 수 있게 하라고 말한다. 여기서 문제되는 느림 또는 고요함은 세계에 접근하는 방식의 문제이다. 그것은 빠른 속도로 박자를 맞추지 못하는 무능력을 의미하는 것이 아니라 서두르지 않는 의지, 시간이 뒤죽박죽되도록 허용치 않는 의지, 그리고 사건들을 대하는 능력을 배양하는 것과 우리가 어느 길에 서 있는지 잊지 않는 것을 의미한다. 물론 과업은 시간성을 어긋나게 하거나 우리의 생에서 가장 본질적이고 중요한 것을 잊게 하지 않는다면, 어느 정도 들볶이거나 바쁘기도 하면서 우리에게 더 유익하게 다가올 수도 있는 것이다. '느림'과 '빠름'은 가치 비교의 문제가 아니라 선택의 문제라는 것이다.

책은 마치 천천히 도심을 거니는 게으름뱅이의 일기처럼 쉽고 편안하게 씌어져 있다. 누구나 한번쯤은 생각해 봤을 법한 '우리는 왜 이렇게 살고 있는 것일까' 란 보편적인 주제를 다룬다.

東文選 現代新書 129

번영의 비참

— 종교화한 시장 경제와 그 적들

파스칼 브뤼크네르 / 이창실 옮김

'2002 프랑스 BOOK OF ECONOMY賞' 수상
'2002 유러피언 BOOK OF ECONOMY賞' 특별수훈

번영의 한가운데서 더 큰 비참이 확산되고 있다면 세계화의 혜택은 무엇이란 말인가?

모든 종교와 이데올로기가 붕괴되는 와중에 그래도 버티는 게 있다면 그건 경제다. 경제는 이제 무미건조한 과학이나 이성의 냉철한 활동이기를 그치고, 발전된 세계의 마지막 영성이 되었다. 이 준엄한 종교성은 이렇다 할 고양된 감정은 없어도 제의(祭儀)에 가까운 열정을 과시한다.

이 신화로부터 새로운 반체제 운동들이 사람들의 마음을 사로잡는다. 시장의 불공평을 비난하는 이 운동들은 지상의 모든 혼란의 원인이 시장에 있다고 본다. 그러나 실상은 그렇게 하면서 시장을 계속 역사의 원동력으로 삼게 된다. 신자유주의자들이나 이들을 비방하는 자들 모두가 같은 신앙으로 결속되어 있는 만큼 그들은 한통속이라 할 수 있다.

그렇다면 우리가 벗어나야 하는 것은 자본주의가 아니라 경제만능주의이다. 사회 전체를 지배하려 드는 경제의 원칙, 우리를 근면한 햄스터로 실추시켜 단순히 생산자·소비자 혹은 주주라는 역할에 가두어두는 이 원칙을 너나없이 떠받드는 상황에서 벗어나야 한다. 일체의 시장 경제 행위를 원위치에 되돌려 놓고 시장 경제가 아닌 자리를 되찾아야 한다. 이것은 우리 삶의 의미와도 직결되는 문제이기 때문이다.

파스칼 브뤼크네르: 1948년생으로 오늘날 프랑스에서 가장 영향력 있는 에세이스트이자 소설가이기도 하다. 그는 매 2년마다 소설과 에세이를 번갈아 가며 발표하고 있다. 주요 저서로는 《순진함의 유혹》(1995 메디치상), 《아름다움을 훔친 자들》(1997 르노도상), 《영원한 황홀》 등이 있으며, 1999년에는 프랑스에서 가장 많이 팔린 작가로 뽑히기도 하였다.

세계의 비참 (전3권)

피에르 부르디외 外

김주경 옮김

사회적 불행의 형태에 대한 사회학적 투시——피에르 부르디외와 22명의 사회학자들의 3년 작업. 사회적 조건의 불행, 사회적 위치의 불행, 그리고 개인적 고통에 대한 그들의 성찰적 지식 공개.

우리의 삶 한편에는 국민들의 일상적인 삶에 대해 무지한 정치 책임자들이 있고, 그 다른 한편에는 힘겹고 버거운 삶에 지쳐서 하고 싶은 말조차 할 수 없는 사람들이 있다. 이들을 바라보면서 어떤 사람들은 여론에 눈을 고정시키기도 하고, 또 어떤 사람들은 그들의 불행에 대해 항의를 표하기도 한다. 물론 이들이 항의를 할 수 있는 것은 자신들이 그 불행에서 벗어나 있기에 가능한 것이다.

여기 한 팀의 사회학자들이 피에르 부르디외의 지휘 아래 3년에 걸쳐서 몰두한 작업이 있다. 그들은 대규모 공영주택 단지·학교·사회복지회 직원, 노동자, 하층 무산계급, 사무직원, 농부, 그리고 가정이라는 세계 속에 비참한 사회적 산물이 어떠한 현대적인 형태를 띠고 나타나는지를 이해하고자 했다. 그들이 본 각각의 세계에는 저마다 고유한 갈등 구조들이 형성되어 있었고, 그 안에서 발생하는 고통을 직접 몸으로 체험한 자들만이 말할 수 있는 진실들이 있었다.

이 책은 버려진 채 병원에 누워 있는 전직 사회복지 가정방문원이라든가, 노동자 계층의 고아 출신인 금속기계공, 정당한 권리를 찾지 못하고 떠돌아다닐 수밖에 없는 집 없는 사람들, 도시 폭력의 희생자가 된 고등학교 교장과 교사들, 빈민 교외 지역의 하급 경찰관, 그리고 이들과 함께 살아가는 수많은 사람들의 만성적이면서도 새로운 삶의 고통을 이야기한다.

東文選 文藝新書 93

카마수트라

바짜야나 / 정태혁 옮김

고대 인도의 性사상과 윤리를 집대성한 세계 최고의 性典. 秘傳 성풍속화와 함께 최초 공개

본서 〈카마수트라〉는 기원전 6세기경 바라문의 성현, 학자들이 삼림의 깊은 곳에 은거하여 논술한 경전을 모태로 하여 대략 3세기부터 4세기에 걸쳐서 성립·편찬한 경전이다. 바짜야나는 12명의 학자의 각종 성애학 경전을 수집하고, 그것을 집대성하여 〈카마수트라〉를 완성하였다.

고대 인도의 바라문 성현, 학자들은 이미 2천5백 년 전에 性을 해방하고 새로운 성의식·성사상을 만들어냈다. 고대인도의 사회·종교에서 성애는 늘 聖性이며, 그 쾌락은 神들의 사랑으로 찬미되었고 환영받아야 할 행위였다. 성의 환희의 충실감, 그 쾌락의 향수는 사랑하는 사람의 상호 성의식의 소유법, 도덕관, 수치심, 고정관념, 심리상태에 의해 그 소용성은 서로 다르다. 그러나 성의 환희는 상호 깊은 신뢰성, 성의식의 공감성, 애정의 깊이에 의해 향수되고 충실해진다.

인간에게 있어서 성애는 단순히 안다는 것만으로는 이해할 수 없는 심오한 세계이다. 그것은 성애가 단순한 육체만의 피부, 점막의 접촉적인 쾌감만의 것이 아니라 정신적인 자율성을 갖고 전인적인 존재라는 점을 알게 해주는 것이다.

지금 현대적인 우리들이 〈카마수트라〉를 접했을 때, 어둡지 않은 순수한 쾌감으로서, 육체애로서 사랑하고 더구나 이 성의 환희를 넘어서 정신적인 사랑의 환희를 향수하는 지혜를 배우게 된다. 〈카마수트라〉는 생애로부터 사랑을 기르는 지식을 부여하는 진정한 사랑의 경전이다.

東文選 文藝新書 2001

우리 아이들에게
어떤 지표를 주어야 할까?

장 뤽 오베르 / 이창실 옮김

　가족이 해체되고, 종교와 신앙·가치들이 의문에 부쳐지고, 권위와 교육적 기준들이 흔들리고 있다. 오늘날 전통적 지표들이 동요하고 있는 것이다. 그런데 아이가 밝고 건강하게 자라기 위해서는 반드시 지표들이 주어져야 한다. 그렇지 못할 경우에 극단적인 태도로 기울어질 위험이 있기 때문이다.

　교육심리학자이자 여러 저서의 저자이기도 한 장 뤽 오베르는, 아이들과 부모들에 대한 일상의 관찰에 힘입어 다음의 질문들에 대답하고 있다.

- 갓난아이, 어린아이, 청소년에게는 어떤 지표들이 반드시 필요한가?
- 아이를 과잉보호하지 않고 어떻게 안심시킬 수 있을까?
- 왜 다른 교육이 필요한가?
- 청소년기의 위기 앞에서 어떻게 반응해야 할까?
- 건전한 지표들과 불건전한 지표들을 어떻게 구별할 수 있을까?
- 무엇이 아이에게 강한 정체성을 부여하는 것일까?
- 쾌락과 관련된 지표들이 어떤 점에서 중요한가?
- 아이들은 신앙을 필요로 하는가?

　본서는 부모들의 필독서로서, 그들에게 반성의 실마리 및 조언을 주어 자녀들이 절대적으로 필요로 하는 지표들을 제공할 수 있도록 한다. 그리하여 아동이 속박이나 염려스러운 불분명함 속에 방치되는 일 없이 교육을 통해 적절한 균형을 찾을 수 있도록 도와 준다. 또한 현재와 미래의 행복한 삶을 위한 성공의 조건들을 하나하나 제시해 나간다.

나비가 되어 날아간 한 남자의 치열하고도 아름다운 생의 마지막 노래. 세상에서 가장 아름답고도 애절한 이야기가 비틀스의 노래와 함께 펼쳐진다.

잠수복과 나비

장 도미니크 보비 / 양영란 옮김

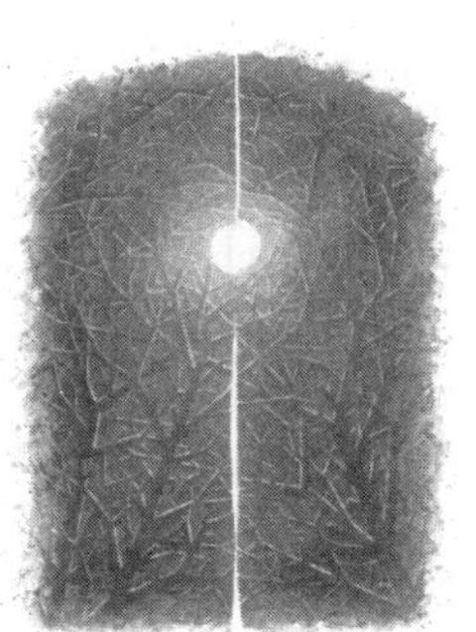

장 도미니크 보비. 프랑스 《엘르》지 편집장. 저명한 저널리스트이며 두 아이를 둔 자상한 아버지. 멋진 말을 골라 쓰는 유머러스한 남자. 앞서가는 정신의 소유자로서 누구보다도 자유를 구가하던 그는 1995년 12월 8일 금요일 오후 갑작스런 뇌졸중으로 쓰러졌다. 3주 후 의식을 회복했으나, 그가 움직일 수 있는 것은 오직 왼쪽 눈꺼풀뿐. 그로부터 그의 또 다른 인생, 비록 15개월 남짓에 불과한 '새로운' 인생이 시작되었다.

유일한 의사 소통 수단인 왼쪽 눈꺼풀을 20만 번 이상 깜박거려 15개월 만에 완성한 책 《잠수복과 나비》. 마지막 생명력을 쏟아부어 쓴 이 책은, 길지 않은 그의 삶에서 일어났던 일화들을 진솔하게 묘사하고 있다.

그러나 그의 이야기는 유머와 풍자로 가득 차 있다. 슬프지만 측은하지 않으며, 억지로 눈물과 동정을 유도할 만큼 감상적이지도 않다. 오히려 멋진 문장들로 읽는 이를 즐겁게 해준다. 그리하여 살아남은 자들에게 희망과 용기를 주며, 삶의 그 모든 것들이 얼마나 소중한가를 새삼 일깨워 준다. 아무튼 독자들은 이제껏 경험해 보지 못한 진한 감동과 형언할 수 없는 경건함을 맛보게 될 것이다.

《잠수복과 나비》는 출간되자마자 프랑스 출판사상 그 유례가 없는 엄청난 베스트셀러가 되었으며, 보비는 자기만의 필법으로 쓴 자신의 책을 그의 소중한 한쪽 눈으로 확인한 사흘 후 옥죄던 잠수복을 벗어던지고 나비가 되어 날아갔다. 자유로운 그만의 세계로……

국영 프랑스 TV는 그의 치열하고도 아름다운 마지막 삶을 다큐멘터리로 2회에 걸쳐 방영하였으며, 프랑스 전국민들은 이 젊은 지식인의 죽음 앞에 최대한의 존경과 애도를 보냈다.

자기를 다스리는 지혜

한인숙 (東文選 편집주간)

■ 500여 명의 성공인들이 털어놓은 증명된 지혜

흔히 사람들은 돈·명예·성공을 바라 마지않으면서 그것을 얻는 데에 필요한 지혜를 먼 곳에서만 찾으려 한다. 남보다 더 먼저 더 멀리 나아가야 더 많은 것을 얻을 수 있다고 생각한다. 그러나 알고 보면 그 지혜란 것은 의외로 가까운 우리 곁에 있다.

여기에 실린 글들은 모두가 이 시대 각 분야에서 나름대로의 성공을 거둔 이들의 입말에서 그 엑기스만을 가려뽑아 묶은 것들이다. 따라서 옛 시대의 공허한 논리가 아니고, 또한 금방이라도 떼돈을 벌어줄 것만 같은 비아그라 같은 처방약도 아니다. 보통 사람이 감히 흉내낼 수 없는 고도의 전문적인 지식을 필요로 하는 그런 것은 더더욱 아니다. 오히려 누구나가 당장이라도 실천할 수 있는 극히 단순한 것들이며, 이미 그 **성공이 입증된 이 시대의 살아 있는 지혜**들이다.

본서는 1981년부터 지금까지 23년에 걸쳐 메모해 온 것들 중 여러 신문과 잡지들에 실린 수천 명의 성공한 인물, 혹은 화제의 인물들과의 인터뷰 속에서 철학이 담긴 말들을 엮은이가 가려뽑아 묶은 것이다. 학자, 사상가, 과학자, 재벌회장, 시인, 소설가, 종교인, 경영인, 음악인, 배우, 가수, 자원봉사자, 식당주인…… 등등 각 분야에서 나름대로의 성공을 거둔 이들의 **체험에서 우러나온 삶의 밑천이 된 진실된 '말 한마디'**를 모았다.

널리 알려진 위대한 성현들과 대학자들의 수많은 명언이나 격언들은 제외하였다. 대신 실제 체험에서 우러나온 살아 있는 입말들 중 이 시대에 그 효용이 확인된 말들만 가려 모은 것이다. **같은 말이라도 누가 했느냐에 따라 그 신뢰성과 현실감의 무게가 달라지기 때문**이다.

이젠 다시
유혹하지 않으련다

피에르 쌍소

서민원 옮김

섬세하고 정교한 글쓰기로 표현된, 온화하지만 쓴맛이 있는 이 글의 저자는 대체 누구를 더 이상 유혹하지 않겠다고 선언하는가? 여성들, 신, 삶, 아니면 그 자신인가?

여자를 유혹하는 남자들이 점점 사라져 가고 있다. 느림의 철학자 피에르 쌍소는 유혹자로서의 자신의 경험을 소설 같은 에세이로 만들어 그 궤적을 밟는다. 물론 또 다른 조류에 몸을 맡기기 전까지 말이다. 그것은 정겨움과 관대함으로 타인을 바라보는 신비의 조류이다. 이 책은 여성과 삶을 사랑하는 작가의 매우 유려한 필치로 쓰여진, 입가에 미소가 맴돌게 하면서도 무언가 생각하게 하는 책이다. 결국 우리로 하여금 보다 잘 성찰하고, 보다 잘 느끼며 더욱 사랑하라고 속삭인다.

"40년 전에는 한 여성이 유혹에 진다는 것은 정숙함과 자신의 평판을 포기한다는 것을 의미했습니다. 오늘날의 여성은 그럴 필요를 느끼지 않으니 자신을 온전히 내주지도 않지요. 유혹이 너무 일반화되어 그 비극적인 면을 잃고 말았어요. 반대로 누군가의 마음을 사로잡는다는 것, 서로 같은 조건에서 그에게 주의를 기울인다는 것은 유혹이나 매력 같은 것보다 한 단계 위의 가치입니다."

"이 세상의 아름다움과 미소를 함께 나누는 행복을 위해서라도 마음을 사로잡는 일은 누구에게나 하나의 의무라고 봐요. 타인은 시간과 더불어 그 밀도와 신비함을 더해 가고, 그와 나의 관계에서 풍기는 수수께끼는 거의 예술작품에 가까워지지요. 당신의 존재에 겹쳐지지만 투사하지는 않는 것, 그것이 바로 완전한 유혹이 아닐까요."